歴史の転換期

4

Turning Points in World History

1187年
巨大信仰圏の出現

千葉敏之 編

山川出版社

監修　木村靖二・岸本美緒・小松久男

はしがき

グローバルヒストリーなど世界史を広い視野から多面的に考えようとする動きが活発な今日、最新の学問的な知見を踏まえ、さまざまな時期の「世界」を新しい切り口で提示してみたい――本シリーズはこのような考えに基づいて企画されました。世界の歴史の大きな転換期となった年代を取り上げ、その年代に各地域の人々がどのように生活し、社会の動きをどのように感じていたのか、世界史の共時性に重点をおきながら考えてみることがこのシリーズの趣旨です。

グローバルな視点から世界史像を描く試みは、今日ではすでに珍しいものではなく、本シリーズもそのような歴史学界の集合的努力の一環といえます。ではそのなかで、本シリーズの狙いと特徴はどこにあるのか。このはしがきでは、それをいくつかの面から述べてみたいと思います。

第一に、「転換期」ということの意味についてです。今日の時点から振り返ってみれば、それぞれの時期の「転換」の方向性は明確であるようにみえます。地域により、早い遅いの差はあれ、また独特の特徴はあれ、歴史はある一定の方向に向かって発展してきたのではないか……。しかしこのような見方は、のちの時代から歴史を振り返る人々の陥りやすい、認識上の罠であるともいえます。その後の歴史の動きを知っている私たちからみると、歴史の軌道は自然に「それしかなかった」ようにみえてしまうのです。それでは、「今日から当時の社会を振り返る」のでなく、「当時の社会から未来をみようとする」立場に立ってみたらどうでしょうか。今日の私たちのなかで、数十年後、百年後の世界がどうなっているかを自信をもって予測できる人はほとんどいないと思いますが、それは過去の人々も同様です。

当時の世界各地に生きる人々の生活に即してみれば、彼ら彼女らは「世の中が大きく変わっている」ことを体感しつつも、彼ら彼女らを押し流すこの潮流がどこに行くのか予測できないまま、不安と希望のなかで日々の選択をおこなっていたといえるでしょう。そのような諸地域の人々の具体的経験をかさね合わせることで、歴史上の諸「転換期」は私たちに、今日の視点から整序された歴史の流れに比べてより複雑な、そしていきいきとした歴史の姿を開示してくれるのではないでしょうか。

第二に世界史的な「共時性」についてです。本シリーズの各巻は、それぞれ特定の一年を西暦表示でタイトルに掲げています。これについては、当然疑問がわくことと思います。その前後数十年間、あるいは百年間をみれば、世界各地で大きな変化がみられ、その意味で一定の相互連関を見て取ることができるとしても、そのような転換は特定の一年で一気に起こるものではないだろう。いくつかの地域では大きな転換が起こったとしても、そのほかの地域では起こらないということもあるだろう。とくに、グローバル化が進んだ十九世紀・二十世紀ならともかく、古代・中世についてそうした世界史的「共時性」(シンクロニシティ)を想定することは意味がないのではないか、と。もちろん、本シリーズの編者、執筆者もそうした厳密な共時性を強引に主張しようとしているのではなく、各巻の諸章の対象を、その年のみについて論じているわけではありません。また、世界史上の「交流」や「衝突」など、地域を超えた動きやそれを担った人々を特別に取り上げてそれだけを強調しようとしているのでもありません。少なくとも十八世紀以前において、絶対多数の人々は、自らの生きる地域や国の外で何が起こっているのかをほとんど知らなかったでしょうし、本シリーズの多くの章においては、そのような普通の人々が主人公になるでしょう。それにもかかわらず、特定の年に焦点をあてて世界各地の状況を眺めてみることには、なお一定の意味があるように思われます。それは、当時のそれぞれの地域の人々が直面していた問題とそれへの対応の多様性と共通性を、ばらばらでなく、広い視野から分析する可能性を開くということです。広域的な気候変動や疫病のように、さまざまな地域が同じ時期に直接に「同じ」問題に直面することもあるでしょう。また、情報や技術の伝播、商品の流れのように、時間差をもちながら世界各地に影響を与えてゆく事象もあるでしょう。なお、問題が類似していたとしても、各地域が同じ対応をするとは限りません。ある地域の対応が隣接した地域の逆の対応を招くこともあるでしょう。類似の状況に直面しながら、ある地域ではそれが既存のシステムを大きく揺るがしたのに対し、他の地域ではほとんど影響を受けない場合もあるでしょう。そのような対応の違いがみられた場合に、それはなぜなのかを考えてみることは、それぞれの社会の特質に対する理解を深めることにも繋がるでしょう。遠く離れた地域で生まれ、相互に何らの情報ももたなかった人々を「同時代人」と呼ぶことは普通はないかもしれませんが、それでも彼ら彼女らがコン・テンポラリーすなわち同じ時のなかに生きていた、ということの面白さを味わってみたいと思います。

第三に「世界史」とは何か、という問題です。今日、グローバルヒストリーという標語を掲げる著作はたくさんありますが、「一国史」の枠組みを超えるという点でほぼ共通するとはいっても、その方法はさまざまです。気候変動・環境や疫病など、自然科学的方法を加味したアプローチによって広域の歴史を扱うものもあります。また、比較史的方法にせよシステム論的方法にせよ、アジアに重心をおいてヨーロッパ中心主義を批判するものもあります。さらに、多言語史料を駆使した海域・交流史をグローバルヒストリーと称する場合もあります。本シリーズは「世界史的」視野をめざしつつも、必ずしもグローバルヒストリーという語は用いず、それぞれの執筆者に任意の方法で執筆していただき、また対象についても自由に選んでいただく方針をとりました。世界史といっても、ある年代の世界をいくつかの部分に分割してそれぞれの部分の概説を書いていただくというかたちではなく、むしろ範囲は狭くても可能な限りヴィヴィッドな実例を扱っていただくようにお願いしました。したがって、それぞれの巻は、その年代の「世界」を網羅的に扱うものには必ずしもなっていません。その結果、一見したところ、いくつかのばらばらのトピックの寄せ集めとみえるかもしれません。しかし、各巻の諸章の対象を一国あるいは一地域の枠のなかに押し込めず、世界に向けて開かれた脈絡のなかで扱っていただくことも、執筆者の方々に同時にお願いしたところです。「世界」をモザイクのように塗り分けるのではなく、いわば具体的事例を中心として広がる水紋のかさなり合い、ぶつかり合いとして描き出そうとすることが、本シリーズの特徴だと考えています。「世界史」とは、一国史を集めて束ねたものでないことはもとよりですが、「世界」という単一の枠組みを前もって想定するようなものでもなく、むしろ、それぞれの地域に根ざした視点がぶつかり合い対話するところにそのいきいきした姿をあらわすものである、と考えることもできるかと思います。

以上、三点にわたって本シリーズのコンセプトを簡略に述べました。歴史の巨視的な動きも、大政治家、学者から庶民にいたる諸階層の人々の模索と選択のなかで形成されていきます。本シリーズの視点はグローバルであることをめざしますが、それは個々の人々の経験を超越した高みから世界史全体を鳥瞰するということではなく、今日の私たちと同様に未来の不可測性に直面しながら選択をおこなっていた各時代の人々の思考や行動のあり方を、広い同時代的視野から比較検討してみたい、そしてそのような視点から世界史的な「転換期」を再考してみたい、という関心に基づいています。このような試みを通じて、歴史におけるマクロとミクロの視点の交差、および横の広がり、縦の広がりの面白さを紹介することが本シリーズの目的です。

本シリーズの巻別構成は、以下のようになっています。

1巻　前二二〇年　帝国と世界史の誕生
2巻　三七八年　失われた古代帝国の秩序
3巻　七五〇年　普遍世界の鼎立
4巻　一一八七年　巨大信仰圏の出現
5巻　一三四八年　気候不順と生存危機
6巻　一五七一年　銀の大流通と国家統合
7巻　一六八三年　近世世界の変容
8巻　一七八九年　自由を求める時代
9巻　一八六一年　改革と試練の時代
10巻　一九〇五年　革命のうねりと連帯の夢
11巻　一九一九年　現代への模索

各巻には、各章の主要な叙述以外に、「補説」としてやや短い論考も収録されています。各巻の巻頭には、全体像を概観する「総論」を設けました。見返しの地図、巻末の参考文献も、役立てていただければ幸いです。

『歴史の転換期』監修　木村靖二・岸本美緒・小松久男

1187年　巨大信仰圏の出現

総論　巨大信仰圏の出現

千葉敏之

歴史の転換期と「中世」

そしてわれわれは前述のラビーウ〔・アルアーヒル〕月一三日、木曜日、つまり八月四日第一刻にウムラ門からメッカ——神がそこを守り給いますように——に入った。前述の夜の、われわれの旅の間中、満月が地表にその光線を降り注ぎ、夜はわれわれのためにその覆いをとった。あちこちからラッバイカ、ラッバイカ(ただ今参りました)という声が反響している。そして人々の祈りの声がどよめき、ひたすら神を讃えて祈願していた。…まさに生みたての鶏の卵のような思いもかけぬ素晴らしい夜、それは結婚初夜の花嫁、時世の乙女たちの中の処女の如き清浄な夜であった。そうこうしているうちに、前述の日の前述の時に、神の偉大なる聖域であり、神の友イブラーヒームの住まいにわれわれは到着した。われわれは神聖な家カアバが、至福の園へ巡礼者たちに取り囲まれて導かれてゆく、ベールをはずして姿を見せた花嫁であるのを見た。それからわれわれは到着のタワーフ(巡回)をし、聖なる御立台で祈り、ムルタザムのところでカアバの垂れ幕にすがった。それは黒石と門の間にあり、神が信者の祈りを受ける場所である。それからわれわれはザムザムのドームに入り、その水を飲んだ。

(藤本勝次・池田修監訳『イブン・ジュバイルの旅行記』)

十六世紀以降の、世界の一体化が進み、世界諸地域が連動する歴史としてグローバルヒストリーを語りうる時代について、世界史の転換期を見定めることの意義は明らかである。しかし、世界の連結が不十分で、人やモノの移動に多大な時間がかかり、世界の諸地域の動向も足並みがそろわない「中世」という時代について、歴史の転換期を探し求めることは、それとはまったく別の知的挑戦となる。つまり、文明や帝国の興亡、銀の大流通、国民国家の形成、革命や世界戦争の勃発といった歴史の転換点は、中世においては一世紀を超えるタイムラグをともなって生じることが常だからである。それでもなお、ある共通の転換を時間を前後して論じるのでなく、歴史上のある時点(本書では、一年)で時計の針をとめて世界を俯瞰することの意義はどこにあるのであろうか。

まず第一に、同時代的な世界大の現状図(グローバル・スナップショット)を眼前に描くことが可能となる。歴史家には専門性があるため、単身で世界全体の動向を分析・評価することは難しいが、本書のような共著であれば、特定の年号という共時性を土台に分析された各地の「現況」を相互に比較し、またその関係性を問うことができる。おのおのの対象地域が描き出す世界図をつぶさに観察し、相互の連環を見定め、一定の指標のもとに比較することで、視野を限定した時系列の観察ではみえにくい世界全体の動向を把握することが可能となる。

第二に、静止画的な面的観察は、歴史を考察・叙述する際の地理的枠組みの妥当性を検証することを可能にする。静止画では、できごとの因果関係の連鎖を地理的に広域に、あるいは自在に設定した範囲でたどることができる。それはまた、時系列偏重の歴史学で通説とされてきたテーゼについて、問題の観察範囲を再設定することで、その意義を見直す可能性を拓くことにもつながる。例えば、内藤湖南以来の唐宋変革論を論じる補論(飯山)は、同テーゼの立論が漢人の支配する「中国」＝江南社会のみを観察枠組みとしている点の問題性を指摘し、「中国」という自明視されてきた枠組みを、対象とする時代ごとに見直すべきことを提言している。観察範囲の見直しは、第一章の西アジア、第二章の南アジア、第三章の東南アジア、第四章のシリア・パレスティナ、そしてヨーロッパと、本書全体を貫く主題となっている。

さらに第三に、世界史をいわば「輪切り」にする静止画的観察は、その年号、あるいはその月・日に世界各地で起こりつつある膨大な「瞬間」群を切り出す。瞬間とは、交わされた書簡、派遣された使節、発給された公文書、戦われている戦闘であり、また年代記のような歴史叙述であれば執筆中の記事、大聖堂のような建造物であれば建造中の部位、などである。これら共時的空間から復元される数々の瞬間群のあいだに、因果関係や連絡・交渉の痕跡を見出すことができたなら、そこからコミュニケーションやネットワークを再構成することができ、一方で直接の接触はないにもかかわらず同質性を見て取ることができたなら、そこに一つの構造を読み取ることが可能となる。

では、静止画ではとらえにくいと思われる「移動」についてはどうであろうか。冒頭のムスリム知識人イブン・ジュバイルの事例では、一一八四年九月十八日には、彼はアッカにいた。移動する人・モノは、静止画では「点」となり、その瞬間に滞在している場の約束事のなかにおかれる。イブン・ジュバイルは、十字軍国家領であった当時のアッカについて、つぎのように記している。

この町はシリアにおけるフランク人の町々の基幹をなしており、…あらゆる船の港である。またこの町の巨大さに比べうるものはコンスタンティノープルのそれである。アッカは船舶と隊商の集結地であり、あらゆる遠隔の地からやってくるムスリムとキリスト教徒の商人の出会いの場所でもある。

彼は、隊商宿をかねた税関で、アラビア語を話し、書くことのできるキリスト教徒の書記に通関料を払い、キリスト教徒の婦人から借りた宿に泊まり、アッカから故郷グラナダをめざして出港する。このように、他者である移動者と滞在先の地域社会との交渉という、時系列ではみえにくい局面がクローズアップされることになる。さらに、彼らが移動者——例えばメッカやイェルサレムへの巡礼者、商品を運ぶ隊商——であることがわかっていれば、その「点」が目的のある経路——聖地メッカへの巡礼とグラナダ帰郷——上の「一点」であることが了解される。こうして、移動者の日々の移動をその都度の滞在先との交渉の連続という視点でとらえることができるようになる。一方で、ジュバイルの記録は、後の世代が振り返って「転換期」と考える時を現に生きている人々の、いわば地を這う経験者の視点——未知のできごととの遭遇、瞬間的な決断——を代弁するものでもある。これも、移動を点の連続としてみる観察法ならではの認識であるといえよう。

静止画的観察のなかで切り出された瞬間は、その一点で完結するものではなく、そこにいたる時間の経過のなかで積み上げられた因果の鎖を引き継ぎ、幾重にも意味の充塡された重みのある「点」である。また、この瞬間に加えられた新たな意味が、つぎの時代を規定することにもなる。本書各章で、時間をとめるだけでなく、一一八七年という一点が負う、こうした意味の多層性や連鎖を解明するために時間を遡り、またこの瞬間に起きたできごとが後世に与えた影響を見定めるために、時計を先に進めて叙述をおこなっているのは、そのためにほかならない。転換期とは、そのような作業によってのみ認識可能となるものなのである。

信仰と宗教

先に述べたように、中世の転換点を地球上の一点に定めると、他の地域の転換点と時間的には数世紀にもおよぶズレを生じる。それでも、その瞬間の現状図がみえることで、各地域の構造や連環が見通しやすくなり、その時代にふさわしい空間的尺度を手に入れることができる。そこで、つぎに定めるべきことは、どの角度から世界を切るか、という「主題」の問題である。

本シリーズの第三巻では、七五〇年を、東アジアの隋唐帝国、西アジアのアッバース朝、ヨーロッパのカロリング朝といった「普遍世界」がユーラシア大陸に鼎立する転換点と位置付けている。いずれも帝国と形容しうる広大な地域を支配下におさめ、それらを統治する安定した権力を創出しており、これが「普遍」たる理由の一つである。一方、これら普遍世界のうち、儒教・仏教・道教を主とした数多《あまた》の信仰体系の共存を基盤とする隋唐帝国を除き、アッバース朝はイスラーム教、カロリング朝はキリスト教という普遍宗教を唯一の公定宗教とし、これと融合した統治理念を掲げる権力体を構築した点が、普遍たる理由の第二である。

今日の三大普遍宗教のうち、最古の仏教は前五世紀にインドに生まれたのち、後一〇〇年までには中央アジア、東南アジア、東アジアにいたり、ユーラシア大陸の東半分を覆う広がりをみせた。続いて、ユダヤ・パレスティナの地にユダヤ教を母胎として後一世紀に生まれたキリスト教が地中海世界に広がり、四世紀にはローマ帝国による公認・国教化を梃子として、地中海全域をカバーする信仰圏を形成した。後発のイスラーム教は七世紀のアラビア半島に生まれたのち、大征服をへて、北アフリカ、シリア・パレスティナ、アナトリア、メソポタミア(イラク)、ペルシア、中央アジアへと急速に広がり、十五世紀の末までには、三大宗教がユーラシアを分け合う信仰地理ができあがる。

しかし、こうした世界地図を色分けするがごとき信仰世界の説明は、「信仰」という歴史事象についての理解を単純化させてしまう要因の一つでもある。近代ヨーロッパの術語 religion の訳語である「宗教」の語は、語源的には中世ラテン語の religio（信仰、敬虔さ、神への畏怖）に由来するが、近世以降の歴史のなかで特殊な語義を担うこととなった。ヨーロッパに「宗教」についての新たな認識が生まれた背景には、十六世紀以降にカトリック世界が宗派分裂を引き起こし、多宗派の併存と宗派の選択権を認めるにいたったことがある。これは同時に、十三世紀以降、「異教」に対する寛容の精神（H・ケイメン）が育まれるなかで、神の真理にいたる道が複数存在しうることが容認されつつあったという事態と表裏をなしていた。宗教改革と宗派化は、三十年戦争を招く激しい信仰上の対立を生み出したが、実態は宗派を大義名分とする主権国家間のエゴの衝突にほかならず、「宗教戦争」と形容される消耗戦の背後では、信仰と人間の実存との乖離が進んでいた。十八世紀以降、実学と科学の発展を支えた啓蒙主義は、信仰と社会の分離（世俗化）を導き、十九世紀における近代的学問の成立を通して、信仰は、科学的に解明しうる学知として、政治、法、経済、文化と並ぶ、人間生活の一分野としての「宗教」に囲い込まれたのである。

西洋近代はキリスト教を尺度として世界の信仰世界を分析し、さまざまな指標――崇拝対象の性質（超越者）、宗教の発生の仕方（啓示、創始者、自然発生）、聖典や教義、祭司や典礼、信徒の組織など――を用いて、体系性ある「宗教」の概念の下に分類した。しかし、仏教やイスラーム教、儒教などの広域性をもつ信仰だけでなく、世界に点在するあらゆる信仰は、こうした西洋近代的な尺度にはうまく当てはまらない。キリスト教ですら、中世においては、宗教という概念ではとらえがたい特徴をもっていた。

では、宗教と対比される「信仰」(本書では「宗教」と表記されている場合もある)とは何か。信仰は、信仰する人間の全人格にかかわるものであって、ゆえに人間生活のすべての領域に分かち難く浸透している。政治的局面では、君主は自らの地位の正統性を神による選びに求め、戦争を戦う際には十字を戦旗に縫い込み、法については聖典を拠り所として、神の掟を聖典から読み取る専門の法学者(ウラマーなど)を配置する。また、経済面では、発行する貨幣に神の言葉や記号を刻み、信仰を理由として租税(十分の一税、ジズヤ、ハラージュ)を徴収し、神を讃えるために寺院・教会を建立し、聖典や口伝に基づく神の物語を造形する。このように、社会生活のすべての領域に、時には明確な意志をもって、時には無自覚に融合する、この遍在する信仰のありさまを、本書では中世の転換期を見定める際の主たる指標としたい。

西アジアの信仰圏

中世の転換期を信仰という切り口からとらえようとする際、どの地域のいかなるできごとに焦点を合わせるかが、続いての問題となる。本書では、一一八七年、すなわち世界史上、シリア・パレスティナにおけるヒッティーンの戦いとサラディンによるイェルサレム奪還の年——キリスト教世界とイスラーム世界の「対決」——として記憶されている年を対象に選んだ。それは、仏教とは異なり、信仰圏として拡張局面にあったイスラーム教とキリスト教という二つの巨大信仰圏のありようを解明し、中世において信仰という問題を再検討するとともに、一一八七年の世界の地球大での現況を見渡すなかから、この時代の構造と連環を浮かび上がらせることができると考えたからである。

では、地表で切れ目なく繫がっている一一八七年の世界を、どこから読み始めるべきであろうか。本書では、先に述べた一一八七年の「聖地」での事件のうち、イスラーム信仰圏の西アジア世界から始めて、南アジア、東南アジア、東アジア(補論のため、便宜上、末尾におかれている)をへてヨーロッパにいたる順序を採用している。西アジアでも、台頭著しいサラディンのアイユーブ朝ではなく、十一世紀以降、エリア最大の勢力であったセルジューク朝の動向に目を向けたのが、第一章「セルジューク朝の覇権とイスラーム信仰圏の分岐」(大塚修)である。まず、同王朝最後の君主トゥグリル三世の一一八七年の動向を伝える記事を手がかりに明らかにされたことは、第三代君主マリク・シャー(在位一〇七二～九二)のもとで、「イェルサレムを含む、シリア、イラク、ファールス、アゼルバイジャン、ホラズム、ホラーサーン、グルジア、マー・ワラー・アンナフルにおよぶ広大な領域」を傘下におさめたセルジューク朝の最盛期は終わり、同王朝は崩壊局面にあったということである。アナトリアのルーム・セルジューク朝などの数少ない分家を除けば、旧領土は、アターベク諸王朝と呼ばれる七つ以上の地方政権の支配下におかれ、本家さえ、そのうちの一つであるイルデギズ朝の保護下にあった。また、十字軍と戦うアイユーブ朝(第四章)は、このうちのザンギー朝から独立をはたした新興の政権であった。そして、この群雄割拠の情勢を利用し、権勢の挽回をはかりつつあったのが、アッバース朝カリフのナースィルであった。

アッバース朝は七五〇年の成立によって一つの転換の契機となったが、九世紀半ばの分裂、あるいは十世紀半ば以降の解体過程――かつて北アフリカを抜けて西アジア全土におよんだ権力が、カリフの象徴的権威とバグダード周辺の権力のみに縮減したこと――もまた、西アジア全域と、それを超える地域に深甚なる影響をおよぼした。じつは、イスラーム信仰圏全体では、九四五年のブワイフ朝のバグダード侵攻によるアッバース朝の衰退に始まった政治的流動化こそが最大の転換点であって、その再編過程のなかで台頭したセルジューク朝がいまや分裂状態にある――中位の転換点――というのが、一一八七年の状況であった。ただし、この分裂は、テュルク系のセルジューク朝がアラル海周辺から南下し、支配圏を拡張していく過程で受容してきた先行王朝の諸制度を融合させつつ確立した行政システムが、各地に拡散していくプロセスでもあった。例えば、テュルク系奴隷軍人(マムルーク)を登用する宮廷制度のほか、ブワイフ朝から受け継いだイクター制は、後継諸王朝に継承され、やがてサラディンのアイユーブ朝のもとでエジプトにも移植されている。政治的分裂は、必ずしも負の効果だけをもたらすわけではない。

セルジューク朝は、十二世紀前半、英君サンジャル(在位一一一八～五七)のもとで復興をはたすが、その死後は後継諸王朝が割拠し、本家はアゼルバイジャンの地方政権イルデギズ朝のもとで傀儡政権として存続する。一一八七年は、その傀儡君主トゥグリル三世がイルデギズ朝支配から脱却し、セルジューク朝本家の再興をはかっていた年であった。その試みも失敗に終わり、セルジューク朝本家は九四年に滅亡する。これにより西アジア世界では、アラブ語圏のアイユーブ朝と、ペルシア語圏のイルデギズ朝およびホラズム・シャー朝に分かれ、その後西アジア全体を統一する政権は二度とあらわれない。

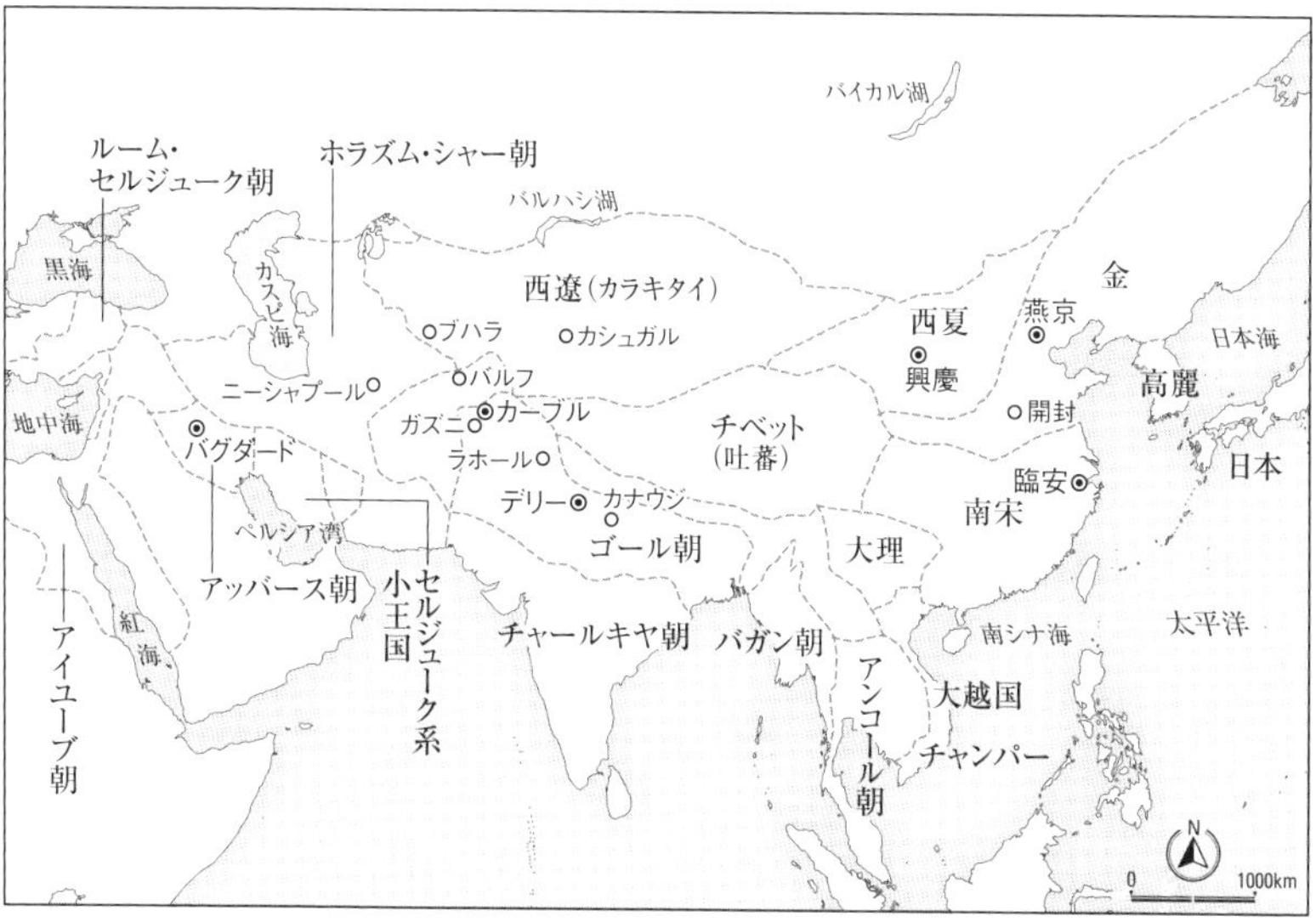

12世紀のユーラシア

南アジアの信仰圏

テュルク系セルジューク朝と境を接し、ガズナ朝、ゴール朝の勢力下におかれた、標高三〇〇〇メートルを超えるアフガン山塊・ヒンドゥークシュ山脈とその周域は、西アジア、中央アジア、南アジア(インド亜大陸)との境域、「北西フロンティア」(南アジアからみて)にあたる。中央の山岳地帯の周囲には、西から時計の針にそって、ホラーサーン、ホラズム、マー・ワラー・アンナフル、ガンダーラ、パンジャーブ、ザーブリスターン、スィースターンの各地域がある。イスラーム勢力は、八世紀初頭、ウマイヤ朝下での第二次大征服の一環として「北西フロンティア」に進出し、インダス川下流域のシンド地方を制圧、港湾都市ダイブルを拠点にインダス川を遡って北進した。シンド地方制圧の狙いは、インド洋海域におけるムスリム商人の交易拠点を確保することにあった。ここをベースにムスリム商人はインド洋海岸に足場を築きながらベンガル湾に進出し、やがて東南アジア、南中国(広州)に到達する。一一八七年は、十一世紀に始まり十三世紀にいたるイスラームの第二次インド進出のさなかにあった。第二章「イスラームとインドのフロンティア」(稲葉穣)は、冒頭で、「北西フロンティア」の覇者ゴール朝ムスリム軍と北インドのラージプート連合軍の戦い、第一次(一一九一年)・第二次(一一九二年)タラーインの戦いを取り上げている。

アッバース朝の分裂に端を発する大転換のなかで、「北西フロンティア」では、中央アジアから購入したテュルク系軍事奴隷を軸に編成した強力な軍を擁する地方王朝が台頭する。その一つであるサーマーン朝(八七五～九九九年)は、東方イスラーム世界の覇者として、信仰圏の拡張のための「ジハード(聖戦)」の推進によって正統なる統治者としてアピールする戦略を掲げた。そのサーマン朝の旧領を接収したガズナ朝(九七七～一一八七年)もこの統治形態とジハード戦略を継承し、その伝統は、一一五〇年以降、「北西フロンティア」全体を支配下におさめたゴール朝(十一世紀初～一二一五年)をへて、十三世紀に北インドにはいり、奴隷王朝を興したデリー政権へと継承されることになる。

タラーインの戦いのもう一方の党派であるインド連合軍は、北インドのインダス川流域に割拠するラージプート地方政権から成っていた。ポスト・グプタ期(五世紀後半～八世紀)の北インドでは、「北西フロンティア」(アフガン高地)からの流入民を主体とする新興政治勢力、ラージプートが台頭し、割拠する時代(八～十二世紀)を迎えた。章著者によれば、この時代、支配の正統化のためにヒンドゥー・イデオロギーが掲げられるなか、寺院の建設、寺院やバラモンへの土地・村落の施与、農地開発とその地域のヒンドゥー化が進み、地方経済力の発展、政治勢力の出現、王都の建設や土地開発といったプロセスが複雑に絡み合いながら進行したが、その担い手となったのがラージプート集団であった(一〇三頁)。十一世紀のガズナ朝の侵攻以来、ムスリムの進出に連合して対抗したのは、このラージプート系集団の新興勢力であった。タラーインの戦いは、「北西フロンティア」のムスリムの侵入にどうにか抗《あらが》ってきた北インドが、ついにムスリム勢力の支配を受け入れる端緒となったのである。

「北西フロンティア」で軍閥として実力を高めた勢力が北インドを征服した結果成立したデリー政権以降、北インドはムスリム諸国家の統治下におかれる。これらの諸国家は、少数派であるムスリム支配者が、多数の非ムスリム(ヒンドゥー)を支配する構造をもっていた。この統治構造が成り立つには、統治者側の努力と被統治者側の思惑の一致、そして社会としての融合が不可欠であった。政権側は、インド的過去とイスラーム的現在を接続する試みとして、デリー郊外にモスクを建築するにあたってインド的要素を取り入れたり、ムスリムとヒンドゥーの双方がともに崇敬する場を設けたりした。また、かつてイラン高原を征服した際、現地のゾロアスター教徒の聖典『アヴェスター』を啓典としたように、ヒンドゥー教の聖典『マハーヴァーラタ』『ラーマーヤナ』を啓典とみなし、信仰の保持を認め、納税や貢納義務をはたさせた。一方で、ヒンドゥー教徒を主体とする民衆は、十三世紀にモンゴルのたびかさなる侵攻を受けた北インドにおいて、武人と理解された「テュルク」に北からの侵入者に対する防衛力を期待した。かくして、「北西フロンティア」の政治文化を継承するデリー諸政権の支配のもと、北インドでは、ヒンドゥーと共存しうるイスラーム支配体制が出現した。一一八七年は、こうした変動――「北西フロンティア」の北インドへの拡張という中位の転換――の出発点と位置付けられる。

東南アジアの信仰圏

南アジアの「北西フロンティア」から中央アジアを東へ進むと、東アジア世界、その南には東南アジア世界が広がる。第三章「仏教王ジャヤヴァルマン七世治下のアンコール朝」（松浦史明）では、仏教・ヒンドゥー教という世界宗教がかさなり合う信仰空間のなかで、一一八七年にカンボジア王国アンコール朝の王であったジャヤヴァルマン七世の武勇をインド神話になぞらえて讃える、当時の碑文から出発する。そもそも「東南アジア」という地域名称は歴史の浅い極めて現代的なタームであり、その地域の立地・地形・水系に規定された歴史的構造に即した内発的呼称ではない。面積ではヨーロッパを超えるこのエリアを、本書では便宜上「東南アジア」と呼ぶが、生態環境や歴史の展開に即してみた場合、熱帯雨林地域で少ない穀物と豊かな森林資源を背景に交通上の利便性に基づいて港市国家を形成する「海域」（「海の東南アジア」）と、サバンナ気候に属し、貯水システムを用いた農業生産力と集中した人口を柱に領域国家を形成する「陸域」（「陸の東南アジア」）とに分けられる。そのうえで、一一八七年時点での東南アジアを見渡すと、一三九頁の地図と章著者による現状分析から明らかなように、大越（北ヴェトナム紅河デルタ地域）、チャンパー（ベトナム中・南部沿岸地域）、バガン朝（ミャンマー）、三仏斉（マラッカ海峡地域）、クディリ王国（ジャワ島）等の諸政体が複雑に絡み合う構図を形成していることがわかる。

これら諸政体に働く力学は、地域の富や利権をめぐる隣国同士でのせめぎ合いを中心軸としつつ、よりミクロには、政体内部での権力争いの緊張をはらみ、同時にマクロには、南中国への朝貢（補論）によって東アジア政治圏の周縁を、あるいは交易関係・商人の行き来を通してインド交易圏、ヒンドゥー・仏教信仰圏（第二章）の周縁を構成していた。南中国との関係は東南アジアの信仰に大きな影響を与えなかったが、バラモン教・仏教・ヒンドゥー教といった信仰は、インドからの来航者によって、土着の精霊信仰と共存しつつ定着し、東南アジアに固有の多信仰的土壌を形成していった。

一一八七年の東南アジアは、十世紀前後に起こった大転換の余波のなかにあった。この転換によって、陸域では統一体としての領土国家の形成が、海域では港市国家の連合体の形成が進んだ。その背景には、中国での統一王朝・宋の成立と中国商人の「東南アジアの海」への進出、マレー半島でのイスラーム商人との取引の増加があり、海上交易一般の活性化による地域全体での富の増大が、海域・陸域それぞれに影響をおよぼしていた。陸域型領土国家アンコール朝も、この転換のなかで生まれた。アンコール朝を過度に理想視するフランス植民地主義的な歴史理解を超えて、その実像に迫るには、八〇二年から十四世紀まで続く長期政体のなかの「変化の波」を読み解くことが重要となる。十二世紀の東南アジアは、陸域の領土国家では強大な権力が広域を統合・支配する時代ではなく、勢力を増し、自立性を高める地方政権に対し、王権が権威の正統性を主張し、統治基盤固めを模索した時代であり、海域では有力な港市国家が他の港市を従えるのではなく、同格者の連合体を志向した時代であった。

九世紀のアンコール王インドラヴァルマン一世について寺院の刻文が記す事績、すなわち「王の祖先を祀る寺院、大貯水池、そして国家の中心寺院を建設し、これらを中心とする王都を造営すること」(一五〇頁)は、時代を超えたアンコール王の責務であるが、地方政権がこれを模倣するなか、王権は王に対する個人崇拝を高める神権政治的な志向を強めていった。国家の中心寺院を造営し、そこに王の名前を想起させる神格――リンガ(シヴァ神の象徴)――をすえる伝統を強化していったのは、その好例である。

また、王権は、ヒンドゥー教や精霊信仰を取り込んだ「新しい仏教」(諸信仰の習合)を標榜したが、それは拡張された領土を信仰面で統合する方途であった。ジャヤヴァルマン七世の治世において、中国商品が大量に流入し、バイヨン様式の建築物や美術品が西方のタイやミャンマーにまで拡大し、施療院、王道を軸とする交通インフラが整備されたのは、王名での刻文の増加——古クメール語に加え、サンスクリット語でも——と同様、同王が自らの権威の拡大をはかるための施策とその成果であった。

こうしたなか、内陸農業を基盤とするアンコール朝は、十二世紀後半には、中国史料で「都会」と呼ばれる国際商品の物流拠点へのアクセスを高め、海域への進出をはかっていた。一方で、海域型国家である隣国チャンパーが陸域への進出を試みたため、アンコール朝とのあいだに抗争が生まれ、北の隣国大越を巻き込みながら、三国の競合が高まっていった。ジャヤヴァルマン七世が即位したのは、このような時代であり、国・地域・広域という三層おのおのの力学が上下に連動する複雑な状況のもとであった。

十三世紀になると、東南アジアの信仰世界に大きな変化が訪れる。上座部仏教とイスラームの拡大である。信仰面での新しい状況が展開していくなか、東南アジアは陸と海とが統合される十四世紀の大転換期を迎えることになる。

東アジアの信仰圏

続いて、東南アジアの北方に位置する東アジア地域に目を向けてみよう。補論「ユーラシア東部における『唐宋変革』期」(飯山知保)は、一一八七年の東アジアの状況を分析するうえで、南宋温州から金の支配する華北に北上した楼鑰《ろうやく》(一一三七年生)が残した『北行日録』の記述に着目する。楼鑰は公立学校の教授で、表向きは慶事に際しての祝賀使節、じつは華北の情勢探査の目的での派遣であった。南人である楼鑰の眼に、北人の風俗習慣はまったく異質のものと映っていた。統一王朝・宋の時代から、中国が華北の金、江南の南宋に分裂した時代で、「乾道《けんどう》の和約」(一一六五年)によって約四〇年にわたる平和共存が実現していた時期にあたる。

補論では、楼鑰の記述の背景を探るにあたり、内藤湖南が提唱した唐宋変革論が議論の軸にすえられる。同学説は、唐末以降、門閥貴族が没落し、科挙制による能力本位で選抜された官僚や科挙受験者である士人が社会のエリート層を形成し、その一方で土地を国有とする均田制が崩壊して土地の私有・売買の慣行が定着した結果、土地を集積する大領主層が増え、市場を意識した商品作物の生産が広がったとするものである。したがって、九〇七年の唐の滅亡から九六〇年の宋の成立と展開(～一一二七年)のなかで、すなわち十世紀半ば頃に中国社会に一大転換が起こったとする見解に立っている。ところが、華北人口の南遷や農業生産力の向上、商品取引の活発化を背景とした江南社会の一大発展に比し、華北を「立ち遅れた社会」と評価する見方に対しては、近年多くの批判が向けられている。その前提には、中国を社会的・文化的に均質な歴史空間であるとする認識と、本書が注視する地理的枠組みの問題がある。

楼鑰の報告が示すのは、一一八七年の「中国」では、金の支配する華北と南宋が支配する江南とがすでに別々の国と認識され、風俗習慣や民族性においても異質のものと感得されていたということである。それは先進性・後進性の問題ではなく、質の違いであって、その起源は華北社会の長い伝統だけでなく、ジュシェン(女真)人が中央ユーラシアからもたらしたフロンティア文化に多くを負っていた。著者に従い、一一八七年のユーラシア大陸東部を見渡すと、ジュシェンの金が現在のロシア沿海州・中国華北とモンゴル高原の一部にまたがって国際秩序の枢軸をなし、タングートを中心に「シルクロード」の要衝を扼する西夏、朝鮮半島の高麗、モンゴル高原の諸勢力が、金との関係を取り結びつつ互いに外交・交易を展開する世界が成立していた。そして、南アジアの「北西フロンティア」と同じように、ジュシェンをはじめ、中央ユーラシアに由来する部族が文明の中心である華北をめざす運動性が長い歴史のなかで繰り返し発揮されてきた。

一方で、黄河以南の江南社会を広域的射程からとらえ直すとどうなるであろうか。先に述べたように、アンコール朝(真臘)、大越(交趾)、チャンパー(占城)などの東南アジア諸国が、一一八七年前後、南方中国(宋朝)に朝貢していた。従来は中国を覇権的中心とする国際秩序(冊封体制)に参入することで、周辺諸勢力が認知や庇護を求めたものと理解されてきたが、それだけでなく、隣国との争いを優位に進めるための戦略という朝貢国側の主体性も認められるようになってきた。

さらに両者に共通する状況として、宋朝と東南アジア諸国を包含する南海交易圏の活性化という事態があった。宋朝の商人は海を越えてマラッカ海峡にいたり、インド洋交易圏から来たイスラーム商人と取引をしたことは先に確認したが、商人の往来を管理する市舶司の活動は、東南アジアに限らず、高麗や日本との交易も管轄した。中国商人は商品の売買を担うだけでなく、使節や書簡の送達などの外交活動にも従事しつつ、海を越えて地域を繋ぐ役割をはたしていた。宋朝の皇帝への朝貢も、外交関係の確認という政治的思惑に加え、商品の交換・売買の貴重な機会でもあったことも忘れてはならない。物資を介した交易関係は、外交・通信・情報収集に加え、信仰の伝播などの文化的な役割もかねる総合的事業であった。

本書の主題である信仰という観点からみた場合、一一八七年の中国社会はどのように特徴づけることができるだろうか。キリスト教やイスラーム教といった唯一神的信仰圏と比較した場合、中国は皇帝＝天を戴く信仰体系を土台に、仏教、儒教、そして宋代に広まった道教等の諸信仰が入り混じる多信仰社会といえよう。その点では、同時代の東南アジアの社会に近いように思われ、儒仏道の一致(「三教一致」)を唱える王重陽(一一七〇年没)の道教思想は、ジャヤヴァルマン七世の新仏教のあり方に似ている。ただ、さらに踏み込んで述べるなら、これらの信仰社会では、信仰はあくまで人々の日常生活に溶け込んでいて、時に反乱や政権打倒に導く新興宗教の力動がありつつも、吹き抜ける疾風のごとく、時がたてば民衆的信仰世界の裾野の広がりと奥行の深さのうちに解消してしまうものであったといえよう。こうした中国社会のあり方は、つぎに扱う、地球の対極に展開するキリスト教ヨーロッパの信仰社会と極めて対照的である。

ヨーロッパの大開発と土地基盤社会

東アジアから太平洋、南北アメリカ、大西洋を越え、ユーラシア大陸の西端、ヨーロッパ半島に戻ると、中世温暖期(八〜十三世紀)の後期にあって、活動力を著しく高めている社会の様子がうかがえる。好気候を背景とする、「大開発の時代」である。

一一八七年、キリスト教信仰圏のヨーロッパは、森林開墾・灌漑と植民を通じた、未曽有の規模での耕地面積の拡大と土地利用の効率化の時代——領土開発の時代——の只中にあった。王国全土から土地税を徴収する税制を知らないヨーロッパの王権は、財政基盤をもっぱら王領地においていたため、国庫を潤すには、王領地の開発が不可欠であり、諸侯についても事情は同じであった。大開墾時代と呼ばれるこの時代の運動のうち、主たるものは、ドイツから東方に向かう植民とイベリア半島でのレコンキスタにともなう植民であった。植民者となったのは故郷を離れた農民とその子孫であるが、その仲介役を担った植民請負人(ロカトール)は富農・小領主層であり、そもそも農民の招致をおこなったのは、入植先となる土地の支配者であった。植民運動は土地を求める農民の東方への進出というよりも、開発のための技術と労働力を求めた現地領主層による、西方からの農民層の吸引であったといえる。その際、王領地を含めた所領の維持・管理に貢献したのが、修道院であった。十二世紀には、シトー会に代表される新しいタイプの修道院——修道会——が、共通の会則と組織体系を基にネットワークを張りめぐらせていったが、その際、周囲の領主から既耕地の寄進を受けるだけでなく、森林・未耕地の寄進を受けて、開墾運動の一翼を担った。一方、在俗の司教もまた所領の集積を進め、有力な土地領主となっていたが、この時期から徴収が徹底されるようになった十分の一税を信徒全員から集め、その四分の一を司教座の運営の財源とした。

格段に面積を増やした耕地は、領主支配・村落共同体・耕作労働・司牧単位が重複する、切り離しの容易な経営ユニットにまとめられた。こうした所領がキリスト教社会の土台となり、その交換・売買・下賜・寄進が人々の結合を生み、確認する手立てとなり、王位をはじめとする家門の家督の継承や財産の相続の保証物となった。土地を媒介としたコミュニケーションには証書が付随し、すべての証書の文面は神の意志として構成されている。ヨーロッパにおけるキリスト教信仰は、こうした土地基盤社会と完全に合致していた。

一方、農業生産力や土地開発を背景に活動力を高めた一一八七年のヨーロッパを、「人の移動」という観点からとらえるとどうなるであろうか。前項で論じた耕地化の動きのなかで生じた植民運動は、当然、大規模な農民の移動を前提としている。開墾の技術的臨界に近づいていた高開発地帯では、増加し続ける人口を養うだけの可耕地が不足し、また土地領主のなかには、子孫に相続しうる所領が分割の限界に達した零細経営者もあった。こうした「土地圧力」が、植民の基本的な原動力であったといえる。

大開発の時代は、中世都市の建設ラッシュの時代でもあった。都市法と市民による自治を基本とする中世都市の成立・発展には、恒常的移動者である商人の居住と、周辺の農村からの人口流入が前提となる。居住目的での都市への人口流入も、定期市での売買を目当てとする人々の集散も、都市を地域の「中心地」とする求心的な人の移動である。都市は一方で、生活圏を超える長距離の移動を繋ぐ中継地の機能をはたした。十二世紀ヨーロッパにおけるそのような移動は、地中海や大河川を利用して商品を運ぶ商人の移動を別とすれば、そのすべてが信仰を動機とするものであった。その第一は、キリスト教黎明期から初期中世に集中した伝道活動であり、第二は、十二世紀に活発となった聖地への巡礼である。キリスト教徒にとって巡礼は己が魂の救済を左右する信心業であり、信仰に深く根ざした行為であった。三大巡礼地サンティアゴ・デ・コンポステラ、ローマ、イェルサレムへの巡礼は、異例に長駆の移動である。最初の十字軍により聖地イェルサレムがローマ・カトリックの統治下にはいると、イェルサレムへの巡礼は信徒にとってもっとも遠く困難だが、もっとも価値のある旅路となったのである。

一方、冒頭で引用したアル・アンダルスのムスリム知識人イブン・ジュバイルの旅行――第一回(一一八三年~八五年)――は、グラナダを出立し、北アフリカを抜けて紅海を渡り、聖地メッカに巡礼して帰郷する、往復一万キロ、二年三カ月にわたる長大な移動であった。移動を可能にした交通上の条件として、家島彦一は、アラブ大征服による広大な教友圏の成立とアラビア語の共通語化、ラクダを用いたキャラバン隊列の交通・運輸システム、巡礼路の整備、これとダウ船によるペルシア湾・アラビア海の海上運輸との連携、メッカ巡礼者を保護・優遇する社会精神の浸透、等をあげている。

ムスリムのメッカ巡礼とキリスト教徒のイェルサレム巡礼は、同じ地中海圏で日常的に起こっていたできごとであった。地中海とその北側沿岸を伝ってイェルサレムに向かうキリスト教徒の巡礼と、アル・アンダルスから地中海とその南側沿岸を伝ってメッカに巡礼するムスリムの隊商とが、その経路を交錯させ、同じ中継地や寄港地を利用しながら行き交う日常があった。イブン・ジュバイルは帰路、キリスト教徒の巡礼と同じ船で故郷をめざしたと記しているが、目的地こそ違え、長駆の巡礼をともにする巡礼同士の心情は、信仰の違いを超えて身近なものであったのかもしれない。

巨大信仰圏の交点

第四章「巨大信仰圏の交点としての十字軍」(千葉敏之)は、セルジューク朝の西アジアに始まる地球大の信仰圏の連なりを締めくくるパズルの最後の一片である。本章では、一一八七年七月四日のヒッティーンの戦いの後、イェルサレム総大司教エラクリウスがヨーロッパ君侯に送った書簡と、三カ月後の十月二日にイェルサレム奪回をはたしたアイユーブ朝スルタンのサラディンが、バグダードのカリフに宛てて送った書簡の比較から叙述がはじまる。最初に一連の事件の経過を丹念にたどり、聖地イェルサレムに積層するユダヤ教、キリスト教、イスラーム教の重畳する神聖地誌を腑分けしたうえで、第一回十字軍前夜に時計を戻して、そこから一一八七年の事件にいたる経過について、その「一点」の価値が明らかになるように、イスラーム勢と十字軍の動向をパラレルに読み解いている。

第一章に関連して確認したように、十字軍と対峙するザンギー朝＝初期アイユーブ朝は西アジア＝イスラーム世界においては、セルジューク朝から自立した地方政権という周縁的存在であった。一方で、フランス人教皇ウルバヌス二世の構想と周到な準備に支えられた最初の東方出征は、フランス騎士を軸とし、フランスでの「神の平和」運動での手順を参考にした手探りのものであったが、「イェルサレムをめざし、イェルサレムを落とし、イェルサレムを守るための戦い」をかさねる過程で、しだいに「十字軍」――キリスト教の聖都イェルサレムを守護するための軍勢――へと変質していった。シリア・パレスティナにおいて地方政権が割拠し、教友間で対立する現地イスラーム社会を尻目に、聖地イェルサレムへ向かう堅固な意志と方向性を備えた「十字軍」が、一一一八年までに四つの十字軍国家――成立順にエデッサ伯国、アンティオキア侯国、イェルサレム王国、トリポリ伯国、総称としてウトゥルメール――を建設し、その維持のために不可欠な沿岸都市を占拠し、イェルサレム王国の王位継承の手順を定めていった。

本国の家臣をつれての出征であったため、十字軍国家ではそれぞれの「家中」が実務を担い、不慣れな現地社会に適応していく試行錯誤のなか、当時のヨーロッパ君主国をモデルとしつつ、しだいに国としての概容が固まっていった。その間、帰還する兵士たちが情報や記念物を故郷に持ち帰り、経験を語ったことや、教皇のたびかさなる奨励に応じて、小さな十字軍の波がとだえることなく続いた。そのなかでもっとも重要であったのが、アンジュー伯フルク五世率いる一一二八年の十字軍で、ボードワン二世の娘メリザンドの夫となったフルクを通じ、有力家門アンジュー家の血がイェルサレム王家に加わるだけでなく、聖地の動向に絶えず関心と責任をもつ家門がフランスに誕生することとなった。

一一四四年、ザンギーの軍勢がエデッサを落とした。このエデッサ喪失は、ヨーロッパにとって聖地国家を失うはじめての経験であった。その驚きと悲嘆のなかから、シトー会クレルヴォー院長ベルナールによる第二回十字軍の勧説ツアーが始まる。ウルバヌス構想を継承したベルナールの構想は、半世紀ぶりの大型十字軍の実現やエデッサの奪回という目的を超えて、「十字軍」を理念として彫琢《ちょうたく》するとともに、十字軍派遣の対象を「教会の敵」全般に拡張するというものであった。これによって、十字軍は東方の聖地だけでなく、南西のイベリア半島、北方のヴェンド人にも向けられ、やがてキリスト教内部の敵であるカタリ派などの異端にも適用しうる理念となる。この理念を支えたのは、新たなる「キリストの騎士」たちであって、それを体現する存在が、騎士にして修道士たる者たちの騎士修道会であった。

ウトゥルメールではこの間、世代交替が進み、モンレリ家、イブラン家、クルトネ家、リュジニャン家といった「十字軍家門」が形成され、十字軍国家の君主の地位を守り、統治を支える一方、聖地に生まれ育った教会知識人——ティルス大司教ギョームなど——が頭角をあらわし、王国統治を担うエリートとなった。イェルサレム王位にも聖地生まれの王が就き、脆弱な王国の基盤をコムネノス朝ビザンツとの通婚やヨーロッパからの人材の調達によって強化していった。一方、ザンギー朝では、ザンギーの後継者で息子のヌール・アッディーンのもとで、十字軍との戦いを「信仰の敵」との聖戦（ジハード）と位置付ける観念が醸成されていったが、それがファーティマ朝エジプトをめぐる覇権争いのなかで現地に派遣され、やがてアイユーブ朝を興したサラディンへと受け継がれた。サラディンはエジプトを平定すると、シリアとの併合を期して北上したが、その際、アラブ・ムスリム（シリア地方政権）とトルコ・ムスリム（セルジューク朝）、クルド・ムスリム（アイユーブ朝）の各勢力を統合して連合軍を組織するために、ザンギー朝のジハード・イデオロギーを活用した。それが効果を発揮するには、フランク人の十字軍を「信仰の敵」と喧伝するなかで、その敵を屈服させた証として、聖地イェルサレム――彼らには、第三の聖地にすぎない――の制圧という目標が不可欠となった。

ヒッティーンの戦いからイェルサレム征服にいたる一連の戦闘は、十字軍理念とジハード・イデオロギーという相呼応する聖戦意識が充塡された最初の戦いであった。十字軍の東方出征以前には大きくずれていた両党派の情勢認識や戦闘に向かう動機が、聖都イェルサレムを世界観の中心においた十字軍の波と現地での相互交渉の過程で徐々に調節され、最終的にぴたりと嚙み合った瞬間であった。まさにこの瞬間に、聖都イェルサレムの象徴的価値は著しく高まり、二つの巨大信仰圏の中心に躍り出たのである。

最後に、本書の主題である「巨大信仰圏の出現」に立ち返ろう。東南アジアや東アジアにみられた民衆世界での日常的で反復性のある信心のあり方は、キリスト教ヨーロッパ社会の底辺にも広がっており、異端との境界線上に裾野を広げていた。しかし、ヨーロッパの場合、一農民の信仰世界は、司牧を担う司祭によって霊導され、司祭の言動は司教が監督し、司教の振る舞いはローマの教皇座の教導のもとにおかれる、というように上下の階梯で垂直に結ばれていた。社会の各階層を縦断するこの組織力によって、教会知識人の高度な神学上の議論でさえ、階層を下って教区司祭が司牧する民衆的信仰世界と繋がりえた。さらに、このヒエラルキーは、先述した土地基盤社会のなかで、全信徒が支払い義務を負う十分の一税の徴収や教会施設・修道院への土地の寄進、信仰の道をはずれた者に科される教会刑罰の法廷によって幾重にも強化された太い柱をなしていた。

大開発の時代に充実しつつあったこうした信仰社会に対し、第一回十字軍の成果としての聖地イェルサレムの領有、四つの聖地国家を運営した経験、聖地と本国を往来する人々の移動は、多くの新しい要素をつけ加えた。それは、普遍宗教としての自己認識、世界伝道への使命、信徒を軍事動員しうる十字軍理念の彫琢、各地の情報を回収し、権威を付して各地に送り返す教皇座とその通信網、教皇座を回転軸とする君主国の政治社会、等である。そして、第一回から第三回までの十字軍は、当初より一貫して、教皇座主導の教会改革と連結し、ウルバヌス二世、エウゲニウス三世(聖ベルナールを介して)、インノケンティウス三世と続く、歴代教皇の改革意志を原動力としていた。普遍公会議としてのラテラノ公会議の復活は、教皇の方針をすべての司教・修道院長、世俗君主の使節らが出席する場で確認し、公示しうる会議体の成立を意味するとともに、そこに参集する公会議出席者の地理的分布を通して、普遍たるべきキリスト教世界、それを束ねる教皇の普遍的なる身体を体現した。「キリストの身体」になぞらえられるこの信仰空間は、古代より大陸名として知られてきた「ヨーロッパ」概念と完全に一致するものとなったのである。

以上を踏まえ、一一八七年の世界の信仰圏の現状を描いてみると、諸信仰をのみこむ巨大な民衆世界をかかえる、没宗教的な中国社会が南北に分かれつつ、おのおのが中央アジアや南海交易圏といった広域世界の枢軸を占める東アジア、その東アジアと交わりつつ、仏教を軸にヒンドゥー教、土着信仰が習合する多信仰社会・東南アジア、仏教・ヒンドゥー教が広がる社会に、「北西フロンティア」からジハード理念を推進力としてイスラーム教が進出しつつある南アジア、セルジューク朝に集積されたイスラーム諸王朝の経験を、十字軍と対峙する地方政権に育まれたジハード理念を梃子にアイユーブ朝のアラブ・イスラーム世界に伝えつつある西アジア、となろう。そのうえで、一一八七年のシリア・パレスティナに起きたできごとの意味を考えるなら、それは、イスラーム世界の「周縁」でイスラーム・イデオロギーのもとに地域統合をめざすサラディン軍との接触を着火源として、巨大信仰圏としてのヨーロッパが立ち上がった瞬間――転換点――といえよう。同じ普遍世界の解体過程にあって、軍事力や交易を介し、あるいは固有の包摂力を通して南アジアや東南アジアに広がりつつあるイスラーム信仰圏に対し、キリスト教圏としてのヨーロッパは、信仰圏を地理的に画定し、堅固な一体性と帰属意識を備えた一個の文明として成熟しつつあった。一一八七年とは、世界的な普遍宗教のうち、ともに一神教であり、旧約聖書を共通の聖典とするイスラーム教とキリスト教という双子の信仰世界が、世界史上、別々のコースを歩み始めた分岐点でもあったのである。

一章　セルジューク朝の覇権とイスラーム信仰圏の分岐

大塚　修

1　イスラーム信仰圏にとっての「もう一つ」の一一八七年

二つの一一八七年

ヒッティーンの戦いが起こった西暦一一八七年三月は、ヒジュラ暦では五八三年にあたる。この年のできごととしてヒッティーンの戦い関連の記事に多くの紙幅を費やすアラビア語普遍史書、イブン・アスィール著『完史』（一二三二年頃）には、セルジューク朝（一〇三八〜一一九四年）最後の君主トゥグリル三世（在位一一七六〜九四）の同年の動向について、つぎのような記述がみられる。

五八三年、スルターン・トゥグリルの権勢が増し、彼に従う者が増えた。彼が多くの地域の支配権を獲得すると、キィズィルはカリフに使節を送り助力を求め、トゥグリルの脅威を説いた。そして自ら服従を示し、与えられた役割をはたした。トゥグリルもバグダードに使節を送り「到着時に滞在するスルターン宮殿の再興を政庁が命じるように私は望む」と伝えた。カリフはキズィルの使節を手厚くもてなし、支援を約束する一方、返事をもたせずスルターン・トゥグリルの使節を追い返した。カリフはスルターン宮殿の破壊を命じ、それは破壊され荒地となり痕跡は消された。

（『完史』十一巻五六〇頁）

あらためて確認するまでもなく、一一八七年という年は、アイユーブ朝（一一六九〜一二五〇年）初代君主サラーフ・アッディーン（サラディン、在位一一六九〜九三）がヒッティーンの戦いで十字軍に勝利し、その後イェルサレム奪還をはたすにいたった象徴的な年である。しかし、西アジアのムスリム諸王朝の側はこの戦いに一枚岩となって挑んだわけではなかった。トゥグリルの政敵として登場するこのキズィルなる男は、アゼルバイジャンを支配したイルデギズ朝（一一四五頃〜一二二五年）三代君主キズィ

現存最古のトゥグリル３世像
『集史』エジンバラ本
エジンバラ大学付属図書館蔵, Ms. Or. 20, fol. 147a, 1314/5 年書写

ル・アルスラーン（在位一一八六〜九一）のことである。イルデギズ朝というのは、アターベク諸王朝と呼ばれる、セルジューク朝の支配下から独立をはたした地方政権の一つであった。セルジューク朝は、トゥグリル三世の父、十六代君主アルスラーン（在位一一六一〜七六）の治世から、このイルデギズ朝の保護下におかれ、政治的実権を失っていた。七歳で即位したトゥグリル三世は成長したのち、政治的実権を回復すべく、アッバース朝（七五〇〜一二五八年）カリフに使節を派遣し、政治的駆け引きを展開している。一時期、西は北アフリカから東は中央アジアまでを支配していたアッバース朝は十世紀以降には政治的実権を失ってはいたものの、政治的権威は保持し続け、乱立するムスリム諸王朝はアッバース朝カリフからの支配の承認を必要としていた。このような状況下でときの三十四代カリフ、ナースィル（在位一一八〇〜一二二五）は、政治的実権を取り戻すべく、まさに権謀術数をめぐらせているところであった。

ヒッティーンの戦いが繰り広げられた一一八七年という年は、セルジューク朝の君主は、王朝の輝きを何とか再び取り戻そうと悪戦苦闘している最中で、対十字軍のことなどその頭のなかにはなかったに違いない。これより遡ることおよそ一世紀前、三代君主マリク・シャー（在位一〇七二〜九二）の治世に、

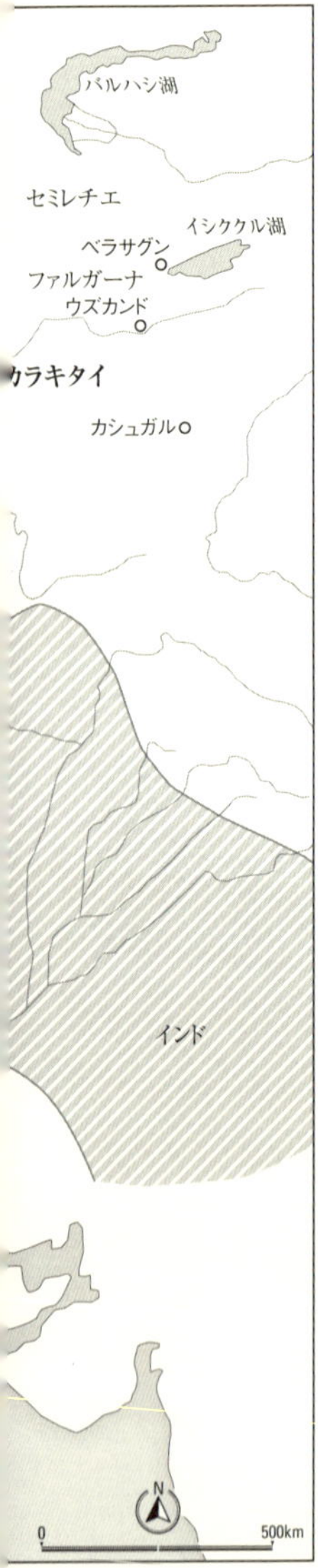

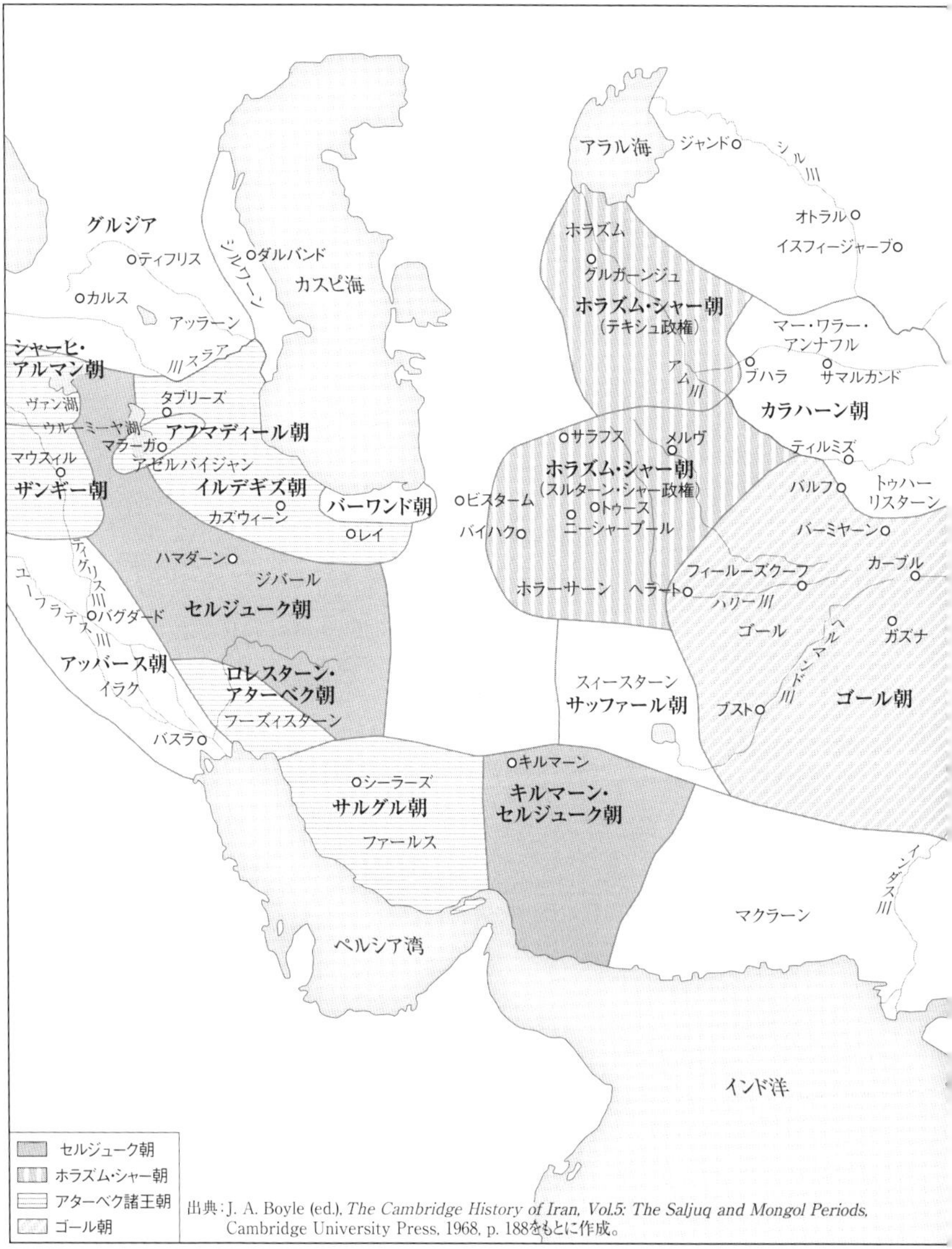

出典：J. A. Boyle (ed.), *The Cambridge History of Iran, Vol.5: The Saljuq and Mongol Periods,* Cambridge University Press, 1968, p. 188をもとに作成。

1180年頃の西アジア・中央アジア

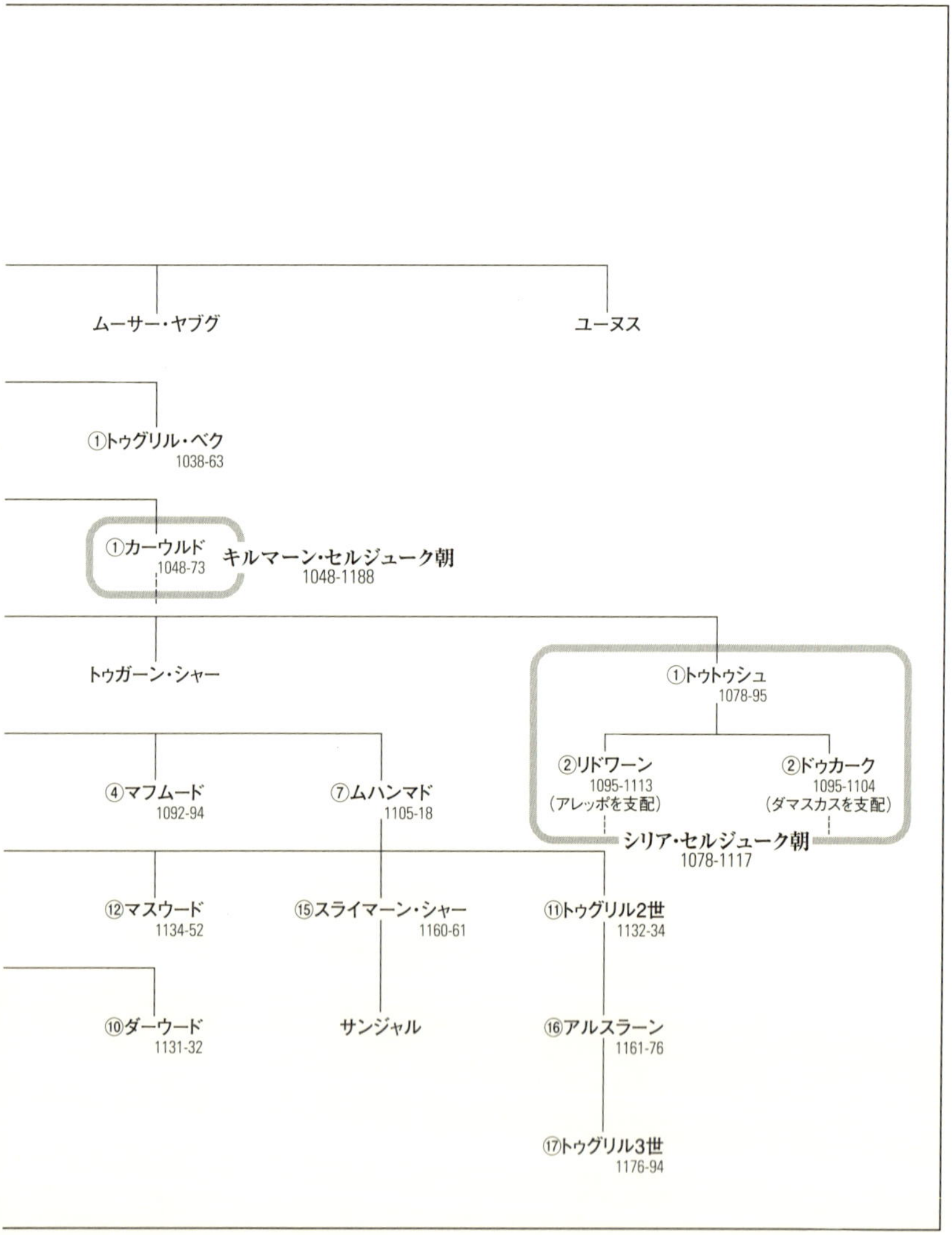

ムーサー・ヤブグ
ユーヌス
①トゥグリル・ベク
1038-63
①カーウルド
1048-73
キルマーン・セルジューク朝
1048-1188
トゥガーン・シャー
①トゥトゥシュ
1078-95
②リドワーン
1095-1113
(アレッポを支配)
②ドゥカーク
1095-1104
(ダマスカスを支配)
シリア・セルジューク朝
1078-1117
④マフムード
1092-94
⑦ムハンマド
1105-18
⑫マスウード
1134-52
⑮スライマーン・シャー
1160-61
⑪トゥグリル2世
1132-34
⑩ダーウード
1131-32
サンジャル
⑯アルスラーン
1161-76
⑰トゥグリル3世
1176-94

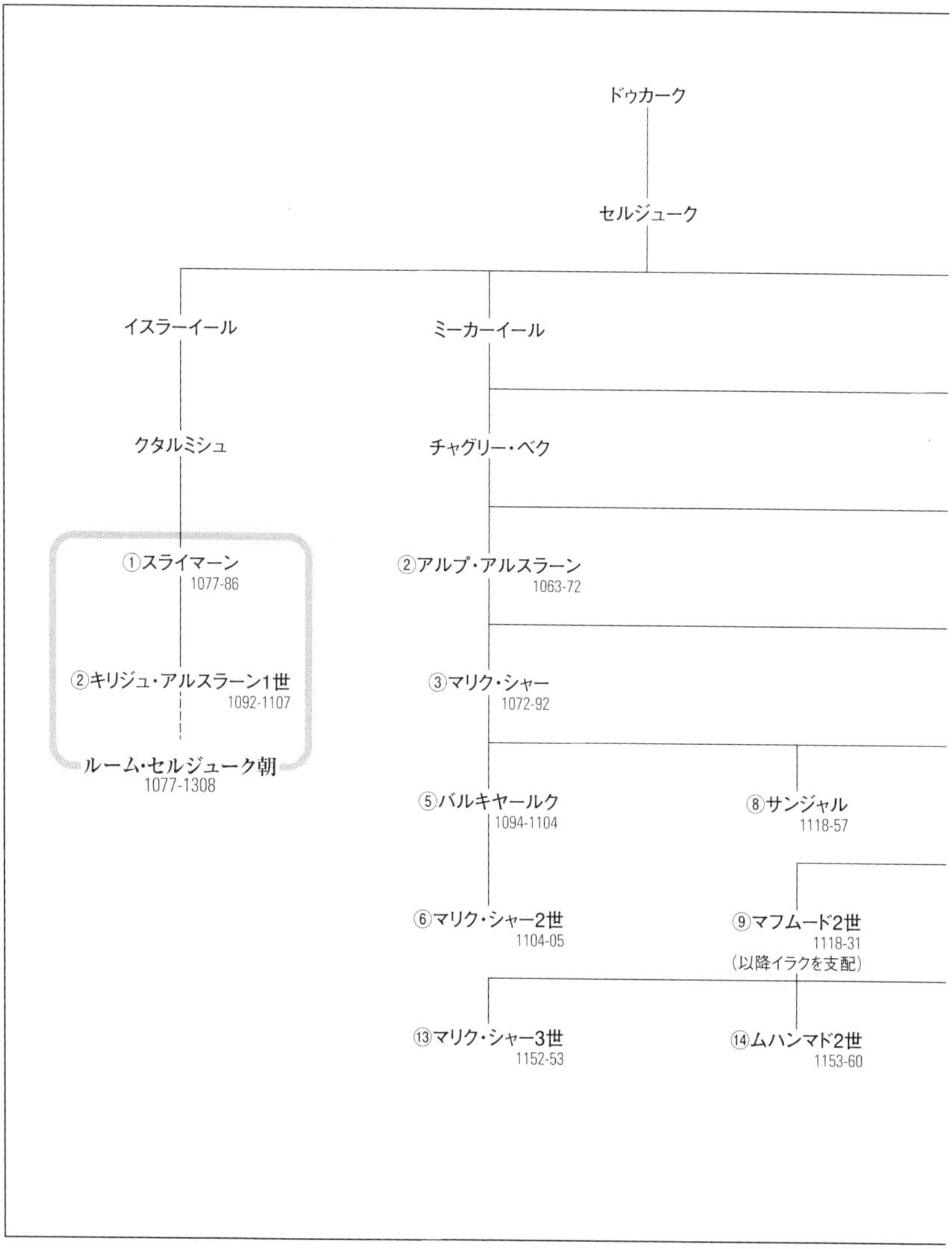

セルジューク朝(1038〜1194)系図

イェルサレムを含む、シリア、イラク、ファールス、アゼルバイジャン、ホラズム、ホラーサーン、グルジア、マー・ワラー・アンナフルに及ぶ広大な領域を支配したセルジューク朝に、もはや昔年の面影はなく、その旧領域には、さまざまな地方政権が群雄割拠する状況にあった。西アジアに乱立していたこれらの地方政権は一致団結できる状況にはなく、ヒッティーンの戦いというのは、地方政権の一つであったアイユーブ朝が起こした一事件にすぎなかったのである。

セルジューク朝後継諸王朝の時代

一一八七年の時点においてセルジューク朝には、本家以外にも、本家から分岐した一族により建国された、アナトリアのルーム・セルジューク朝(一〇七七〜一三〇八年)、キルマーンのキルマーン・セルジューク朝(一〇四八〜一一八八年)が存続していたが、ルーム・セルジューク朝以外は存亡の危機に瀕していた(ちなみに、この半世紀以上前にシリア・セルジューク朝〈一〇七八〜一一一七年〉は断絶している)。その旧領域には、既述のイルデギズ朝、ファールスのサルグル朝(一一四八〜一二八二年)、ロレスターンのハザーラスプ朝(一一五五/六〜一四二四年)とフルシード朝(一一八四〜一五九七年)、マラーガのアフマディール朝(一一二二頃〜一二二〇年)、ヤズド・アターベク朝(一一四一頃〜一二九七年)、シリアのザンギー朝(一一二七〜一二五一年)など、アターベク諸王朝と呼ばれる王朝が群雄割拠する状況にあった。サラーフ・アッディーンが建国したアイユーブ朝は、このザンギー朝から独立をはたした政権であり、この一連の流れのなかで台頭してきた。これらの地方政権では、いずれもセルジューク朝の行政システムが採用され、宮廷には執事、官房、厩《きゅう》長、厨《ちゅう》長がおかれ、テュルク系軍人がそれらの役職を担っていた。それは、セルジューク朝の軍事奴隷出身の武将がホラズム地方を拠点として建国したホラズム・シャー朝(一〇九七～一二三一年)においても同様であった。セルジューク朝の衰退にともない、あらわれたこれらの地方政権は、ジューズジャーニー著『ナースィル史話』(一二五九/六〇年)では、セルジューク朝中興の祖である八代君主サンジャル(在位一一一八～五七)の名前にちなんで「サンジャル系諸王」と呼ばれ、セルジューク朝の後継諸王朝という扱いを受けている。

転換期としてのセルジューク朝時代

セルジューク朝時代は、イスラーム時代西アジアの通史を書くうえで極めて微妙な時期にあたる。「新版世界各国史シリーズ」(山川出版社)をみれば、「西アジア史」は「アラブ」と「イラン・トルコ」の二巻構成になっている。そこで、預言者ムハンマド(六三二没)に始まる通史を叙述する際の分岐点と位置づけられているのが、このセルジューク朝時代なのである。アラブ史の文脈では、初代トゥグリル・ベク(在位一〇三八～六三)のバグダード入城、および最盛期を演出した三代君主マリク・シャーの治世がおもな叙述対象となり、その後の歴史には関心が向けられていない。これに続くのは、ザンギー朝、アイユーブ朝をへてマムルーク朝(一二五〇～一五一七年)にいたる流れであり、その東方の歴史は対象とされていない。一方、イラン・トルコ史では、セルジューク朝の滅亡までの歴史が対象とされるも、シリアやエジプトの歴史についてはふれられなくなる。セルジューク朝は、アラビア語圏であるシリアから、ペルシア語圏であるイラン・中央アジアまでの広大な領域を長期間支配した最後の王朝であり、十二世紀のセルジューク朝の衰退は、イスラーム信仰圏を東と西に分断する大きな転換期になったと評価できよう。本章では、セルジューク朝支配時代がこの信仰圏に与えた影響について考えてみたい。

2 セルジューク朝の覇権と行政システムの確立

セルジューク朝の起源

残念ながら王朝初期に編纂された歴史書は現存しておらず、王朝の起源について確かなことはわからない。二代君主アルプ・アルスラーン(在位一〇六三〜七二)に献呈された『マリクの書』という、セルジューク朝史の記事の一部が後世の歴史書に引用されるかたちで残されている程度である。セルジューク家は、テュルク系部族の名門キニク氏族の出であったとされている。故地はアラル海東方であったが、多くの一族や家畜をかかえ、マー・ワラー・アンナフルに移り住み、冬営地をブハラのヌール、夏営地をサマルカンドのスグドとしていた。キニク氏族については、アッバース朝に献呈された現存最古のテュルク語アラビア語辞典『テュルク語辞典』(一〇七七年)につぎのような記述がみられる。

オグズ。テュルクの一部族。トルコマーンのことで二二の氏族より構成される。それぞれの家畜を他人の家畜と識別するために家畜用の目印がある。その中心はキニク氏族で、当代のスルターンたちはそれに属している。

(『テュルク語辞典』二〇葉裏)

「当代のスルターンたち」というのは、この時、アッバース朝に支配者としての地位を認められていたセルジューク朝君主のことで、その一族が、オグズ部族の筆頭氏族の出だとされている。ここであげられている二二の氏族には、オスマン朝（一二九九〜一九二二年）の出身氏族カイ、アクコユンル朝（十四世紀後半〜一五〇八年）の出身氏族バユンドゥル、カラコユンル朝（一三七五頃〜一四六九年）の出身氏族イーワ、サルグル朝の出身氏族サルグル、アフシャール朝（一七三六〜九六年）の出身氏族アフシャールも含まれている。

西アジア・中央アジアにはすでにテュルク系部族が軍事奴隷として進出しており、ガズナ朝（九七七〜一一八六年）などテュルク系の王朝が建国されていた。それらの王朝とセルジューク朝の最大の違いは、進出以前にイスラームに改宗していたという点、そして、軍事奴隷出身ではなかったという点である。また、進出は個人単位ではなく集団でおこなわれた。

一族の祖セルジュークの四人の息子は、イスラーイール（イスラエル）、ミーカーイール（ミカエル）、ムーサー（モーセ）、ユーヌス（ヨナ）などユダヤ系の名前をもつため、テュルク系のハザル族同様、元来はユダヤ教を信仰していたともいわれる。セルジュークの改宗譚はさまざまなかたちで伝えられているが、例えば、伝サドル・フサイニー著『セルジューク朝の諸情報』（一二二五年頃）には、つぎのような記述がみられる。

アミール・セルジュークは馬に跨《また》がり、彼の馬や軍隊とともに、イスラーム諸国との境界をめざし、ハナフィー派の宗教により幸福になった。そして、ジャンドの地域を選び、その地から異教徒の徴税官たちを追放し、その地で強大になった。

（『セルジューク朝の諸情報』二四〜二五頁）

すでにイスラームを受容していたセルジュークの一族が、「聖戦」をおこなう族長の指揮のもと、集団で移住したことを端的に示す記述である。そういった性格からか、セルジューク朝には、「ルクン・

アッディーン（宗教の柱石）」など、「ディーン（宗教）」という語を含む称号をもつ君主が多い。ただし、集団で移動したのち、すぐに王朝を建国するにいたったため、これまでの諸王朝とは異なり、居住した地域の文化には慣れ親しんでいなかった。

セルジューク朝の覇権

この後セルジュークは、カラハーン朝（八四〇〜一二一二年）とガズナ朝のマー・ワラー・アンナフルをめぐる覇権争いに巻き込まれ、その過程で、息子イスラーイールはガズナ朝にとらえられ殺害されている。一方、もう一人の息子ミーカーイールの二人の息子トゥグリル・ベクとチャグリー・ベクは、ガズナ朝三代君主マフムード（在位九九八〜一〇三〇）の死後の混乱に乗じ、一〇三八年、ニーシャープール入城をはたす。そして一〇四〇年のダンダーナカーンでの勝利により、ホラーサーンでの支配権を獲得した。ホラーサーンにはチャグリー・ベクが残り、東方へ睨《にら》みをきかせる一方で、トゥグリル・ベクは西進し、ブワイフ朝（九三二〜一〇六二年）勢力を撃退し、イスファハーンを攻略、その後一〇五五年にバグダード入城をはたした。

当時のアッバース朝カリフは、シーア派のブワイフ朝の支配に加え、やはりシーア派のファーティマ朝（九〇九〜一一七一年）と結託した将軍バサースィーリー（一〇六〇没）に悩まされていたため、スンナ派を奉じるセルジューク朝による支配は、「スンナ派の復活」とも評価されている。

ところで、しばしば概説では、一〇五五年は、バグダード入城をはたしたセルジューク朝君主にアッバース朝カリフがスルターン号を授けた「スルターン制」成立の年だと評価されてきた。しかし、実際にはトゥグリル・ベクはすでにこれ以前からスルターン号を使用していたし、ガズナ朝君主マフムードもスルターンを称していた。この時にアッバース朝カリフがおこなったのは、これ以前の時代からおこなってきた、軍事政権に対する支配権の承認にすぎず、「スルターン号」を新しく授けたという特別な行為ではなかったことには注意しなければならない。これを「スルターン制」という制度と評価できるかについては再考の余地があるものの、事実として、トゥグリル・ベク以降のセルジューク朝君主は皆

トゥグリルの塔(テヘラン市)
トゥグリル・ベクの墓廟だと伝えられる。幾度の改修をへて現在もテヘラン市レイ地区にそびえ立つ

この称号を使用している。

セルジューク朝による統治は、地方の有力者をそのまま支配下に組み込むというかたちでおこなわれ、在地の支配者にイクターと呼ばれる徴税権を付与し、その見返りとして、セルジューク朝君主の名前をフトバ(説教)や貨幣に入れることによる支配権の承認と貢納を求める政策がとられた。同様に、王族に対しても地方を分封する政策が採用され、例えば、トゥグリル・ベクのおじムーサー・ヤブグには、スィースターンを拠点に、ガズナ朝との国境地域を担当させている。この制度は、ブワイフ朝時代のイクター制の延長線上にあるものだった。

トゥグリル・ベクの後継者たち

一〇六三年にトゥグリル・ベクがレイで病没すると、後継者争いが勃発した。これは、のちの王位継承の際にもしばしばみられるテュルク系諸王朝特有の現象である。テュルク系遊牧民の慣習には明確な王位継承の原則はなく、後継者争いを制した実力者が新しい君主にふさわしいと考えられていた。この時に対立したのは、トゥグリル・ベクの甥アルプ・アルスラーンと従兄弟クタルミシュであった。ここで前者が勝利し、セルジューク一族内の力関係が決定的なものとなる。以後、君主は、トゥグリル・ベクとチャグリー・ベクの父ミーカーイールの血を引く者のなかから選ばれるようになる。一方で、敗れたクタルミシュの父イスラーイールの一族は傍流となり、クタルミシュの息子スライマーン(在位一〇七七~八六)の治世にアナトリアで地方政権(ルーム・セルジューク朝)を建てることとなった。

新しく即位したアルプ・アルスラーンの治世は短かったものの、各地域への遠征、とくに非ムスリム諸王朝との戦いに明け暮れ、最後までバグダードを訪問することはなかった。それもあってか、歴史書のなかで彼は事あるごとに敬虔な君主だと評価されている。もっとも大きな戦果は、シリアやアルメニア遠征への対抗を企てたビザンツ帝国(三三〇～一四五三年)君主ロマノス・ディオゲネス(在位一〇六八～七一)を撃破したマラーズギルドの戦い(一〇七一年)における勝利で、アナトリアのテュルク化やイスラーム化への道筋をつけたことであった。しかし、その後の遠征の際に、彼は自らがとらえた捕虜の手にかかり命を落としてしまう。

その後即位したのはマリク・シャーであったが、この時にも例にもれず、後継者争いが勃発している。最大の事件はおじカーウルド(キルマーン・セルジューク朝初代君主、在位一〇四八～七三)の叛乱だったが、それを退けたのち、東方ではカラハーン朝を破りマー・ワラー・アンナフルを制圧し、西方ではアレッポとアンティオキアを攻略し、王朝の最大領域を達成した。その統治体制を支えたのが、名宰相との呼び声が高いニザーム・アルムルク(一〇九二没)であった。

ただし、この名宰相と君主マリク・シャーとの関係がつねに良好なものではなかったことには注意しなければならない。一〇八〇年代初頭には、マリク・シャーはニザーム・アルムルクを疎んじるようになっていたともいわれている。晩年には、ニザーム・アルムルクの孫が処刑され、また政敵であるタージュ・アルムルク(一〇九三没)が重用されるなどしている。ニザーム・アルムルクは一〇九二年にニザール派(シーア派イスマーイール派の分派)の暗殺者の手で命を落としたが、これに、マリク・シャーが関与していた可能性を示唆する記録も残されている。もっともこれは、王妃までが暗躍した、激しいマリク・シャーの後継者争いに巻き込まれたためだといわれている。

セルジューク朝の分裂傾向

ニザーム・アルムルクに続きマリク・シャーがなくなると、セルジューク朝の分裂傾向は一気に強まった。その規模は、トゥグリル・ベクやアルプ・アルスラーンの時よりも大きく、決定的なものであった。この時には、マリク・シャーの二人の王子、マフムード(四代君主、在位一〇九二～九四)とバルキヤールク(五代君主、在位一〇九四～一一〇四)のあいだで、王朝を二つに割っての王位継承争いが展開された。両勢力の争いはマフムードの病死により終結するも、今度はおじトゥトゥシュ(シリア・セルジューク朝初代君主、在位一〇七八～九五)の介入を招いた。これは、彼が一〇九五年にレイ近郊で敗死し、決着をみた。

まさにこの年の十一月、クレルモン公会議で十字軍開始の呼びかけがおこなわれたが、セルジューク朝側は、それに一致団結して立ち向かえる状況にはなかった。すでに地方では、地方政権が実際の統治をおこなっており、十字軍に直面していたのは、セルジューク朝本家ではなく、アナトリアやシリアを治めていた地方政権にすぎなかったのである。セルジューク朝君主は多くの場合、西方における事件については無関心であった。イラン高原以東に栄えた王朝は概して海への関心をもたず、セルジューク朝もその例にもれなかった。同時代史料でも、十字軍のことを、西欧の人々を意味する「ファランジュ／イフランジュ」という言葉で呼び続けており、これを宗教対立という構図でとらえている様子はない。

バルキヤールクの治世には、その後も叛乱があいついだが、一一〇四年には、異母兄弟ムハンマドにはアゼルバイジャン、アッラーン、アルメニア、イスファハーン、イラク(ティクリートを除く)を、もう一人の異母兄弟サンジャルにはホラーサーンを与えることに合意し、一応の決着をみた。しかし、その直後にバルキヤールクがなくなると、息子のマリク・シャー二世(在位一一〇四～〇五)が六代君主として即位するも、すぐにムハンマド(七代君主、在位一一〇五～一八)が実権を握った。その結果、バルキヤールクの旧領はムハンマドに引き継がれ、以後セルジューク朝は、サンジャルが東部を、ムハンマドが西部を支配するというかたちで二分されることになった。このようななかで、セルジューク朝の庇護下にあったアッバース朝は勢いを盛り返し始める。二十九代カリフ、ムスタルシド(在位一一一八～三五)の治世には、カリフ自ら軍隊を率い土地を所有し、セルジューク朝と敵対するようになっている。

セルジューク朝の地方政権

このように一族による激しい後継者争いが繰り広げられるなか、権力争いに敗れた者のなかには、地方で政権を樹立する者もあらわれた。前述のようにキルマーンを領有していた、チャグリー・ベクの息子カーウルドは、兄弟アルプ・アルスラーンなき後に即位したマリク・シャーの権威に挑戦し、敗死している。ただしその後も、彼の子孫はキルマーンにとどまり勢力を維持し続けた。この政権は、キルマーン・セルジューク朝と呼ばれている。

また、マリク・シャーの弟トゥトゥシュは、シリアを拠点とし、ルーム・セルジューク朝に勝利するなど勢力を拡大したが、一〇九五年にバルキヤールクの軍に敗れ敗死した。彼の子孫はバルキヤールクへの服従を拒否し、独立を維持し続けた。この政権はシリア・セルジューク朝と呼ばれている。ただし、この政権でも例にもれず後継者争いが起こり、アレッポにはリドワーン(在位一〇九五～一一一三)が、ダマスカスにはドゥカーク(在位一〇九五～一一〇四)が鼎立する状況に陥り、十字軍の侵入に対しても有効な手段を取ることができなかった。

セルジューク朝地方政権のなかで最後まで命脈を保ったのは、アナトリアを拠点としたルーム・セルジューク朝である。マリク・シャーは、先代のアルプ・アルスラーンに対し反旗を翻したクタルミシュの息子スライマーンを、領域の最果てであったアナトリア半島に派遣し、戦闘に従事させた。結果的に、スライマーンはニカエアの征服に成功し、政権を樹立、その地にとどまることになった。十字軍との戦いだけではなく、セルジューク朝諸政権にも挑戦し、二代君主キリジュ・アルスラーン一世(在位一〇九二～一一〇七)は、一一〇七年にセルジューク朝七代君主ムハンマドに対して叛乱を起こし、敗死している。このようにルーム・セルジューク朝は、セルジューク朝とは対立関係にあった。ただし、セルジューク朝最後の君主トゥグリル三世の敗死の後、唯一残ったセルジューク朝政権として、自らをアルプ・アルスラーンやマリク・シャーの末裔とするなど、セルジューク朝の後継者を標榜する記録がみられるようになる。

セルジューク朝型行政システムの確立

セルジューク朝では、先行王朝の行政システムを引き継ぐかたちで、宰相(ワズィール)を頂点とする官僚制度が採用された。ただしそのなかには、「アターベク制」などセルジューク朝独自の官職も確認できる。こういった行政システムはマリク・シャーの治世に完成したと考えられている。現在でもその価値は衰えていないイラン史概説『ケンブリッジ・イラン史』のなかで、碩学ラムトンはセルジューク朝の行政システムを評して、「多くのセルジューク朝時代の制度は、表面上(ときに用語は変わることはあったが)二十世紀にいたるまで継続した」とまでいい、この時代の重要性を強調している。宰相の役割について、ニザーム・アルムルクはつぎのように説明している(本章で邦訳から引用する際には、文体の統一のため、一部表記を変更した箇所がある)。

徴税官たちや彼らの業務は宰相の管轄下にあり、よき宰相は帝王のおこないと評判をよくするものである。大成し、世の人々に号令し、復活の日までその名声が鳴り響く帝王は、だれでもよき宰相をもっていた。偉大な預言者たちも同様であった。(『統治の書』二二一頁)

この後には、ソロモンやモーセなどの預言者とその宰相(に相当する人物)の名前が列挙されており、例えば、預言者ムハンマドの宰相は初代正統カリフのアブー・バクル(六三四没)だとされている。そしてその資質について、「宰相は敬虔で清純なるハナフィー派かシャーフィイー派に属し、能力があり、業務をよく知り、文筆に優れ、帝王を愛する者でなければならない」(『統治の書』二二二頁)と続けている。この二つの法学派について、ハナフィー派はセルジューク朝君主が支持した法学派、シャーフィイー派はニザーム・アルムルクが支持した法学派であり、まさに当時の環境を反映した内容になっている。このようなセルジューク朝時代にかたちづくられた宰相像は一つの定式となり、後の世に継承されていった。十二世紀後半にナジュム・クミー著『宰相伝』というセルジューク朝の宰相列伝が編纂されたが、これは、後の世にあらわれる、歴代王朝の宰相の事績を収録する「宰相伝」というペルシア語文献類型の最初期のものとなった。

セルジューク朝の支配層はテュルク系遊牧民であったが、その行政システムを支えていたのはペルシア系の官僚であった。宰相のもとには、財政、文書、軍事、地方監察を司る官庁がおかれた。一一七八年頃に編纂されたセルジューク朝正史『セルジューク朝史』(コラム参照)の各君主の本紀の末尾には、各君主の容姿に関する説明があるが、その最後は、要職である宰相と侍従(ハージブ)の一覧表になっている。例えば、アルプ・アルスラーンの宰相はニザーム・アルムルク、侍従はアブド・アッラフマーン・アガージー、バクラク、クマージュとなっている。これらの人名から、通常、宰相にはペルシア系の官僚が就任する一方で、侍従にはテュルク系の軍人も含まれていたことがわかる。

宮廷の官職には地方のイクターが付与されていることが多く、それも王朝の分裂傾向を促した要因の一つであった。例えば、マリク・シャーの治世には、水盤捧持職(タシュト・ハーナ)にはホラズム地方の、衣装職(ジャーマ・ハーナ)にはフーズィスターン地方の地租を徴収する権限が与えられていた。イクター制は必ずしも分権的な傾向をもたらすものではなかったが、君主の権力が弱体化した際には、イクター保有者が自立する傾向がみられた。その典型的な事例が、後述する、水盤捧持職にあったホラズム・シャー朝君主の自立である。セルジューク朝の王子たちにもそれぞれイクターが与えられ、その後見役であるアターベクがその地域を管轄するようになる。このアターベクの最初だとされるのが、ニザーム・アルムルクである。以後アターベクは制度化され、君主の死後、即位した王子の後見役を務め、その際に場合によっては君主の未亡人を妻として迎えることもあった。

宮廷は君主がいるところにおかれるのが常で、国庫や妃を含む家族は君主とともに移動し、ときには戦場にも赴いていた。そのなかで中心となったのは、ニーシャープール、レイ、イスファハーン、メルヴなどの都市であった。例えば、一〇五二年トゥグリル・ベクの治世にイスファハーンを訪れたナースィル・フスラウ(一〇七二頃没)は、その都市をペルシア語圏でもっとも繁栄した都市だと評価している。

王家については、王妃が政治にはたす役割は大きく、後継者争いへの介入がしばしばみられた。セルジューク朝では婚姻政策も重要視され、ウカイル朝(九九〇頃〜一一六九年)、ブワイフ朝、カークーヤ朝(一〇〇八頃〜一一四一年)、マズヤド朝(九六一頃〜一一五〇年)などと姻戚関係を結んでいる。それはアッバース朝カリフに対しても同様で、トゥグリル・ベクは、これまでに前例のなかった、カリフの娘との結婚を認めさせている。また、マリク・シャーの娘もカリフに嫁いでいる。

3　セルジューク朝とイスラーム

スンナ派の復興

イルハーン朝(一二五六〜一三五七年)時代に編纂された、カーシャーニー著『歴史精髄』(一三〇〇年)の「イスマーイール派史」の章には、暗殺者教団とも呼ばれるニザール派の暗殺者の手にかかって殺害された著名人のリストが掲載されている。そのリストの最初が開祖ハサン・サッバーフ(在位一〇九〇〜一一二四)の治世に暗殺された四七名のものだが、その筆頭にあげられているのがニザーム・アルムルクである。このリストには、ほかにもマリク・シャーの重臣の名前が列挙されており(ニザーム・アルムルクの息子ファフル・アルムルクの名も含まれている)、セルジューク朝とニザール派の対立の激しさがうかがえる。

ニザーミー・サマルカンディー著『四講話』(一一五六年頃)には、ニザーム・アルムルクの性格を示

「イスマーイール派史」の「ハサン・サッバーフ伝」末尾に記録された暗殺された著名人一覧表
『歴史精髄』テヘラン本
テヘラン大学付属図書館蔵, Ms. 9067, fol. 225a, 1581 年書写

す逸話が収録されている。それは、マリク・シャーの称号「ムイッズ・アッディーン」にちなんでムイッズィーの雅号を与えられた宮廷詩人（一一四八没）の恨み節である。

王にお仕えして一年間過ぎたが、この間、遠くから一度お目にかかっただけで、一マン、一ディーナールの手当、給与も与えられなかった。私の出費はかさみ、借金で首がまわらず、頭が混乱した。しかも宰相ニザーム・アルムルクは詩について何の考えももたなかった。なぜなら彼は詩の知識に通じていなかったからで、そのうえ彼は導師《イマーム》と神秘主義者《スーフィー》以外の者には何の関心もいだかなかった。　（『四講話』二四七頁）

先行するサーマーン朝（八七三〜九九九年）やガズナ朝では詩人が優遇されたのに対し、セルジューク朝は詩人を優遇せず、宗教を重要視し、正当なムスリム君主であることを権威の源泉とした王朝だと評価されている。事実、セルジューク朝は、シーア派のブワイフ朝からバグダードを奪取し、エジプトに君臨するシーア派のファーティマ朝と対峙するために、スンナ派法学の保護に努めた。一方で、一万四〇〇冊の蔵書数を誇ったバグダード最大のシーア派の図書館(九九三年寄進)が一〇五九／六〇年の火災で焼失し、民衆の略奪を受けるなど、シーア派の側は退潮傾向にあった。その際には、セルジューク朝宰相のアミード・アルムルク・クンドリー(一〇六四没)が蔵書の一部を持ち出したと伝えられている。

このようにセルジューク朝時代は「スンナ派の復興」と形容され、全体としてスンナ派勢力が力を取り戻したものの、クム、レイ、アーワなどの諸都市では依然としてシーア派勢力が優勢であった。このような環境下で、『ラーフィディーの醜行』(一一六〇〜一一六三／四年)というスンナ派信徒によるシーア派一二イマーム派批判の書が編纂され、それに対しアブド・アルジャリール著『反駁の書』(一一六三／四〜一一七〇／一年)が編纂されるなど、激しい論争がみられた。当時シーア派のおかれていた状況については、『統治の書』(一〇八七〜九二年)につぎのような記述がみられる。

マフムード、マスウード、トゥグリル[・ベク]、アルプ・アルスラーンの時代には、いかなることがあってもゾロアスター教徒、キリスト教徒、ラーフィド派の者は日の当たるところにでてきたり、テュルク人たちの面前に姿をあらわす勇気などもたなかった。テュルク人たちの副官の仕事は、すべてホラーサーン人の財務官僚たちが務めてきた。彼らはホラーサーン出身で、敬虔なハナフィー派かシャーフィイー派の者たちであったのだ。

(『統治の書』二〇四頁)

引用文中のラーフィド派というのはシーア派に対する蔑称であるが、この記述から、ガズナ朝からセルジューク朝時代にかけての、シーア派や非ムスリムの人々がおかれていた厳しい環境が明らかになる。ただし、このような反シーア派傾向にもかかわらず、既述の諸都市以外にもシーア派勢力は広がりをみせていた。例えば、アッバース朝二十九代カリフ、ムスタルシドとセルジューク朝九代君主マフムード二世(在位一一一八〜三一)の宰相を務めたアヌーシルワーン・ブン・ハーリド(一一三八頃没)などはシーア派官僚であったと伝えられている。彼はシーア派初代イマーム、アリー(六六一没)の墓の隣に埋葬されたともいわれる。また、「マリク・シャー治世のイスファハーンでは、イスマーイール派が復活し、あらゆる場所で宣教をおこない、力を得、堅牢な諸城塞を陥落させた」(『史話要説』三一五頁)という記録もあり、むしろ同時代の文献はシーア派勢力の伸張を強調している。

勢力拡大に寄与したのが「美徳詠み(マナーキブ・ハーン)」という人々で、アリーとその一族を讃える頌詩《しょうし》を、道端や市場で詠みあげていた。そのなかで、アリーの事績を讃えた『アリーの書』(一〇八九/九〇年)なる韻文史書も編纂されている。一方で、スンナ派の側では、正統カリフのアブー・バクルとウマル(六四四没)の徳を賛美し、シーア派を侮辱する「美点詠み(ファダーイル・ハーン)」という人々が、このような動きに対抗した。

ニザーミーヤ学院と宗派対立

セルジューク朝時代を象徴するスンナ派保護政策として強調されてきたのが、スンナ派教育の推進である。ニザーム・アルムルクによるニザーミーヤ学院の建設・運営はまさにその一環としておこなわれたものだった。学院には寄宿施設が付属し、その経費は寄進財の運用で賄われ、そこから、教授には給与が、学生には奨学金が支給された。なかには大規模な図書館が併設され、当時の知的環境に大きな変化をもたらした。ニザーミーヤ学院はセルジューク朝領内の主要都市に合計九つ建設され、ウラマーが養成された。その中心的役割を担ったのが、バグダードに建設された学院で、当初は思想家ガザーリー(一一一一没)も教鞭をとっていた。ガザーリーはイスラーム法学、神学、哲学、護教論、神秘思想の五つの分野で大きな足跡を残し、スンナ派思想の確立に大きな役割をはたした。そのほかにも多くの神学者があらわれた。ガザーリーの師で「二つの聖都の導師」の称号をもつジュワイニー(一〇八五没)、ザマフシャリー(一一四四没)、サンジャルに仕えたシャフラスターニー(一一五三没)、イブン・ジャウズィー(一二〇一没)、ファフル・ラーズィー(一二〇九没)などが有名である。

ただし、この学院の正統法学派は、ニザーム・アルムルクが故郷ニーシャープールでシャーフィイー派の師に師事したために、シャーフィイー派とされた点には注意しなければならない。というのも、セルジューク朝君主はハナフィー派を支持しており、同じスンナ派でも、両法学派のあいだではしばしば対立が生じていたからである。スンナ派内部の対立については史料のなかで折にふれて言及がなされている。例えば、『セルジューク朝史』には、一一五四年のニーシャープールの様子についてつぎのようにある。

グッズ[オグズ]が去った後、町の人々には法学派の違いに起因する古くからの恨みがあった。毎晩、某街区の某集団が騒乱を起こし、火を対立勢力の街区に放った。

(『セルジューク朝史』六五〜六六頁)

このように同じスンナ派勢力であっても一枚岩だったわけではなかった。ニザーム・アルムルクが述懐する苦しい胸の内がそのことをよく示している。

この世には二つのよい法学派があり、［ともに］正しい道に則っている。一つはハナフィー派、もう一つはシャーフィイー派である。他はすべて空疎で、ビドア［逸脱］であり、疑わしいものである。そして殉教者スルターンは自らの学派について大変に固い信念をもっていて、たびたびこんな風にいっていた。「ああ残念だ。もし私の宰相がシャーフィイー派でなかったならなあ」。彼は厳しい統治を布《し》き、威厳を有していた。彼が自分の学派［ハナフィー派］にこのように真摯で強い信念をもち、シャーフィイー派を認めていなかったため、私はいつも心配し、おそれていた。

（『統治の書』一二一頁）

「殉教者スルターン」というのは、二代君主アルプ・アルスラーンのことであるが、宰相を務めたニザーム・アルムルクでさえも、主君とのあいだに宗派の違いによるわだかまりをかかえていたのである。事実、シャーフィイー派のニザーミーヤ学院のほかにも、シャラフ・アルムルク（アルプ・アルスラーンの財務官）が建設したハナフィー派の学院や、アッバース朝宰相が建設したハンバル派の学院も重要な役割をはたしていた。

このような対立がみられる一方で、セルジューク朝君主は、領域内のさまざまな宗派に配慮していたともいわれる。例えば、一〇八七年、マリク・シャーはニザーム・アルムルクをともなって、シーア派七代イマーム、ムーサー・カーズィム（七九九没）、神秘主義者マアルーフ・カルヒー（八一五／六没）、ハンバル派の名祖イブン・ハンバル（八五五没）、ハナフィー派の名祖アブー・ハニーファ（七六七没）といった各宗派・法学派の重要人物の墓所を一つずつ参詣している。

ニザーム・アルムルクの死後には、彼の子孫がニザーミーヤ学院の運営を続けたが、十二世紀後半にハンバル派が優勢になったバグダードでは、ニザーミーヤ学院は荒廃してしまう。ただし、セルジューク朝滅亡後、バグダードには、アッバース朝三十六代カリフのムスタンスィル(在位一二二六〜四二)によりムスタンスィリーヤ学院が建設された。これは、ニザーミーヤ学院を範としたものであったが、四つの法学派すべての教授がおかれていた。学院の建設はその他、ザンギー朝治下のシリアや、ルーム・セルジューク朝治下のアナトリアで広まった。鉛筆型の細いミナレットはこの時代の建築物の特徴である。このような学院の増加により、セルジューク朝とその旧領域にイスラームの理念は広く定着をみせたのである。

神秘主義思想の発展

セルジューク朝時代のイスラームの幅広い階層への定着の背景の一つに、学院などの宗教施設の整備に加え、神秘主義思想の発展があった。この時代には、最初期の神秘主義詩人アブー・サイード・ブン・アビー・ハイル(一〇四九没)を嚆矢《こうし》として、多くの神秘主義者が活躍した。とくに有名なのは、クシャイリー(一〇七二没)、アンサーリー(一〇八九没)、ガザーリー、サナーイー(一一三四没)、アッタール(一二二一没)らである。アフマド・ジャーミー(一一四一没)を保護したサンジャルのように、セルジューク朝君主のなかには神秘主義者を保護する者もあらわれた。この時代に修道場がつくられ、組織化が進んだことで、民衆へのさらなる広がりをみせるようになった。

十二世紀には、カーディリー教団、ヤサウィー教団、リファーイー教団、スフラワルディー教団、クブラウィー教団などの神秘主義教団が誕生した。

イベリア半島に生まれた神秘主義哲学の理論家イブン・アラビー（一二四〇没）が活躍したのもこの時代で、一二〇五年にルーム・セルジューク朝治下のアナトリアを訪れている。その後、アナトリアでは、メヴレヴィー教団の名祖であるルーミー（一二七三没）を筆頭に、イブン・アラビーの思想を哲学的に体系化したクーナウィー（一二七四没）などが活躍した。

4 セルジューク朝とペルシア語文化

停滞期とされる初期セルジューク朝時代

セルジューク朝は、テュルク系遊牧民によって建国された王朝であったが、その官僚業務を担ったのはペルシア系官僚であったため、宮廷にはペルシア語文化の強い影響がみられた。ただし、その初期には、セルジューク朝君主がいまだにペルシア語文化に慣れ親しんでいなかったため、文芸活動は重要視されなかったとされ、先行するサーマーン朝やガズナ朝に比べて停滞期にあったと評価されている。

それでも、トゥグリル・ベクの治世に編纂された『スィースターン史』（一〇五三年以降）、トゥグリル・ベクの時代に編纂され、イスファハーン太守に献呈されたファフル・グルガーニー著『ウィースとラーミーン』（一〇四〇〜五〇年）などの著作の存在が確認できる。さらに、トゥグリル・ベクに頌詩を詠んだバーハルズィー（一〇七四没）、アルプ・アルスラーンに頌詩を詠んだアブド・アルマリク・ブルハーニー(一〇七二頃没)やラーミイー(没年不詳)などの頌詩詩人が活躍している。また、アルプ・アルスラーンの息子でホラーサーン太守を務めたトゥガーン・シャー(没年不詳)の宮廷では、アズラキー(一〇七二頃没)が活躍し、アマーニー著『ユースフとズライハー』(一〇八三年頃)が献呈されている。これだけの文人の活躍がありながら停滞と評価できるかは微妙なところだが、すでに紹介したように、頌詩詩人ムイッズィーは、ニザーム・アルムルクが詩に疎かったということをおおいに嘆いている。さらに、『四講話』にはつぎのような記述がみられる。

その後セルジューク朝になると、彼らは遊牧民で国政と諸王の優れた業績を識《し》らなかったので、その時代に王者の慣習の大半が廃れ、統治の要諦の多くが消えた。その一つは駅逓《バリード》の役所で、ほかは推して知るべしである。

（『四講話』二一七頁）

このような記述から、詩の分野に限らず、セルジューク朝君主がペルシア語文化に慣れ親しむようになるまでには時間が必要だったと考えられてきたのである。

ペルシア語文化の担い手としてのセルジューク朝

現在は詩人として高い名声を獲得している数学者・天文学者ウマル・ハイヤーム(一一三一没)が活躍したのは、マリク・シャーの宮廷で、以後、再びペルシア語文化が大きな発展をみせた。その最盛期はサンジャルの時代であった。前述のムイッズィーはマリク・シャーに仕えたのち、サンジャルにも仕えている。そのほかに、アディーブ・サービル(一一四七頃没)、アムアク・ブハラーイー(一一四七頃没)、アンワリー(一一八七没)、ジャバリー(一一六〇頃没)、ハサン・ガズナウィー(一一六〇没)などの詩人も彼の宮廷で活躍した。カラハーン朝に仕えた風刺詩人スーザニー(一一七三没)もサンジャルに詩を献呈している。書記術の分野では、サンジャルの文書庁長官が集めた公文書集『書記の敷居』が編纂された。ちなみに同様の公文書集は、ホラズム・シャー朝五代君主テキシュ(在位一一七二~一二〇〇)に仕えた文書庁長官によっても編纂されており、この時代に書記術指南書という新しい文献類型が確立した。科学の分野では、ハーズィニー著『サンジャル天文表』(一一三五/六年)がメルヴで編纂されている。

またこの時代には、韻文による古代ペルシア史、フィルダウスィー著『王書』(一〇一〇年)から派生した英雄叙事詩もいくつか編纂されている。イーラーンシャーン(没年不詳)の二つの著作、『バフマンの歴史』は四代君主マフムードに、『象牙のクーシュの説話』は七代君主ムハンマドに献呈された。このムハンマドに対しては、イブン・バルヒー著『ファールスの書』(一一〇五~一八年)も献呈されている。また、ペルシア語普遍史書『史話要説』(一一二六/七年)も、セルジューク朝の王族に献呈されたものだと考えられている。文学作品では、ハミード・アッディーンによる『マカーマート』のペルシア語訳(一一五六年)の編纂も重要な成果であった。また、上述の「美徳詠み」や「美点詠み」と同じようなかたちで「『王書』詠み」(シャー・ナーメ・ハーン)が活躍し、民衆のあいだにも逸話の内容が浸透していった。ペルシア語文化の影響はシリアなどアラビア語圏にも広がっており、アイユーブ朝ダマスカス政権(一一八六~一二六〇年)では、『王書』のアラビア語散文訳がブンダーリー(一二四一没)の手で編纂された。

「君主の鑑《かがみ》」という文献類型も発展をみせ、ニザーム・アルムルク著『統治の書』はマリク・シャーに、ガザーリー著『諸王への忠告』(一一〇九年頃)はムハンマドに献呈された。この文献類型はセルジューク朝地方政権においても確認でき、ルーム・セルジューク朝では、ニザーム・ヤフヤー著『行状の真実』が十一代君主カイクバード一世(在位一二二〇〜三七)に献呈されている。

サンジャル没後には、十六代君主アルスラーンに詩を献呈したアスィール・アフスィーカティー(一一八一頃没)、トゥグリル三世に詩を献呈したイマーディー・ガズナウィー(一一八九迄没)、アルスラーンとトゥグリル三世の二人に詩を献呈したムジール・バイラカーニー(一一九七頃没)などが活躍した。セルジューク一族に対する頌詩はアラビア語ではなく、おもにペルシア語でつくられていた。

トゥグリル三世の治世は二十年たらずであったが、多くの文献が編纂された時代でもあった。自作の詩も残されており、本人も文学の嗜みがあったと考えられる。彼の治世には、前述の『セルジューク朝史』やトゥースィー(没年不詳)著『被造物の驚異』が編纂されている。また、詩人ニザーミー(一二〇九没)が活躍した時代でもあった。彼の五部作の一つ、約六五〇〇句からなるロマンス叙事詩『フスラウとシーリーン』(一一七七〜八一年)はトゥグリル三世に献呈されたとされる。ただしその序文には、イルデギズ朝二代君主ジャハーン・パフラワーン(在位一一七五〜八六)と三代君主キズィル・アルスラーンの名前がある。ニザーミーは、アフマディール朝四代君主クルプ・アルスラーン(在位一一八八〜一二〇八)の依頼で『七王妃物語』を、シルワーン・シャー朝君主アフスィターン(在位一一六〇〜九七)の依頼で『ライラーとマジュヌーン』(一一八八年)を編纂するなど、さまざまな有力者の支援を受けていた。アフスィターンにはハーカーニー(一一九九没)も仕えており、このような地方政権においても同様にペルシア語文化は保護されていた。キルマーン・セルジューク朝に仕えたアフダル・キルマーニー

(一一二八頃没)も、王朝滅亡後、グッズ族のマリク・ディーナール(在位一一八六~九五)に仕え、彼に対して、修辞を凝らした技巧文で著した歴史書『至高なる首飾り』(一一八八年)を献呈している。

5 セルジューク朝の再統一と後継諸王朝

サンジャルに対する評価

たびかさなる後継者争いのために分裂し退潮傾向にあったセルジューク朝は、一人の名君により再び輝きを取り戻すことになる。その名君とは八代君主サンジャルである。彼の名声がうかがえるのが、ニザーミーの五部作の第一の著作『秘密の宝庫』に収録された「サンジャルと老婆の話」である。なお、この逸話には、挿絵が付されていることも多い。五部作は前近代のムスリム知識人に高く評価され続けてきた著作の一つであるが、そのなかでこのようなサンジャルの図像は繰り返し描かれてきたのである。臣民の声に耳を傾けるサンジャルの姿は、正義を体現する王を象徴するものとなっている。この挿絵が示しているように、セルジューク朝歴代の君主のなかでもサンジャルに対する評価は非常に高かった。例えば、伝サドル・フサイニー著『セルジューク朝の諸情報』では「彼は、父スルターン・マリク・シャーを除けば、後にも先にもいかなる者も支配したことのないような広大な諸国を支配した」(『セルジューク朝の諸情報』一八〇頁)と評価される。また、その支配領域を、いささか誇張混じりではあるが、イスラーム信仰圏全体とする文献すらある。

老婆の訴えに耳を傾けるサンジャル
『秘密の宝庫』ハーバード本
ハーバード大学付属美術館蔵, No. 2002.50.146, 1584年書写すべてのイスラーム諸国そしてムスリム居住地域の説教壇の上では、彼の名前によりフトバが飾られた。いかなるスルターンも、アフラースィヤーブの王朝〔カラハーン朝〕とガズナ朝すなわちマフムードの集団に対しては、このスルターンを除いては勝利を得ず、成功をおさめたことがなかった。

（『史話要説』三一七頁）

フトバでサンジャルの名前が言及された地域については、『セルジューク朝史』では、東はカシュガルから、イエメン、メッカ、オマーン、マクラーン、アゼルバイジャン、そして、アナトリア半島やブルガールまでと具体的に明記され、フトバは、彼の死後一年たっても続けられていたとされる。このように、セルジューク朝を再統一し広大な領域を支配したサンジャルに対する同時代人の評価は一様に高い。現在のセルジューク朝史関係の概説では、トゥグリル・ベクやマリク・シャーの治世が重要視され、サンジャルの治世は等閑視《とうかんし》される傾向にある。これに対し筆者は、このサンジャルの四〇年に及ぶ治世こそがセルジューク朝の、ひいては西アジアの歴史の転換期の一つになったのではないかと考えている。

大スルターンとしてのサンジャル

サンジャルは、マリク・シャー没後の後継者争いのなかで主導権を握った五代君主バルキヤールクにより、ホラーサーンを中心とする東方領域の運営を任された。バルキヤールク没後、その後継者争いを制したのは七代君主ムハンマドであったが、東方領域は引き続きサンジャルの支配下におかれていた。ところで、サンジャルはムハンマドと母を同じくする兄弟であり、自らは王子の称号である「マリク」

と称し、ムハンマドを君主の称号である「スルターン」と呼び、その宗主権を認めていたと考えられる。しかし、ムハンマドの没後、彼の息子マフムード二世が即位すると、サンジャルはこの甥に服属することを拒み、自ら「スルターン」を称するようになる。彼はマフムード二世をサーワ近郊で撃破し、バグダードまで侵攻し、逆に自らに服属させることに成功した。サンジャルは自らの娘を与え、自らを大スルターン、マフムード二世を副スルターンとする体制を確立した。まさにこの時代に編纂された『史話要説』では、「至高なるスルターン」と「偉大なるスルターン」というかたちで、二人の称号の差別化がはかられており、興味深い。

その後、サンジャルは対外的に大きな成果を積み重ねていく。『セルジューク朝史』では、彼の偉業は、およそ四〇年間で一九の勝利を積み重ね、負け知らずであったと讃えられている。セルジューク朝建国時からの敵ガズナ朝に対しても、十三代君主マスウード三世(在位一〇九九〜一一一四)の息子たちによる後継者争いに介入し、初めて王都ガズナを陥落させた。その結果、宗主権の承認と貢納を条件に、サンジャルの意向により、バフラーム・シャー(在位一一一八〜五二)が王位に就いた。さらにカラハーン朝の内政に干渉し、一一三二年、サンジャルの妹を母にもつ甥のマフムード(在位一一三二〜四一)を王位に就けている。また、セルジューク朝から独立をはたしたホラズム・シャー朝もサンジャルの宗主権を認めており、二代君主アトスズ(在位一一二七〜五六)即位の際に、王位を授与したのはサンジャルであった。ただし、このアトスズは、一一三六年にサンジャルと袂を分かち、繰り返し叛乱を企てるようになる。これに対し一一三八年、サンジャルは遂に討伐の兵を向け、アトスズは逃走した。その時の戦後処理について、『完史』にはつぎのようにある。

サンジャルはホラズムを支配し、その地を自らの兄弟ムハンマドの息子ギヤース・アッディーン・スライマーン・シャーにイクターとして授けた。そして、彼の配下に宰相、アターベク、侍従をすえ、彼の基盤を確固たるものとし、その年の第二ジュマーダー月にメルヴに帰還した。

（『完史』一一巻六七頁）

ここでサンジャルは自身の甥にホラズムのイクターを委ね、この地域を支配下に組み込もうとしているが、その甥のもとには、宰相以下主要な役職がおかれている。セルジューク朝の行政システムでは、中央に君主を頂点におく官僚機構が存在したが、地方にも王族や重臣を頂点におく官僚機構が存在し、地方の「小」王朝を中央の「大」王朝が束ねるかたちをとっていた。このような行政システムのため、中央の力が弱くなると、地方政権がしばしば自立を試みるという現象がみられたのである。

再び広大な領域を支配下においたサンジャルの宮廷では、前述のように、多くの宮廷詩人が活躍し、大きな文化的発展がみられた。しかし、一一二五年の遼朝（九一六〜一一二五年）崩壊にともない東方から突如としてあらわれた西遼（カラキタイ）の脅威に直面し、四一年のカトワーンの戦いで大敗北を喫し、王妃をとらえられてしまう。マー・ワラー・アンナフルを失ったサンジャルの威信は揺らぎ、各地で敵対勢力が叛乱を企てるようになった。この動きに対しては、四七年にホラズム・シャー朝の、五二年にゴール朝（一〇〇〇？〜一二一五年）の動きを封じている。しかし五三年、齢七十歳を迎えていたサンジャルは、反旗を翻した非ムスリム・テュルク系集団のグッズとの戦いに敗北し、メルヴは略奪され、自身はとらえられてしまう。三年後に脱出に成功するも、捕囚生活での疲弊からかその後すぐになくなり、遺骸は生前にメルヴにつくらせておいた墓廟に葬られた。

現在もメルヴにそびえ立つこのサンジャル廟は、およそこの一五〇年後に編纂されたラシード・アッディーン著『集史』（一三〇七年）においても、世界でもっとも大きな建築物として紹介されている。イルハーン朝七代君主ガザン（在位一二九五〜一三〇四）は、これに対抗して、自らの墓廟を建築させたとも伝えられる。

このようにサンジャルの名前と事績は後世まで人々の記憶に残り続け、サンジャルと覇権を争い、サンジャルの旧支配領域を引き継ぐことになったホラズム・シャー朝では、のちに「第二のサンジャル」という称号が君主号として採用されたほどである。また、モンゴルの西征に立ち向かった、ホラズム・シャー朝最後の君主ジャラール・アッディーン（在位一二二〇〜三一）は、なきセルジューク朝最後の君主トゥグリル三世の娘と結婚している。これは、ルーム・セルジューク朝と対抗するなか、セルジューク朝の権威を利用しようとしたためだと考えられる。ホラズム・シャー朝では、一時期シーア派が保護されたこともあったが、基本的にはセルジューク朝の行政システムが継承されていた。

サンジャルなき後のセルジューク朝

セルジューク朝を再統一したサンジャルの没後、彼には息子がいなかったため、その支配地域は再び大混乱に陥った。その領域の東方では、前述のサンジャルの甥である、カラハーン朝君主マフムードが推戴された。これに対し、サンジャルの有力将軍ムアイヤド・アイアパが台頭するも、結果的にその領域はホラズム・シャー朝に併合されてしまった。領域の西方では、セルジューク家の王子の後見人であるアターベクが権力争いを繰り広げていた。その過程で、アッバース朝カリフも権力を回復し、その宰相イブン・フバイラ(一一六五没)などはセルジューク朝の支配への対抗を試みている。セルジューク朝君主は、東のホラズム・シャー朝、西のアッバース朝カリフやアターベク諸王朝の優位を認めざるをえなくなり、一一六一年に、アゼルバイジャンのアターベク政権であるイルデギズ朝に政治の実権を奪われてしまう。この状況について、『ナースィル史話』にはつぎのようにある。

サンジャルの治世は終わりを告げたものの、彼には息子たちが残っていなかった。イスラーム世界の一部を支配していた彼の奴隷たちはアターベクを名乗り、サンジャルの甥たちを王とした。つまり、諸国をおさえていたのは、アターベクたちだったのである。この集団はいくつかに分けられる。スルターン・サンジャルがイラクとアゼルバイジャンを与えたアターベク・イルデギズの一族、ファールスを与えたアターベク・スンクル、シリアを治めていたマウスィルのアターベクである。

(『ナースィル史話』二六八頁)

このように、アターベクの称号をもつ地方政権の君主が、セルジューク朝の権力の減退にともない、独立をはたすことになった。そのなかでもとくに有力な政権が、シリアのザンギー朝とアゼルバイジャンのイルデギズ朝であった。

シリアのアターベク

シリア・セルジューク朝のドゥカーク没後、ダマスカスでは、彼のアターベクを務めていたトゥグタキーン一族がブーリー朝(一一〇四~五四年)を建国、一方のアレッポでは、リドワーン没後、彼のアターベクを務めていたルウルウ(一一一六/七没)が実権を握っていた。このように分裂状態にあったシリアに統一をもたらしたのは、セルジューク朝のアレッポ総督アークスンクル(一〇九四没)の息子ザンギー(在位一一二七〜四六)であった。ザンギーは、実際にアターベクとしてセルジューク朝の二人の王子の守役であったとされる。こうして建国されたザンギー朝は対十字軍戦争を繰り広げ、支配の正当性を獲得することに成功する。ザンギー朝は、統治権の共有に基づいた一族のゆるい連合体で、いくつかの政権が樹立された。そのなかで、アレッポとダマスカスを拠点としたヌール・アッディーン(在位一一四六〜七四)が対十字軍戦争に従事した。しかし、彼がエジプトに派遣したサラーフ・アッディーンがその地で独立をはたし、建国されたアイユーブ朝に逆に吸収されることになる。

ファールスのアターベク

ファールスに興ったサルグル朝は、テュルク系オグズ族のサルグル氏族に属す由緒ある血統をもち、トゥグリル・ベクに従い、西アジアに移り住んだと考えられている。初代君主スンクル(在位一一四八〜六一)が、セルジューク朝十二代君主マスウード(在位一一三四〜五二)の治世、一一四八年にファールスで独立をはたしたものの、セルジューク朝の宗主権は認め、貢納をおこなっていた。セルジューク朝滅亡後には完全に独立をはたし、四代君主サアド一世(在位一一九八〜一二二六)の時代に大きな繁栄をみた。『薔薇園』や『果樹園』の著者として知られるサアディー(一二九二頃没)が活躍したのも、サルグル朝の宮廷においてである。サルグル朝はアターベクの称号を名乗っていたものの、実際にその職に就いた証拠はない。ただし、この王朝でも同様にセルジューク朝との紐帯が重要視されていたようで、サルグル朝の拠点であったファールス出身の知識人バイダーウィー(一三一六／七没)は、九代君主セルジューク・シャー(在位一二六三)の母はセルジューク朝の末裔だと記録している。

ロレスターンのアターベク

ロレスターン地方のイーゼを拠点とする地方政権ハザーラスプ朝にもセルジューク朝との直接的な関係は確認できない。初代君主アブー・ターヒル(在位一一五五/六〜六一)はサルグル朝の軍司令官を務めていたが、ロレスターン征服後、その地にとどまり、一一五五/六年に独立をはたした。後世の記録ではあるが、ハムド・アッラー・ムスタウフィー著『選史』(一三二九/三〇年)によれば、ハザーラスプ(在位一二〇三/四〜一二二九頃)の治世に、息子のティキラをアッバース朝三十四代カリフ、ナースィルのもとに派遣し、アターベクの称号を求めたという。セルジューク朝との直接的な関係をもたない王朝であってもアターベクの称号を求めていることから、セルジューク朝の行政システムの影響の強さがうかがえる。ハザーラスプ朝は、サルグル朝の称号でもあったアターベクを名乗り、サルグル朝やホラズム・シャー朝との合従連衡により、勢力基盤の確保に成功した。

また同様に、ロレスターン地方では、フッラムアーバードを拠点とするフルシード朝という地方政権が興りアターベクを名乗っているが、こちらもセルジューク朝と直接的な関係はもたなかった。

ヤズドのアターベク

ヤズドに興った地方政権カークーヤ朝は、一〇五一年にセルジューク朝の傘下にはいり、その後は婚姻関係を結ぶなど、セルジューク朝と緊密な関係を築きあげていた。例えば、カークーヤ朝最後の君主ガルシャースプ二世(在位一〇九五〜一一四一)はセルジューク朝三代君主マリク・シャーと親しい関係にあり、彼の娘サーイラ・ハートゥーンを妻に迎えている。ヤズドの名士シャムス・フサイニー(一三三二/三没)が後世に著した『セルジューク朝史の旅土産』(一三三一三頃〜一六年)においても、「この地域のアターベクたちやこの場所の諸王の、セルジューク家の高貴なる家系との関係はこのためである。サーイラ・ハートゥーンこそがヤズドの諸王の祖なのである」(『セルジューク朝史の旅土産』六〇頁)というかたちで、セルジューク朝との紐帯が強く意識されている。このガルシャースプ二世の息子ファラーマルズ(一一四一没)には男系の子孫がおらず、サンジャルの命令で二人の娘が後継者となった。そのアターベクを務めることになったのが、サーム・ブン・ワルダーンルーズ(在位一一四一〜八八)であった。彼はカークーヤ朝と婚姻関係を結び、以後、彼の血統が実質的にヤズドを支配することになった。この政権は「ヤズドのアターベク王朝」と呼ばれている。

マラーガのアターベク

マラーガに興ったのはアフマディール朝であった。初代君主アークスンクル(在位一一二一〜三四)の父アフマディールはセルジューク朝七代君主ムハンマドに仕えていた。アフマディールはニザール派の暗殺者の手にかかり殺害されたが、息子であるアークスンクルがその後を継いだ。彼の時代に、マラーガの支配を確固たるものとし、アターベクを名乗るようになった。彼は、セルジューク朝十代君主となるダーウード(在位一一三一〜三二)のアターベクを実際に務めていたとされる。

アゼルバイジャンのアターベク

イルデギズ朝は、一一六〇年から八一年にかけてセルジューク朝君主をその支配下においた。初代君主イルデギズ(在位一一四五〜七五)はキプチャク系の軍事奴隷であったが、セルジューク朝十二代君主マスウードが彼にアッラーンの地を授け、十一代君主トゥグリル二世(在位一一三一〜三四)の未亡人ムウミナ・ハートゥーンと結婚させた。このムウミナ・ハートゥーンの巨大な墓廟は現在もナフジワーンにそびえ立ち、当時の栄光が偲ばれる。彼女からは二人の息子と一人の娘が生まれた。一人は二代君主となるジャハーン・パフラワーンで、もう一人は三代君主となるキズィル・アルスラーンであった。つまり両者とも、母を通じてセルジューク家の血脈を受け継いでいたことになる。そして、マスウードの死後、アゼルバイジャン全域を支配下に入れることになった。イルデギズは、自らが守役として養育してきたアルスラーンをセルジューク朝十六代君主として擁立し、妻となったムウミナ・ハートゥーンとともに自らが実権を握った。このイルデギズ朝がセルジューク朝の最期に大きくかかわる存在となっていく。

このように、アターベクという称号については、もともとセルジューク朝王子の守役に対する称号だったものが一般化し、セルジューク朝の旧支配領域に生まれた地方政権の君主が冠するたんなる称号として用いられている事例も散見される。ただし、ルーム・セルジューク朝においては、この称号は確認できない。

6 セルジューク朝の滅亡

傀儡《かいらい》セルジューク朝君主

アルスラーン擁立に尽力したイルデギズは「大アターベク」の称号を得て政治の実権を握った。ただし、正史の『セルジューク朝史』では、イルデギズ朝君主はあくまで侍従の一人という扱いになっている（コラム参照）。

イルデギズはアゼルバイジャンを拠点にイスファハーンを狙うなど積極的に軍事活動をおこなった。アルスラーンはハマダーンを拠点としていたが、アッバース朝カリフはイルデギズ朝の支配を承認する一方で、セルジューク朝の支配については承認していなかったようである。このような体制に激震が走ったのは、一一七五年のことであった。『セルジューク朝史』には、一連の事件についてつぎのような記述がみられる。

［アルスラーンが］タブリーズに着くと、スルターンの母逝去の報がナフジワーンより届いた。ハマダーンに着くまで、スルターンには知らされなかった。そこで、大きな追悼集会が催された。その王朝の規律とその王国の秩序を考えることはその幸運なるハートゥーンによっていたからである。彼女に遅れること一カ月後、やはりナフジワーンで幸運なるアターベクが逝去したとの報が届いた。彼らの棺は、ハマダーンのすでに建造されていた諸マドラサに運ばれた。スルターンもまた病に苦しんでいた。［五］七一年第一ジュマーダー月、サイイド・ファフル・アッディーン・アラー・

アッダウラの姉妹スィッティー・ファーティマがスルターンと結婚した。第二ジュマーダー月上旬、スルターンは彼女の館に移ったが、その一週間後、この月の中旬に至高なる神の御許に旅立った。

（『セルジューク朝史』一一八頁）

このように数カ月のうちに、この体制を支えてきた三人の重要人物があいついでなくなっている。イルデギズの後を継いだのは、息子ジャハーン・パフラワーンであった。ジャハーン・パフラワーンというのは、「世界の勇者」という意味の称号である。彼はアルスラーンの異父兄弟にあたるが、その彼に対してアルスラーンは、実権を取り戻そうと軍隊を動員するも、その途中病にかかりなくなってしまう。死因については、ジャハーン・パフラワーンによる毒殺説も伝えられている。

「名君」ジャハーン・パフラワーン

この混乱を制したジャハーン・パフラワーンは、その時七歳であったともいわれる、アルスラーンの息子トゥグリル三世を即位させ、王朝の実権を完全に掌握した。ルーム・セルジューク朝に献呈されたセルジューク朝史、ラーワンディー著『胸臆の安息』（一二〇六／七年）は、マリク・シャーやサンジャルももっていなかったほどの名声を、ジャハーン・パフラワーンのもとにいたトゥグリル三世が享受していたとまで伝えている。イルデギズ朝領内では、トゥグリル三世の名前のもとにフトバがおこなわれ、貨幣が鋳造されていたという。この時には、バグダードのアッバース朝カリフに対しても、セルジューク朝の影響力は行使されている。また『胸臆の安息』では、トゥグリル三世は宴会に興じ、ジャハーン・パフラワーンは戦闘に従事していたと両者の役割が評価されている。後者は「パフラワーン軍団

（パフラワーニーヤ）」と称される独自の奴隷軍団を組織していたことでも知られる。

ところで、この時には、シリアで政権を獲得したサラーフ・アッディーンが東方領域にも関心を示し、天下分け目の合戦がおこなわれた。一一八二年にザンギー朝旧領域の回復を企図してマウスィルへの侵出を試みたサラーフ・アッディーンは、八五年、イルデギズ朝領内の通過を求めている。その経緯について『胸臆の安息』にはつぎのようにある。

五八一年、サラーフ・アッディーンがシリアからマウスィルにやってきた。そして、それで名が知れ有名であった聖戦をおこなうため、アターベクに対し、王国を通過し、カズウィーン、ビスターム、ダームガーンにある卑しき異教徒たちの砦を攻撃し破壊する許可を求め、それをイラク進出の足がかりにしようとしていた。アターベクはそれを知り熟慮したが、仕方なく、それを撃退するために出陣し、彼と戦った。撃退のために数々の施策をおこなったことにより赤痢にかかった。サラーフ・アッディーンが引き上げたのち、その病は長引いた。　　　　（『胸臆の安息』三三七頁）

サラーフ・アッディーンは対十字軍だけでなく、スンナ派諸政権の仇敵ニザール派討伐をも、「聖戦」の目的として掲げていた。しかし、ニザール派掃討作戦の口実のもとに自らの領内に侵入されることを警戒したジャハーン・パフラワーンは、彼を迎え撃ち撃退している。

セルジューク朝時代に編纂された公文書集、マフムード・アターバキー著『書簡選集』には、イスファハーンに伝存していたと考えられる十二世紀後半の公文書の写しが保存されている。そのなかに、ジャハーン・パフラワーンが兄弟キズィル・アルスラーンに宛てた書簡が含まれている。そこからは、彼の狙いが、マウスィルをサラーフ・アッディーンの手から守ることにあったことがわかる。そこでは、セルジューク朝君主の名前に言及し、それにより自らの支配の正当化をはかっている。

この時代の政治史では、サラーフ・アッディーンという人物に注目が集まりがちだが、東方にはジャハーン・パフラワーンというもう一人の「名君」が並び立っていた。彼にとっては、サラーフ・アッディーンの掲げる「聖戦」は「侵略」にほかならなかった。

この「名君」の死について、『完史』には、つぎのような死亡記事がみられる。

この年の初め、パフラワーン・ムハンマド・ブン・イルデギズが逝去した。彼は山岳地域、レイ、イスファハーン、アゼルバイジャン、アッラーンなどの支配者で、公正で、良き行状で、賢く、忍耐強く、王権にとって良い統治をおこなっていた。彼の治世にその領域は平和を享受し、その臣民は安寧を得ていた。しかし彼が逝去すると、イスファハーンでは、シャーフィイー派とハナフィー派のあいだで、語り尽くせないほどの戦闘、殺戮、戦火、略奪が起こった。その地域のカーディーはハナフィー派の頭であり、イブン・フジャンディーがシャーフィイー派の頭であった。また、レイの町でもスンナ派とシーア派のあいだで大きな騒乱が起こった。町の住民は離散し、殺害され、その町などは破壊された。（『完史』十一巻五二五〜五二六頁）

ジャハーン・パフラワーンの死により、諸国が大混乱に陥ったと伝えられているのである。セルジューク朝にも仕えたジュルファーダカーニーが著した『ヤミーニー史翻訳』（一二〇五／六年）のなかでも、「王国の導き手」であったジャハーン・パフラワーンの死がセルジューク朝の崩壊をもたらしたと評されている。

イルデギズ朝治下のアゼルバイジャンにおいても、セルジューク朝と同様に、ペルシア語文化が花開いた。その宮廷では、アスィール・アフスィーカティー、ムジール・バイラカーニー、ザヒール・ファールヤービー(一二〇一没)、ニザーミー、キワーミー・ムタッリズィー(一一八〇没)などの詩人が活躍した。

このようにイルデギズ朝はセルジューク朝の後継政権としての立場を確立していくが、そのイルデギズ朝側の見解がうかがえる興味深い一つの文献が残されている。それは、六代君主ウズベク(在位一二一〇～二五)に献呈された鑑《かがみ》文学作品『諸道の真珠』(一二一三年)である。そのなかでは、伝説上のペルシアの王であるファリードゥーンから、カイフスラウ、アレクサンドロス、ガズナ朝のマフムード、セルジューク朝のマリク・シャーという順番で代々受け継がれてきた、ペルシアの王権の象徴たる神の光輪が、ジャハーン・パフラワーンの時代にイルデギズ朝に移された、と紹介されているのである。

セルジューク朝最後の輝き

ジャハーン・パフラワーンには子どもがなく、彼の後継者争いの際には、妃であるイーナンジ・ハートゥーンが大きな影響力をもった。彼の後に即位したのは兄弟のキズィル・アルスラーンであったが、イーナンジ・ハートゥーンは、パフラワーンがなくなったのを好機と考えて実権を取り戻すべく奮闘するトゥグリル三世に加担し、トゥグリル三世とキズィル・アルスラーンの権力争いが展開された。その状況について、『完史』はつぎのように伝えている。

スルターン・トゥグリル・ブン・アルスラーン・ブン・トゥグリル・ブン・ムハンマド・ブン・マリク・シャーはパフラワーンとともにあり、その領域では、スルターンとして彼に対してフトバがおこなわれていたものの、彼には一切実権はなかった。実際にその領域、アミール、正税はパフラワーンの支配下にあったのだ。しかし、パフラワーンが逝去すると、トゥグリルはキズィルの支配から脱出をはたした。

（『完史』十一巻五二六頁）

アッバース朝カリフは一貫してキズィル・アルスラーン軍を支援するも、一一八七年、トゥグリル三世は遂に勝利をおさめ、イスファハーンから親イルデギズ朝の者たちを追放した。冒頭で紹介したように、一一八七年は、セルジューク朝が自らの存亡をかけて戦っていた年であり、彼らにとっては西方の一事件にすぎないイェルサレム奪還を喜ぶような年ではなかったのである。翌八八年には、アッバース朝軍をハマダーン近郊で破り、宰相ジャラール・アッディーン・ウバイド・アッラーを捕虜としている。このようにセルジューク朝は、トゥグリル三世のもとで息を吹き返しつつあった。一方でその西方では、サラーフ・アッディーンは、十字軍に対する聖戦に引き続き従事していたのである。

しかし一一九〇年になると、キズィル・アルスラーン軍が勢力を盛り返し、トゥグリル三世をとらえ、アゼルバイジャンに投獄し、セルジューク朝の王子サンジャルを即位させた。その後、アッバース朝からの求めに応じて、この王子を廃位し、自らが即位した。その時の経緯について、『胸臆の安息』にはつぎのような記述がみられる。

アターベク・キズィル・アルスラーンは後に続いてハマダーンにはいり、王権が確固たるものとなった。彼はマリク・サンジャル・ブン・スライマーンを城砦から連れ出し、玉座に座らせ、アミールたちにイクターについての文書を与えた。そしてイスファハーンに向かい、イーナンジ・ハートゥーンと床入りし、おおいなる栄誉と喜ばしき王位を得た。カリフ位の都からは、スルターン位に座るべきであると騙された。サンジャルを城砦送りにし、自らスルターン位に就き、新しい慣習を定めた。神に対する忘恩や策謀は祝福された行為ではなく、トゥグリルの政権とスルターン位をたたむということは不吉な行為であった。(『胸臆の安息』三六三頁)

この一連のセルジューク朝に対するキズィル・アルスラーンの行為について、イーナンジ・ハートゥーンやイラクのアミールたちは、トゥグリル三世を廃位することをよしとせず、最終的には、天幕で酔いつぶれて眠っていたキズィル・アルスラーンを暗殺してしまう。その後トゥグリル三世が復権したが、キズィル・アルスラーンの後を継いだクトルグ・イーナンジ(在位一一九一〜九六)とアッバース朝カリフは、ホラズム・シャー朝に書簡を送り、支援を求めた。その結果、ホラズム・シャー朝軍は、レイ近郊でトゥグリル三世の軍を撃破、トゥグリルは討死し、彼の首級はアッバース朝の拠点であるバグダードへと送られた。当時の歴史家の言葉を借りれば、セルジューク朝はトゥグリルに始まりトゥグリルに終わったのである。この時、クトルグ・イーナンジはホラズム・シャー朝君主により所領を安堵されている。以後、ホラズムの一地方王朝にすぎなかったホラズム・シャー朝は、中央アジアから西アジアにかけての広大な領域を支配し、セルジューク朝旧領域の再統一を進めていくことになるが、そのきっかけをつくったのが、このイルデギズ朝だったのである。

その後のイスラーム信仰圏

以上、本章では、西アジア史の転換期としてのセルジューク朝時代の意義について考察してきた。セルジューク朝の滅亡後、再びシリアを含む西アジア全域を長期間支配する王朝はあらわれなかった。ホラズム・シャー朝を滅ぼし、ユーラシア大陸を席巻したモンゴル軍も一時の占領の後、シリアからの撤退を余儀なくされている。以後、西のアラビア語圏、東のペルシア語圏というかたちに大きく分かれていくことになった。

シリアに建国されたアターベク王朝ザンギー朝、そしてザンギー朝から独立したアイユーブ朝は、「聖戦」を旗印に支配の正当化をはかり、東のセルジューク朝など歯牙にもかけずに、アッバース朝とはかりながら対十字軍戦争を推し進めていた。対十字軍戦争に従軍した経験をもつ歴史家イブン・アスィールは、十二世紀後半の事件については、おもに対十字軍戦争について叙述しており、セルジューク朝側の動向はさほど気にしていないようである。一方で、その東方では、十字軍は問題とされずに、イルデギズ朝がやはりアッバース朝カリフと関係を維持しながら政治の実権を握っていた。セルジューク朝君主はいまだ健在でありながら、実権のない傀儡君主にすぎず、守役を意味するアターベクであったイルデギズ朝君主が、もっとも公正な君主と評価され、その事績を頌詩詩人がこぞって讃えていた。

一一八七年という年は、こうした政治状況のなか、セルジューク朝が王朝の存亡をかけ最後の輝きを取り戻そうとした年であったが、その企ては失敗に終わり、九四年、セルジューク朝は滅亡してしまう。しかし、サルグル朝をはじめとするアターベク諸王朝がセルジューク朝の官職名であったアターベクという称号を使用し続けたように、また、イルデギズ朝では、それが傀儡君主というかたちであっても、セルジューク朝君主を擁立し続けたように、セルジューク朝の支配下に一度編入された地域では、セルジューク朝の権威が必要とされるようになっていた。のちにモンゴル帝国による支配を経験したユーラシア大陸各地では、チンギス・ハーンの血統が重要視されるようになるが、この時代には、セルジューク朝の権威が重要視され、その王族の血統が重んじられていた。それは、モンゴル帝国時代以降も、地方政権レベルでは、人々の記憶に残ることになった。セルジューク朝の滅亡後、ルーム・セルジューク朝において、それ以前にはなかったかたちで、セルジューク朝との強い血縁関係が主張されたのは、まさにこの文脈でのできごとだといえるだろう。

このように、セルジューク朝の支配を経験した地域は、おもにアラビア語圏に属するアイユーブ朝とペルシア語圏に属するイルデギズ朝やホラズム・シャー朝に二分されることになった。以後これらの地域は時にかかわりあいながらも、別の道を歩むようになる(以後、現在の西アジア史の書き方も、アラブ史とイラン・トルコ史に分かれていく)。一方で、アターベクなどの官職、イクター制度などの行政システム、学院の建設などの宗教政策の面では、共通してセルジューク朝の影響を受けており、それが、のちに、それぞれのかたちで発展していくことになる。

COLUMN

『セルジューク朝史』とバルトリド

近年新しく刊行されたセルジューク朝関連の重要なペルシア語史料がある。ザヒール・ニーシャープーリー(一一八七没)著『セルジューク朝史』(一一七八年頃)である。著者は、セルジューク朝十六代君主アルスラーンの教師を務めていた人物だとされる。セルジューク朝の内部事情に精通していたその知識人が、十七代君主トゥグリル三世の命令で編纂したのがこの書である。王家の起源より説き起こし、トゥグリル三世の即位までが叙述対象とされる。各君主の本紀の末尾には、容姿の描写や有力家臣の一覧表が付されており興味深い。例えば、著者が親しい関係にあったアルスラーンの伝記はつぎのとおりである。

治世は一五年七カ月一五日。生涯は四三年。外見については、頬赤く、容姿端麗にして、顎鬚《あごひげ》長く、髪薄く、額は広く、中背で肉づきが良い。彼の宰相はワズィール・シハーブ・アッディーン・ブン・スィカ、ワズィール・ファフル・アッディーン・ブン・ムイーン・アッディーン・ムフタッス、ワズィール・ジャラール・アッディーン・ブン・キワーム・アッディーン。侍従はアミール・ハージブ・ムザッファル・アッディーン・バーズダール、アミール・ハージブ・アターベク・アヤーズ、アミール・ハージブ・ヌスラト・アッディーン・パフラワーン。

(『セルジューク朝史』一一九頁)

容姿に関する描写は、著者と同時代の君主以外にもみられ、その情報は王家に伝わる伝承に依拠したものと考えられる。序文では、セルジューク朝こそが、ムスリム諸王朝のなかでもっとも偉大な王朝だと讃えられており、セルジューク朝君主の意向を強く反映した「正史」とも評価できる著作である。

この『セルジューク朝史』は、後世の歴史家に大きな影響を与えた。『胸臆の安息』(一二〇六／七年)と『セルジューク朝史の旅土産』(一三一三頃〜一六年)は、技巧的な修辞文を用いてその内容を書き直し、情報を補足したセルジューク朝史である。また、アブー・ハーミドのように、トゥグリル三世の治世を対象とする『続編』(一二〇二／三年)をこれに増補する知識人もあらわれた。この『続編』が補われた『セルジューク朝史』は、『歴史精髄』(一三〇〇年)や『集史』(一三〇七年)に収録されるかたちで今日まで残っている。ザヒール・ニーシャープーリーの名は、『選史』(一三二九／三〇年)やハーフィズ・アブルー著『歴史集成』(一四二七年)など、おもだった後世の普遍史書で取り上げられたことにより、その後長く残ることになった。

ところで、この史料は、長いあいだ散逸したと考えられてきたが、A・H・モートンが、ロンドンの王立アジア協会でこれに比定しうる手稿本を「発見」し、それを底本とする刊本を二〇〇四年に刊行した。これにより初めて、その内容が学界に紹介された。協会の手稿本目録に『セルジューク朝史』が記載されている点については、すでにロシアの東洋学者V・バルトリド(一九三〇没)が指摘していた。しかし、彼の調査では、その存在を確認できず、以後、この手稿本は散逸したものとされてきた。それはなぜか。じつは、この手稿本は、再製本の際に、別の手稿本の後ろに一緒に綴じられてしまい、書架から姿を消してしまっていたのだ。これは、流石のバルトリドにとっても想定外だったのだろうが、『セルジューク朝史』は、アクセスが容易な機関の所蔵であるにもかかわらず、以後、だれもその存在に気づくことはなかった。手稿本現物の悉皆《しっかい》調査の大切さを改めて痛感させられる。

二章　イスラームとインドのフロンティア

稲葉　穣

1　タラーインの戦い（一一九一、九二年）

ムスリム軍の敗北と復活

スルタン・ガーズィー（ムイッズ・アッディーン・ムハンマド・ゴーリー）はイスラームの軍を整え、タバルヒンダ城砦（＝バーティンダ城）へと向かい、その城を征服した。（中略）クーラの王ピトゥーラーが［バーティンダ城の］すぐ近くまで迫っていた。スルタンは彼を迎え撃つべく、タラーインまで戻ってきた。ヒンドゥースターンの王たちは皆クーラの王とともにあった。戦いが始まるとスルタン・ガーズィーは槍をとり、一頭の象めがけて攻撃をしかけた。その象にはデリーの王であったゴービンド・ラーイが乗っていた。彼はその象に跨《また》がり前線で奮戦していたのであった。スルタン・ガーズィーは当代の獅子、第二のロスタムとでもいうべき戦士であり、槍でもってその象に襲いかかり、象の上にいたゴービンド・ラーイの口を槍で打った。その打撃の故《ゆえ》、かの呪われし者の歯が二本へし折れたほどだったが、彼はイスラームのスルタンを投げ槍で攻撃し、［スルタンは］腕に深い傷を負ってしまった。スルタンは馬首をめぐらし退こうとしたが、傷は深く馬にそれ以上跨がっていることができないほどだった。イスラーム軍も敗走し始め、誰ももちこたえられなくなっ

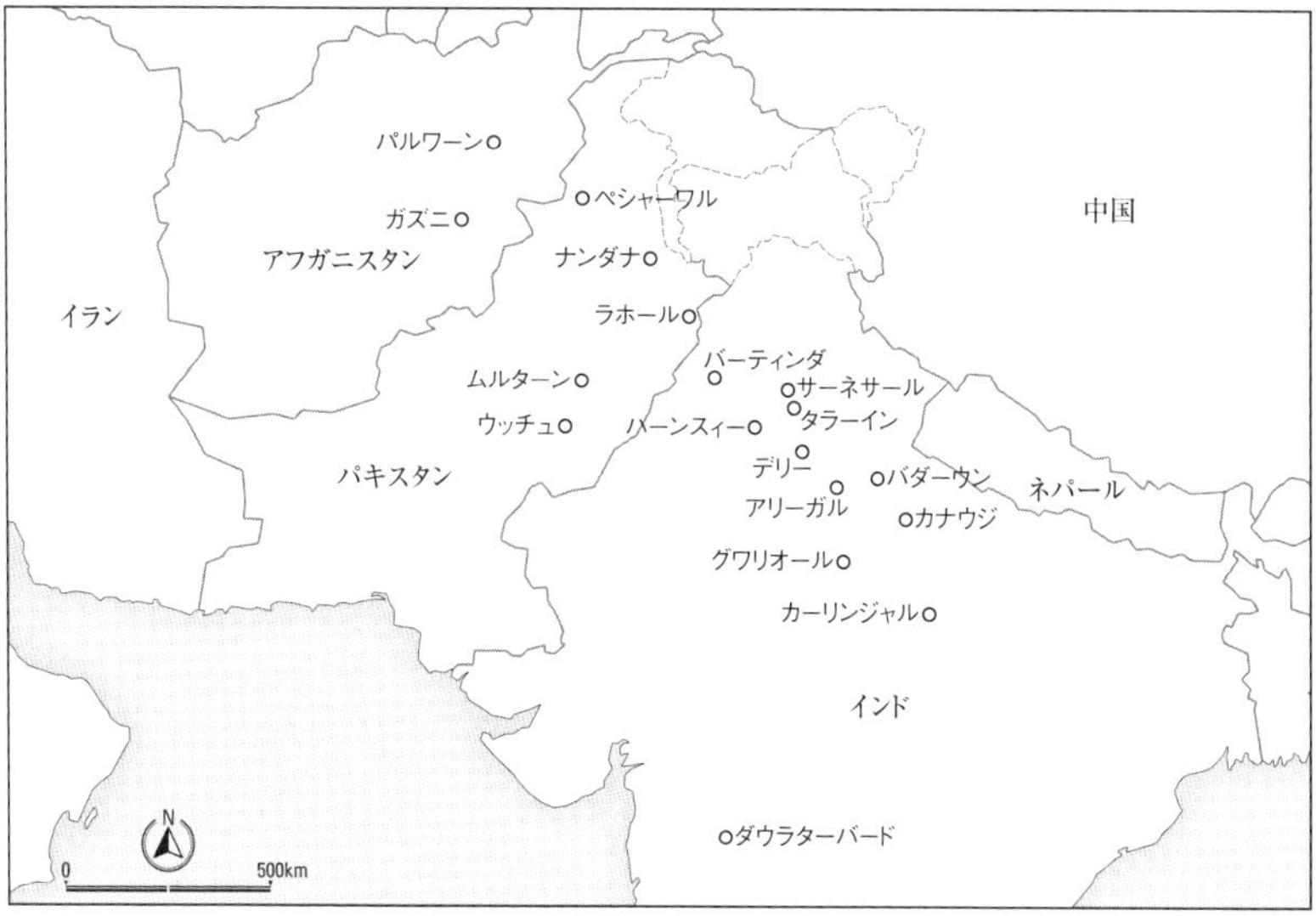

12世紀の北インドからアフガニスタン・パキスタン

た。スルタンが落馬するのも時間の問題であったが、一人のハラジュ族の勇士がスルタンを見つけ、スルタンと併走し、彼を馬上から抱き寄せ、馬を叱咤して戦場から離脱した。イスラームの兵はスルタンの姿を見失い、彼らのあいだから叫び声があがった。その後、敗走した軍が異教徒の追撃からようやく安全となったある宿《しゅく》駅《えき》に突然スルタンが到着した。アミールたち、ゴールの若者たちや名のある者たちの一団は、スルタンがそのハラジュの「獅子の子」と一緒にいるのを見つけ、「それがスルタンだと」気づいて集まってきた。それから槍を折って輿《こし》と寝台をつくり、スルタンをその上に載せて宿駅まで運んだ。人々は安堵した。

（『ナースィル史話』
Ṭabaqāt-e Nāṣirī, vol.1, pp. 398-400）

これは、十三世紀の史家ミンハージ・シーラージ・ジューズジャーニーの著作『ナースィル

ムイッズ・アッディーンとされる細密画
17世紀，コルカタ・インド博物館蔵

史話』にみえる、第一次タラーインの戦い(一一九一年)の描写である。ここにみえるタバルヒンダすなわちバーティンダ城はパンジャーブ地方東部の要地で、すでに十一世紀初頭にムスリム軍(ガズナ朝)によって征服されていたが、十二世紀末の時点では、ラージャスターンからハリヤーナー、デリー、さらには東南方までをも支配下においていたラージプートのチャウハーン朝プリトヴィー・ラージャ三世(在位一一七八〜九二)の影響下にあった。引用文中に「クーラの王ピトゥーラー」と呼ばれるのが、プリトヴィー・ラージャである。ちなみに象に跨がってムスリム軍と戦っていたゴービンド・ラーイは、デリー統治を託されていた彼の息子ゴーヴィンダ・ラージャ四世にほかならない。

この戦いの少し前、一一八六年に、ムイッズ・アッディーンは、最後のガズナ朝の支配者ホスロー・マリクをラホールに包囲して降伏させており、バーティンダ方面への進出はゴール朝による北インドへの本格的進出の第一歩であった。戦いの前年、バーティンダをさほどの抵抗なくくだしたムイッズ・アッディーンは、いったんガズナ(現ガズニ)方面へと引き上げつつあったが、ラージプート連合軍を率いたプリトヴィー・ラージャが、おそらくはアジュメールを発してバーティンダに近づきつつあるとの報を受け、踵《きびす》を返して東をめざした。かくして両軍は古えのターネサール近郊のタラーイン(現ハリヤーナー州カルナル近郊のタラオリ)にて遭遇することになったのである。戦いの結果はジューズジャーニーの語るごとくであり、指揮官の負った深手によりムスリム軍は混乱潰走した。無敵の強さを誇っていたムスリム軍団(これはガズナ朝時代以来のイメージであった)を撃退した英雄としてプリトヴィー・ラージャの名声は一気に高まった。タラーインの戦いと同時期に書かれたジャヤーナカの韻文「プリトヴィー・ラージャの勝利」では、プリトヴィー・ラージャは、ヴィシュヌ神が蛮族に懲罰を与えるために、第二のラーマとして地上に到来した姿であるのだと称えられている。

一方敗軍の将ムイッズ・アッディーンは、翌年さっそく軍を率いてヒンドゥースターンへと再進撃した。ジューズジャーニーは、この時のムスリム軍に何と一二万の重装騎兵が含まれていたという話を紹介している。史家はさらに続けて記す。

スルタン(ムイッズ・アッディーン)は軍の準備を整えさせた。彼の中軍、荷駄隊、軍旗、日傘、象部隊は数クロフ(一クロフは約二マイル)うしろに残り、[前陣は]陣形を整えてゆっくりと前進した。

アジュメールにあるプリトヴィー・ラージャ３世の銅像

スルタンは鎧をつけていない軽装騎兵を四分隊に分け、異教徒の四方に配置し、「四方から異教徒の軍の右翼、左翼、後衛、前衛にそれぞれ一万の騎兵をもって矢を射かけ、異教徒の軍を攻め続けよ。そして呪われし者どもの象や騎兵が攻撃してきたなら、お前たちは後退し、馬を駆って敵から距離をとれ」と命じた。

（*Ṭabaqāt-e Nāṣirī*, vol.1, p.400）

結果インドの連合軍は総崩れになって敗走し、プリトヴィー・ラージャ三世も象から馬に乗り換えて逃げた。しかし彼はサラスティー(現シルサ近辺)まで逃げたところでつかまり、殺された。デリーのゴーヴィンダ・ラージャもまた戦死した。かくして第二次タラーインの戦いの結果、アジュメールの王国、ハーンスィー、サラスティーその他の地域を含めたスィワーリク(現在ではこれはヒマラヤ山脈群の一つの名前であるが、かつてはハリヤーナーからラージャスターンに及ぶ広大な地域がこう呼ばれた)がゴール朝の手に落ちた。

タラーインの勝利以降、北インドにおいてゴール朝を阻む巨大勢力はもはやほとんどなく、ムイッズ・アッディーンおよび彼の将軍であったクトゥブ・アッディーン・アイベグ、タージ・アッディーン・ユルドゥズ、ハラジュ族の長ムハンマド・バフティヤール・ハラジーらは、後述のように北インドの要地をつぎつぎと征服していった。

出来事と転換期

さて、本叢書のタイトルは「歴史の転換期」であり、本巻はそのなかで一一八七年という年号を冠した巻となっている。歴史上の転換期や転換点をどう定義するかは難しい問題だし、見方次第であらゆる時期、あらゆる局面が何らかの「転換」のポイントとして定義されうるだろう。しかしながらここで意識されるのは、政治、社会、経済、宗教といった、われわれの営む世界の大づかみな傾向、流れがその前後において何らかの変化を遂げたようにみえる時期、ポイントということである(それにしても何と何が変化したかが明確にならないと、その転換期／転換点を指摘できないというトートロジーをかかえているようにもみえ、問題は単純ではないのだが)。ところで、かつてフェルナン・ブローデルが長期的持続という概念を用いて、地中海世界の歴史を描き出して以来、長期的あるいは中期的持続(社会構造の変化、制度変容など)に比べ、短期あるいは瞬間的事象である「出来事」への注目が薄れてしまった時期があったが、じつは二十世紀後半以降、再び出来事、事件の歴史についての関心が高まってきている。それは出来事の意味の捉え直しによるもの、つまり、長期的あるいは中期的波動で変動する歴史を伏流する水にたとえるなら、事件・出来事は何かのきっかけでその伏流水が地表に噴出するようなものであり、それを分析することで地中にある水の様子がわかるように、出来事のさまざまな局面の分析により、その背後にある中長期的変動の痕跡を見出すことができるのだ、という考え方によるものであろう。本章に与えられた責務は、十二世紀末をはさんだ時期、イスラーム化した西アジアとインド世界とがどのように接触・交流・衝突を生み出し、とくにその後の北インドの歴史にどのような影響を与えたのかを探ることなのだと自覚しているが、上に述べたような視点を援用するなら、例えば最初に述べた二度のタラーインの戦いのありさまのなかに、何らかの中長期的変動の痕跡を見出すことができるのかもしれない。そこでまず、⑴瀕死のムイッズ・アッディーンを救出したのが「ハラジュの勇士」であったこと、また、⑵プリトヴィー・ラージャが率いたのがラージプート諸侯の連合軍であったこと、という二つの点を試みに取り上げ、その背後に十二世紀にいたるイラン・イスラーム世界、インド世界におけるさまざまな変動のありさまをどのようにみてとれるのか考えてみたいと思う。

2　ムスリムの北インド侵攻前史

アッバース朝分裂以降の東方イスラーム世界

まず、瀕死のムイッズ・アッディーンを、危険をおかして助け出した勇敢な戦士の逸話を取り上げてみよう。じつはジューズジャーニーが、この英雄的な戦士がハラジュ族の勇士であったと記すのに対し、ほぼ同じ時代のイブン・アルアスィールはこれがムイッズの軍事奴隷(グラーム)であったと書いている。どちらがより正しい話なのかは後回しにして、このときのゴール朝の軍隊の構成と特徴について考えてみたい。そこにもゴール朝以前の西アジアのさまざまな歴史の反映をみてとれるからである。

ゴール朝の軍隊は基本的に山岳地帯の部族民と、中央アジアから購入されたテュルク系軍事奴隷の二つの要素からなっていた。これはじつは十世紀以降、東方イスラーム世界に成立した地方王朝の多くに共通する特徴であったといってよい。十世紀初頭サッファール朝を破ってマーワラー・アンナフル(トランスオクシアナ)とホラーサーン(イラン高原東部)を支配したサーマーン朝は、王朝創設の原動力となったディフカーン(大地主、土豪)勢力に対するカウンター・バランスとしてテュルク系軍事奴隷を多く採用し、かつアム川以西にもこれを送り出して益をあげていた。十世紀半ばにイラン高原西部を制圧し、バグダードに入城したブワイフ朝もダイラム人とテュルク系軍事奴隷の二本立ての軍隊を有していた。サーマーン朝の軍事奴隷のなかからは、のちにガズナを征服したアルプテギン、およびアルプテギンの軍事奴隷出身で、ガズナの地にガズナ朝を建てたセビュクテギンがあらわれている。十一世紀前半、ガズナ朝を破ってイラン高原を征したセルジューク朝も、トルクマン集団への対抗措置として徐々にテュルク系軍事奴隷の軍事力を高めていった。

このような軍事体制をもつ地方政権が出現したのは、アッバース朝が九世紀前半の内戦の結果として事実上分裂して以降のことである。八一三年、兄弟アミーンとの内戦に勝利をおさめたマアムーン(在位八一三〜八三三)は慎重を期して六年後の八一九年にやっとメルヴからバグダードへと移動した。その際、彼の勢力基盤であったホラーサーンを将軍ターヒルに託したが、これがアッバース朝の分裂の具体的な始まりであったといえよう。詳細は三巻で述べられるが、ターヒルの子孫たちはアッバース朝の家臣としてホラーサーンおよび周辺地域を統括していた一方で、自ら各地の総督を任命し、カリフ政権の代行として税を徴収するなど、実質的に独立政権として機能した。このターヒル朝によってアム川以北の統治を委託されたのが、のちにサーマーン朝として自立するディフカーン、サーマーン家であった。

一方九世紀以降、アッバース朝やターヒル朝の総督による収奪、西方から逃れてきたハワーリジュ派勢力による治安の不安定化などの困難のなかで、地域の自警集団(アイヤール)が力を伸ばしたスィースターン(アフガニスタン南東部)では、九世紀後半、この自警集団を基盤に自立したヤアクーブ・ブン・アルライス(在位八六一〜八七九)がアフガニスタン東部から北部を征服し、またニーシャープールを攻めてターヒル朝を滅ぼし、さらにはバグダード遠征を敢行してカリフ政権と戦う事態にまでいたった。サッファール朝と呼ばれるこの王朝は、ヤアクーブの後を継いだ弟アムル・ブン・ライス(在位八七九〜九〇一)の時代、カリフ政権の命令を受けたサーマーン家のイスマーイール・ブン・アフマド(在位八九二〜九〇七）率いる軍勢に敗れ（九〇〇年）、その後はスィースターンの地方勢力として存続することになる。

ジハード国家

サッファール朝を倒したサーマーン朝は名実ともにイスラーム世界東方の覇者となり、しばしば積極的に東方辺境地帯を越えてシル川以東あるいはヒンドゥークシュ山脈以南への進出をはかった。とくにサーマーン朝の実質的な創設者であるイスマーイールは、ベラサグンのテュルクへのジハード（聖戦）で知られる。これはサーマーン朝がイスラーム的に正しい統治者であることをイスラーム世界に向けて示すための戦略で、その背景には、異教徒と戦い「イスラームの家」を拡大するという信徒にとって大切な役目を先導しておこなう者は、イスラーム教徒の共同体のリーダーにふさわしいという考えがあった。かつてはサーマーン朝の成立を、アラブに征服されたイラン民族が再度政権を取り戻したものである、とする見解が述べられることもあったが、サーマーン朝治下のブハラで著されたペルシア語著作（タバリーのアラビア語世界史『諸王と諸予言者の歴史』のペルシア語訳など）に関する近年の研究は、サーマーン朝があくまでもイスラーム的に正しい統治者として振る舞うことに意を用いていたことを明らかにしている。

のちにアッバース朝と敵対したサッファール朝ですら、当初は東部アフガニスタンのイスラーム化に一定の貢献をはたし、やはり彼らが正しいイスラームの指導者であることをアピールしようとしたのであった。この時代に引き続くガズナ朝時代においてもこの傾向は継続し、インド遠征の勝利の報告をバグダードのカリフ宛に送った第三代君主マフムード(在位九九八〜一〇三〇)は、そのなかでいかに自らが正統イスラームの守護者として活躍しているかを強調している。また、セルジューク朝の宰相ニザーム・アルムルクが十一世紀末に著した『統治の書』のなかでは、マフムードが、インドにおいてこれだけの偉業を成し遂げている自分がカリフから二つしかラカブ(尊称)を賜与されていないのに、カラ・ハーン朝のハーンはいくつもラカブをもらっていると不満をいだき、さまざまな工作をおこなって新たなラカブを手に入れるという逸話が紹介されているが、ガズナ朝がインドでの大成功をイスラーム世界に向けていかに強くアピールしようとしたかが伺われる話である。

軍事奴隷

さらにこのようなジハード戦略は、イスラーム世界の東方フロンティアにおける軍事奴隷の獲得にも寄与した。前述のようにサーマーン朝は中央アジアのテュルク系軍事奴隷を組織的に採用し、かつそれを商品としてイスラーム世界に送り出したことで知られているが、そのことと、彼らがシル川をはさんで遊牧部族と対峙し、かつしばしば攻め込んだこととは密接に関連している。八四〇年にウイグルの本拠がキルギスによって攻め落とされたのち、パミール高原以東の地域における遊牧部族間の主導権争いは混迷を窮《きわ》めた。そのなかで多くの部族民が西をめざして移動し、彼らは西方世界でオグズと呼ばれる混成集団を形成したと考えられる。しかしこのような部族集団の西進の圧力に対して、一時的にでも防波堤としてこれをくい止めたのがサーマーン朝であった。かくして、サーマーン朝の防衛線であったシル川ぞいに部族民密度が上昇し、彼らのあいだで牧草地や水場をめぐる数多《あまた》の争いが生じた。ガズナ朝の初代セビュクテギンの前半生を描いたとされる小品『忠告の書』には、セビュクテギン自身が、部族民同士の抗争のなかで親族を殺され、自らは捕虜として連れ去られ、奴隷商人に売られた経緯が述べられているが、それはこのような抗争のなかでとらわれ、売り飛ばされた者たちもまた軍事奴隷の供給源となったことを示している。こうしてイスラーム世界に導入された軍事奴隷は、前述のように多くの政権において、強力ではあるがしばしば不従順な部族勢力、土豪勢力に対するカウンター・バランスとして用いられたのである。

一方サーマーン朝から生まれたガズナ朝においても事情はおおよそ同じようなものだった。九六〇年代、ホラーサーン総督であったアルプテギンはブハラ宮廷の政争に敗れて出奔し、ヒンドゥークシュ山脈を南に越えてガズナを征服した。この時彼に付き従っていたのは彼個人の軍事奴隷や元軍事奴隷の将軍たちであった。アルプテギンの死後、何人かの有力軍人がガズナの軍団の指導者となったが、九七七年にセビュクテギンがリーダーの地位に就くに及び、ガズナの軍団は急速に支配領域を拡大し始めた。セビュクテギンがカーブル川ぞいにガンダーラ方面までを征服し、また南方カンダハールからインダス下流域にいたるルートを手中におさめると、ガズナ朝のインドへの進出が活発化し、セビュクテギンの息子マフムードは、これを利用して三〇年余の治世で二〇回にも及ぶインド遠征を敢行した。この華々しいジハードの成功は、周辺のさまざまな勢力をガズナ朝のもとに引き寄せたが、中央アジア方面から到来する遊牧部族もそのなかに含まれていたし、アラブ人、クルド人、ダイラム人といった西アジアの部族集団からなる傭兵たちも多くいた。このような雑多な要素からなる軍団を統制する手段となったのが、君主直属の軍事奴隷からなる強力な精鋭近衛軍で、これを中核とし、まわりに各種の軍団を配したガズナ朝軍はマフムード時代ほぼ無敵、無敗であった。なおガズナ朝はインド遠征のあいだにインド人軍事奴隷をも導入していたが、こちらが中央アジア系の軍事奴隷に比べるとあまり資料には言及されていないのは個々の戦闘能力の違いによるのだろうか。

以上をまとめるなら、アッバース朝の分裂以降にあらわれた諸地方政権は、自らの統治の正統性を確立すべく、異教徒の地へのジハードを敢行し新たな民をイスラーム化していった。改宗した者たちをも含めたこのフロンティアの勢力のいくつかは、フロンティアの内側に向けても外側に向けても影響力を拡大していく。その結果としてイスラーム世界内部での勢力交代と、イスラーム世界外部の資源の内部への取り込みが促進された。このような流れのなかで軍事奴隷は、フロンティアの外側から内側への人的資源の移動という性格をもち、貴重な軍事力となるのみならず、各地の政権の構造にも影響を及ぼすこととなったのである。言い方を変えるなら、軍事奴隷の出現と活用とは、イスラーム世界のフロンティアに成立し、さらにイスラーム世界の拡張に寄与することとなる地方政権のありさまと深いかかわりをもっていたのである。

部族集団

一方、ジューズジャーニーがいうところの、ムイッズ・アッディーンを救ったハラジュ族の勇士とは何者だったのだろうか。ハラジュ族とはこの時期の東部アフガニスタンに関連してしばしば登場する部族集団で、十世紀の地理学者イスタフリーは「ハラジュはテュルクの一種で、その昔、ヒンド(インド)とシジスターン(スィースターン)のあいだ、ゴールの裏側に到来した。家畜を飼い、テュルクのような

ハラジュ族の初期の居処と覚しき
ハザーラジャート東部ワルダク地方ウナイ峠

性質をもち、衣服や言語も同じようである」と記している。ゴールの裏側とはカーブル、ガズナの西方の山岳地帯のことであり、ハラジュはおそらくは六〜七世紀頃ヒンドゥークシュ山脈の北側から東部アフガニスタンへとやってきた集団であった。彼らの一部は七世紀半ばにカーブルとガズナに王国を建て、ムスリム勢力のトハーリスターン方面からの南下、およびスィースターン方面からの北進を二世紀近く阻みつづけた。カーブルの王国は九世紀前半、ガンダーラ方面から力を伸ばしたヒンドゥー系の王家によって倒され、ガズナの王国は九世紀後半、サッファール朝のヤアクーブによって滅ぼされたが、ハラジュ族そのものは東部アフガニスタンにとどまっていたらしい。十世紀に無名著者によって書かれたペルシア語地理書『世界の諸境域』は「ガズニーン(＝ガズナ)とその境域にはハラジュのテュルクが住んでいる。彼らは多くの羊を有していて、気候に応じて草地を求めて移動する。これらのハラジュはバルフ、トハーリスターン、ブスト、グーズガーナーンの地域に多い」と述べ、十世紀頃ハラジュ族が、王国を失いはしたものの、アフガニスタンの山岳周縁の地域に広く分布していたことを示唆している。ちなみに彼らの子孫は現在もテヘラン南方のハラジスターンに居住しているが、これはハラジュ族の一部が後代イラン高原西方にまで広がっていたことを示している。

そのような集団のなかからは、ガズナ朝軍に雇い入れられる者たちもあらわれた(ただしイスラーム化していたかどうかは定かではない)。十世紀のウトゥビーによる年代記『ヤミーニーの書』によれば、九七八年頃セビュクテギンが南方クスダール方面(現在のパキスタン・イスラーム共和国バルーチスターン州東部)を征服したのち、「アフガン族とハラジュ族」から何千もの兵が彼の軍勢に加わった。ここであらわれるアフガン族とは、のちのアフガン＝パシュトゥーン族につながる者たちと考えられ、七世紀に玄《げん》奘《じょう》が、インダス流域からガズナへと向かう山中にいたと記録する「阿《あ》薄《ぼ》健《けん》」と同じものであろう。その後、一〇〇六年にアム川を越えて南下してきたカラ・ハーン朝のイリグ・ナスルを撃退すべく、マフムードが急遽、攻略中のムルターンから北上した際、ハラジュは途上でガズナ朝軍に召集され参加している。さらに一〇四〇年、ダンダーナカーンの戦いにおいてガズナ朝がセルジューク軍に大敗を喫したのち、追い剝ぎ働きをするハラジュに対して懲罰遠征軍が送られている。これらを勘案すると、ガズナ朝時代、ハラジュは主としてガズナの南側の地域に居住し(一部はさらに北や西へと拡散した)、必要に応じて軍事力として用いられはしたが、一方で政権のコントロールに服しがたい部族集団であった。

このようなハラジュがゴール朝の軍隊に含まれていたのは、同朝の成立過程と構造とによるところが大きい。つぎにこの点を詳しくみてみよう。

3　ゴール朝の出現

ゴールのイスラーム化

現在のアフガニスタンの中央部はヒンドゥークシュ山脈の西端からさらに枝分かれした山々が立ち並ぶ険しい山岳地帯である。この山岳地帯のちょうど中央を貫いて西へ流れるのがハリールード川で、この川の南側の地域をゴールと呼ぶ。標高三〇〇〇メートルを超える山々が屹立する険阻な地域であり、外部からのアクセスは現代でも容易《たやす》くはない。このあたりに関しては一九五五年に京都大学学術調査隊の一員としてゴール地方に深く分け入った梅棹忠夫の名著『モゴール族探検記』で広く知られるところでもある。十世紀のアラビア語地理書によると、ゴールは西でヘラートと接し、南でスィースターン、アルズ・アッダーワルと、東はバーミヤーン、グーズガーン、北はガルチスターンと接していると記されている。これら周辺の地域からゴールに分け入る道は大きく三本あったようである。第一にヘラートからヘラート川ぞいに東行する道。第二に現在のラシュカリガーフ(昔のブスト)からヘルマンド川ぞいに北上する道。第三は、バーミヤーン、カーブル、ガズニといった東部アフガニスタン方面から西へと向かう道である。

古代からの幹線ルートによってぐるりと囲まれたこの山岳地帯は、山間の谷ごとに土豪勢力が割拠し、十一世紀以前に統合勢力があらわれた形跡がない。しかしそこから突如あらわれ、短命ではあったが歴史的に重要な役割をはたした王朝を生み出したのが、シャンサバーニー家(あるいはシャンサブ家)と呼ばれる一族である。その家系名(シャンサブ＜グシュナースプ)から彼らがもともとイラン系であったとする説もあるが、イスラーム化以前のシャンサバーニー家についてはほとんど情報がない。

さて、上述のようにサーマーン朝のジハード戦略を受け継いだガズナ朝は、インドへの進出を進めるかたわら、ゴールの山岳地帯への軍事遠征をも敢行した。セビュクテギンの時代には前述の第二の道を用い、ブストからゴール方面への遠征が何度かおこなわれたという。マフムードの時代になると、まず一〇一〇年と一四年、セビュクテギン時代と同様、ブストからゴール方面への遠征がおこなわれた。ついで二〇年、マフムードの皇太子であったマスウードがヘラートからゴールへと攻めこんだ。一〇年のマフムードの遠征はかなり大規模なもので、多くの名のある将軍たちが出陣していた。当時のシャンサバーニー家の当主ムハンマド・ブン・スーリーはアーハンガラーン城に籠城したが降伏し、息子シーシュとともにガズナに連行された。ガズナ朝はムハンマドのかわりに、もう一人の息子アブー・アリーをシャンサバーニー家の当主とした。これが、ガズナ朝とシャンサバーニー家の関係の始まりとなった。

一方一〇二〇年のマスウードの遠征は、当時のゴール地方の政治軍事勢力のあり方の一端を浮彫りにしている。第一に、マスウードの軍には最初から二人のゴールの土豪が合力していた。さらにいくつかの砦を陥落させているあいだに、別の有力な首領が帰順してきた。ゴール内部の小勢力を切り崩しながら、マスウードはヘラート川ぞいをアーハンガラーン方面まで、いまだ順《まつ》ろわぬ勢力を個別撃破しつつ遠征を完遂したのであった。

なお、ガズナ朝によってシャンサバーニー家の当主とされたアブー・アリーは、ガズナ朝がマスウードの治世(在位一〇三一～四一)になると甥のアッバースによって当主の座を逐《お》われるが、ガズナ朝のイブラーヒーム(在位一〇五九～九九)はゴールに親征し、アッバースを廃してその子ムハンマドを擁立した。このムハンマドも、その弟クトゥブ・アッディーン・ハサンもおそらくガズナ朝とは良好な関係を保ちつつ、逆にそれを背景としてゴール地方内で着実に勢力を伸ばしていったと覚しい。

ジャハーンスーズ(世界を灼《や》きつくす者)

クトゥブ・アッディーンの息子イッズ・アッディーンの時代になると、シャンサバーニー家はセルジューク朝とも関係を結び、自らの立場を確固たるものとしていった。イッズ・アッディーンは息子たちに領地を分割して遺したといわれる。すなわちクトゥブ・アッディーン・ムハンマドはワルシャーダ地方を、サイフ・アッディーン・スーリーはイスティヤーを、ナースィル・アッディーン・マフムードはマーディーンを、バハー・アッディーン・サームにはマンディーシュの都サンガを、アラー・アッディーン・フサインにはワズィールの城を、そしてファフル・アッディーン・マスウードにはカーシーの城を与えたのであった(これらの地名の多くは同定されていない)。

このうち、クトゥブ・アッディーンは自分の居地にふさわしい場所を求めてフィールーズクーフにいたり、ここにまちを造営し始めたが、兄弟たちと不仲になったこともあり、ガズナ朝のバフラームシャー(在位一一一七～五七)のもとへと逃れた。しかし彼はガズナ朝への叛意を疑われて毒殺されてしまい、これに対する復讐として一一四九年、サイフ・アッディーンは軍を率いてガズナを攻め落とした。しかし、サイフ・アッディーンは冬にゴール本地と切り離されて孤立したところをバフラームシャーに攻められ、殺されてしまう。これに対してさらにバハー・アッディーンとアラー・アッディーンの二人が兄弟の仇討ちのためにガズナへ進軍した。途上客死したバハー・アッディーンにかわって大将となったアラー・アッディーンはブストからガズナをめざし、迎撃してきたガズナ朝軍を二度にわたって打ち破り、その勢いでガズナに入城、復讐のためにまちの建物に火をかけ、ガズナ朝の歴代の君主の墓をあばいたといわれる。火は七日七晩燃え続け、ガズナの宝物庫におさめられていたはずの貴重な品々は灰になってしまった。アラー・アッディーンはこの勝利ののち、「ジャハーンスーズ(世界を灼きつくす者)」という異名を与えられることとなった。

アラー・アッディーン(在位一一四九〜六一)は勝利の余勢を駆ってセルジューク朝のサンジャル(在位一一一八〜五七)とのあいだに戦端を開いたがあえなく敗北し、一年間囚《とら》われの身となった。のちに解放されると彼は、サンジャルの宗主権を認めつつ、バーミヤーン、トハーリスターン、ダーワル、ブストなどをおさえ、また山岳地帯の西部をも制圧し、文字どおりゴールとその周辺の王となったのであった。アラー・アッディーンの死後、息子サイフ・アッディーン・ムハンマドは、父が幽閉していたバハー・アッディーンの二人の息子(つまりサイフ・アッディーンの従兄弟)ギヤース・アッディーン・ムハンマドと、ムイッズ・アッディーン・ムハンマドの両名を解放した。サイフ・アッディーンの死後、都フィールーズクーフで玉座に就いたのはこのギヤース・アッディーンであり、兄と協力しつつ、北西インドのガズナ朝にとどめを刺し、さらなるインド攻略を実現したのがムイッズ・アッディーンだったので

ギヤース・アッディーンが建てたといわれるジャームのミナレット

である。

パンジャーブ侵攻

ギヤース・アッディーン（在位一一六三～一二〇二）がスルタンとなった頃、東部アフガニスタンの要であったガズナは北方から到来したグズ（オグズ）の部族民によって奪われ、ガズナ朝のホスロー・シャーは都をガズナからパンジャーブ地方のラホールへと遷《うつ》していた。ムイッズ・アッディーンは一一七三年、苦戦のすえにグズを撃退してガズナを入手、これを拠点として北西インドへの進出を開始した。まず一一七五年、かつてガズナのマフムードに服属したムルターンのイスマーイール派を再度討伐し、ウッチュを手に入れた。ついで南方、チャウルキヤ朝の都アンヒルワラ（アナヒラヴァータ／現グジャラート州パータン）をめざして進軍したが、周辺の王たちと連携したチャウルキヤ朝のムーラ・ラージャ二世（在位一一七五～七八）の軍勢に敗北し、撤退した

(一一七八年)。態勢を整えたムイッズは、今度はようやく確保したカーブル川ぞいのルートを通って、ガズナ朝の新たな拠点ラホールをめざした。包囲攻撃の結果、一一八六年ガズナ朝最後の君主ホスロー・マリクは降伏し、フィールーズクーフに送られた。ムイッズ・アッディーンはそこからさらにガンジス流域をめざして軍を進め、これに対抗しようとしたインドの王たちの連合軍とのあいだで起きたのが、冒頭に述べたタラーインの戦いであった。

ゴール朝の構造

さて、最初のタラーインの戦いの際ゴール朝の軍隊が敗北し、瀕死のムイッズが助け出された逸話自体が直接含意するのは、じつはゴール朝の内部構造であるといってよい。これまでの説明から、シャンサバーニー家は、まずガズナ朝の後ろ盾を得てゴール地方、あるいはアフガン中央山岳地帯内部でもっとも有力な勢力となり、他の在地勢力を代表し統合するリーダーとなったと考えられる。山岳地帯の東側にいたハラジュ族もゴール朝の勢力拡大の過程で、シャンサバーニー家の主導のもとに加わった集団だった。しかしながらそのような経緯からしても、シャンサバーニー家の他の勢力に対する統制はそれほど強いものではなかったと考えられる。実際つねに各地でシャンサバーニー家に背く動きが生じていた。とくにそれが顕著となったのはアラー・アッディーンがサンジャルとの戦いに敗れ、囚われの身となっていたあいだであった。シャンサバーニー家の統治が立ちゆかなくなったとみたゴールおよびその周辺の勢力がリーダーの座をめぐって抗争を開始したのであった。このときはアラー・アッディーンが復帰し、政権を掌握したために抗争はおさまったが、このような危険性はつねにつきまとっていたとみてよいだろう。さらにいうなら、先にみたようにシャンサバーニー家の内訌《ないこう》も激しく、一族のだれが主導権を握るかをめぐって対立や抗争が頻発していた。アラー・アッディーンが自分の甥にあたるギヤース・アッディーン、ムイッズ・アッディーンを投獄したこと、サイフ・アッディーンの死後玉座に就こうとしたギヤース・アッディーンを倒すために、一族の者たちが軍勢を率いてフィールーズクーフに向かったことなどにも、それはあらわれている。このような経緯を鑑みると、「ハラジュ族の勇士」が危険を顧みずムイッズ・アッディーンを救ったというのはじつは例外的なことで、この勇士がわざわざ「獅子の子」などと称されたのはそれゆえのことなのかもしれない。

以上のようにゴール朝の構造は、山岳地帯の各渓谷に勢力をもつ自立性の高い部族集団の上にシャンサバーニー家が乗っかっていた連合体であり、シャンサバーニー家内部の統制も十分にとれていないという、ある意味で非常に脆弱なものであった。だからこそ、連合体のリーダーたるシャンサバーニー家の統治権を保証する手段として軍事奴隷がどんどん購入されたのであり、それは先に述べた他の地方政権とも共通する特徴であった。冒頭のタラーインの戦いの逸話は、ジューズジャーニーのヴァージョン(ハラジュ族の勇士がムイッズを救った)をとっても、イブン・アルアスィールのヴァージョン(グラーム＝軍事奴隷がムイッズを助けた)をとっても、このような政体の特質を象徴的にあらわしているのだといえよう。

4 ポスト・グプタ期の北インド

政治的分裂と地方化

つぎに、タラーインの逸話にみえる第二の点、すなわちプリトヴィー・ラージャの軍勢が連合軍であったという点の背景を考えてみよう。

前述のように、イスラーム世界のさらなる東方拡大の動きは、アッバース朝の分裂によって引き金が引かれた一連のプロセスのなかにおいて生じたものだったが、じつはこれに類するような動きは、西アジアに先行して、北インドにおいても同様に生じていたと思われる。四世紀初め、北インドを統一したグプタ朝の支配は、五世紀後半になると北西から侵入してきたフーナと呼ばれる集団の圧力もあって弱体化する。同じ頃、北インドにおいて貨幣経済の衰退とそれにともなう都市の衰退、経済基盤の農村部への移行という大きな流れが生じたとの説がある。この状況は政治的には権力の分散と地方化という傾向を生み、宗教的には都市を基盤とした仏教が衰退し、一方でかつてのバラモン教が農村部を基盤にヒンドゥー教として再生し、興隆するという流れにつながったとされるのである。前世紀にこの議論を主導したのはインドの高名な歴史学者R・S・シャルマであったが、彼の述べる「都市の衰退」論（彼の「封建化論」の一部）には多くの異論も出されている。ただ、都市が実際にどれほど衰退したかとは切り離しても、この時代、権力者によるバラモンへの土地施与などを契機として、地方における新田開発などが進んだことにより、地方都市とその周辺がそれなりの規模をもつ経済圏として立ちあらわれてきたことは確からしい。その結果、それら地方的単位に立脚した政治勢力が多数あらわれ、北インド、さらには南インドにおいても権力の分散と地方化が進んだと考えられる。文化的にもこのような地方の政治・経済圏に立脚した地方言語（ヴァナキュラー）の使用と、文学作品の興隆がみられる。要するにインドがいくつかの文化圏・政治経済圏へと発展的に分裂していく時代だったのだと考えられるのである。

ところでこのような変化の始まりやきっかけがどの出来事にあるのかについても見解は分かれている。シャルマらは転換期を六世紀、グプタ朝の崩壊の時点に求めたが、その後、諸々の地方政権の出現や、村落社会の構造変化といった動きは実際には八世紀になって生じるのだという主張もなされている。いずれにせよ本章で扱おうとするムスリムの本格的北インド進出の前後、という時代枠を考えるなら、ここで考慮すべきは、「ラージプート時代」と呼ばれた八世紀から十二世紀までの時代であろう。

三田昌彦によれば、ラージプートとは現在のラージャスターン地方を故地として北インドに広がった戦士・王族カーストであり、そこには三六ものクラン（氏族）があったという。のちのムガル朝時代にはこのようなラージプート氏族のなかに数多くの貴族が含まれ、ラージプートの王がその代表者としてクランを束ねるという体制をとっていた。しかしここで扱うような時代、つまりラージプートが出現した当初のありさまについては詳細が不明な点も多い。何よりそもそもラージプートとは何者であるのかという点がよくわかっていない。ただ、ラージプートの故地とされるラージャスターン地方はこの当時北インドの政権にとって周縁地域であり、グプタ朝期にはヒンドゥー文化も及んでいないような辺境で、どちらかといえば北西方面との関係が強く、アフガン高地からの諸部族の流入も多かったと考えられている。グプタ朝崩壊以後、この地には台頭するラージプート諸勢力の拠点としての都市が多く建設されるようになる。さらにこれら新興政治勢力は権力・統治の正統性確立の目的もあってヒンドゥー寺院の建設をさかんにおこなった。これらの寺院やバラモンにはさらに土地や村落が施与され、それが新たな農地開発につながると同時にその地域のヒンドゥー化を促進することとなった。かくして、地方の経済力の発展、政治勢力の出現、王都建設、土地開発、ヒンドゥー化というプロセスが互いに複雑に絡み合いながら進行し、その主たる担い手となったのが、ここではラージプート集団であったということである。このあたりは、もしかしたら前節で述べたイスラーム世界におけるフロンティアの開発とイスラーム化、それにともなう地方政権の出現と新たなイスラーム拡大運動というプロセスと併置して考えることができるかもしれない(この点は後でもふれる)。

カナウジをめぐる抗争

さて、七世紀前半、カナウジに都をおいてまがりなりにも北インドを統一したハルシャ・ヴァルダーナの帝国が、ハルシャの死とともに瓦解して以降、さまざまに分立した小勢力のなかから最初に台頭したのはプラティーハーラ朝であった。もともとはラーシュトラクータ朝に仕えていたともされる同王朝が、政治勢力として明白に歴史上にあらわれるのはナーガバタ一世(在位七三〇〜七五六?)の時代である。彼の治世より少し前の七一一年、アラブ・ムスリム軍はムハンマド・ブン・カースィムに率いられてインダス下流域を征服した。ムハンマドの後を継いだ総督ジュナイド・ブン・アブドゥッラーの時代(七二四〜七二九年)以降、ムスリム軍はさらに東方のマールワーやグジャラートをめざしたが、当時ウッジャインに拠点を構えていたナーガバタは、プラティーハーラ氏族の諸集団を率いてアラブ・ムスリム軍を撃退したとされる(七三八年頃?)。ほぼ同じ頃、東インドにはムドガギリを都とするパーラ朝が興り、一方デカン高原は、チャールキヤ朝を倒したラーシュトラクータ朝の支配下にはいった。こうして八世紀中頃にインドにあらわれた三つの強大な国家は、かつてのハルシャの都だったカナウジの覇権をめぐってその後二世紀余のあいだ、争うこととなった。

最初にカナウジを制したのはパーラ朝のダルマパーラ(在位七八〇～八二一頃)だったが、パーラ朝は北進してきたラーシュトラクータ朝のゴーヴィンダ三世(在位七九三～八一四)によってカナウジを逐われた。しかしゴーヴィンダはまもなく都アチャラプラへと引き上げ、その間隙をついて、ナーガバタ二世がカナウジを手中にした(九世紀初)。プラティーハーラ朝はそれから一世紀ほどのあいだカナウジを確保し、ハルシャの帝国に迫る広大な領域をおさめることとなった。しかし都をマーニャケータに遷し国力を増強させたラーシュトラクータ朝のインドラ三世(在位九一五～九二七)のカナウジ征服を契機に、プラティーハーラ朝の支配は徐々に弛《ゆる》み始め、領域内各地で新たなラージプート勢力の自立が目立つようになる。

かくして、十一世紀に始まるムスリム軍の北インド攻略に立ち向かったのは、ラージャスターンのチャウハーン朝、ガンジス中流域のガーハダヴァーラ朝、グジャラートのチャウルキヤ朝、マールワーのパラマーラ朝、さらにガンジス川南岸のチャンデッラ朝といった新興ラージプート勢力であり、しかも彼らは単体ではムスリム軍の圧力に抗しきれなかったため、しばしば連合軍を組織した。ガズナ朝時代にもこのような連合軍の事例はいくつかみられるが、一一九二年の第一次タラーインの戦いは、この連合軍作戦が大勝利をおさめた数少ない事例の一つだったのである。

デリー政権の成立

二度目のタラーインの戦いに勝利したのち、勢いに乗じたムイッズはハーンスィー、サーマーナ、グラームといった諸城を平定し、ラージャスターン北部およびドアーブ北部を勢力下においた。その後、ガズナに向けて引き上げる際、自らの軍事奴隷(ムイッズィー・グラーム)出身の将軍、クトゥブ・アッディーン・アイベグをインドに残し、彼に北インド攻略を委ねた。ムイッズは一二〇三年、兄ギヤース・アッディーンの死去にともないゴール朝全体のスルタンとなったため、北インドに戻ることはなかったが、アイベグはその間デリー、アリーガル(コーリー)、サンキール、グワリオール、バダーウン、カナウジ、カーリンジャルといった諸都市を征服し、グジャラートにまで兵を送ったといわれる。一二〇六年、ムイッズ・アッディーンが暗殺されると、ムイッズの軍事奴隷出身の将軍たちはそれぞれに自立した。アイベグもデリーからラホールに移動し、そこで王位に就いたとされる。しかし、アイベグ在位中に発行された貨幣などが知られていないことから、彼はあくまでゴール朝の総督として、北インドの王であることを認められていたという立場であったのではないかという見方もある。ただその問題も、ゴール朝本体がホラズム・シャー朝に屈し、一二一五年までに最後のスルタンも廃位されたことにより意味をなさなくなる。すなわち、北インドにいたゴール朝の残存勢力はそれぞれが自立を余儀なくされたのであった。アイベグは一二〇八〜〇九年にラホールで死去するが、彼はそれまでのあいだ、ガズナにおいてムイッズ・アッディーンの後を襲ったタージ・アッディーン・ユルドゥズと、ラホールをめぐって争いを繰り広げていた。一方、のちに奴隷王朝第三代として国家を強固なものとしたシャムス・アッディーン・イルトゥトミシュ(在位一二一一〜三六)や、ムルターンとウッチュの総督となったナースィル・アッディーン・クバーチャはアイベグの娘を娶《めと》って姻戚関係を結んでいたが、東インドを制圧したハラジュ族のムハンマド・バフティヤールやその郎党の者たちはデリーに従う姿勢をみせなかった。結局アイベグ存命中はデリーの奴隷王朝は諸勢力のなかの一つにすぎず、それはアイベグ死後、後を継いだアーラーム・シャーの時代も同様であった。一二一一年にイルトゥトミシュがデリーの主となったのとほぼ同時に、デリーと敵対していたユルドゥズが、ホラズム・シャー、アラー・アッディーン・ムハンマドによってガズナを逐われラホールへと到来した。彼は同地にいたクバーチャの代官を攻めてこれを放逐した。これに対して軍を進めたイルトゥトミシュは一二一五年、ユルドゥズをおおいに打ち破り、後者はとらえられ獄死した。ついでモンゴルに逐われたホラズムシャー・ジャラール・アッディーンがラホールに逃れてくるが、イルトゥトミシュはこの軍勢をクバーチャの領土へと導くことで、後者の力を削いだ。かくして西方において自分の地位を確立したイルトゥトミシュは、本腰を入れてベンガル遠征に取りかかる。

当初、ムハンマド・バフティヤールに率いられてベンガル方面にまで到達したハラジュ族は、ムハンマド以降も何人かの有力なリーダーたちのもと、独自の勢力を形成していたが、イルトゥトミシュ軍の接近を聞いて服従してきた。さらにイルトゥトミシュはデリー北方のマンダーワルや、南方のランタンボールを征服した。かくして態勢が整ったとみたイルトゥトミシュは、統一戦争の仕上げとして、かつての盟友クバーチャをウッチュに攻めた(一二二七年)。クバーチャは三カ月籠城したのち、逃亡する途中インダス川で溺死した。これについでスィンドをおさえていたマリク・スィナーン・アッディーンもイルトゥトミシュの宗主権を認めた。一二二九年にはアッバース朝のカリフ・アルムンタスィルからの賜衣と勅許状が届いた。これによってイルトゥトミシュの統治権は「公式に」認められたことになったのである。

かくして、北インドにおけるムスリム支配の幕はあがったが、そのことは北インドの急速かつ広範囲なイスラーム化を意味したわけではなかった。十三世紀以降のインドにおいては、支配者であるムスリムたちが社会的にはマイノリティーであるという奇妙な状況が存続したのであった。

5 デリー政権と北西フロンティア

ホラズム・シャー、モンゴル、デリー

アイベグの後、デリーを中心として奴隷王朝、ハラジー朝、トゥグルク朝、サイイド朝、ローディー朝の五つの王朝が、十六世紀初頭までの約三〇〇年間存続するが、この時代についてもやはり資料は零細で、ムスリム政権と非ムスリム臣民のあいだの関係など、興味深い部分は不明なままである。それでも以下、比較的資料に言及される政治・軍事面の様相(とくにデリー政権と北西フロンティアの動向の関連)と、わずかながら解明されている社会的側面(イラン、中央アジアからの移民の増加)、文化的側面について述べ、本巻のタイトルにもある「巨大信仰圏」同士の連関、つまりムスリムと非ムスリム、イスラームとインドの関係について少しく考えてみたい。

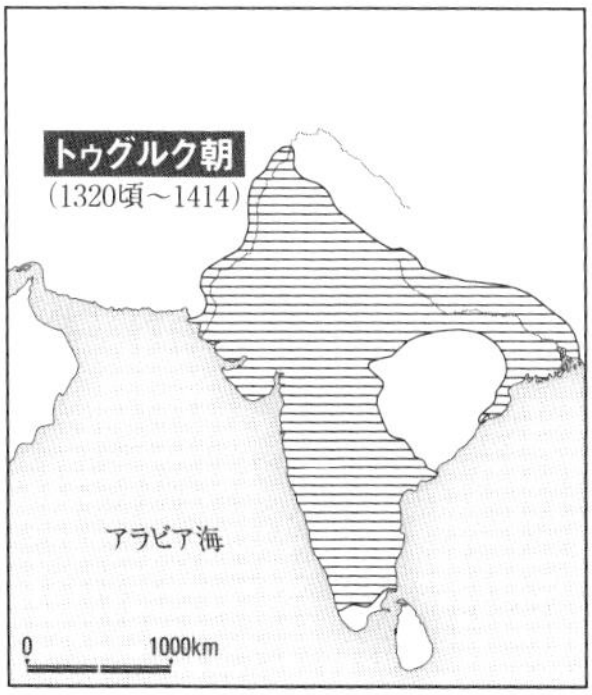

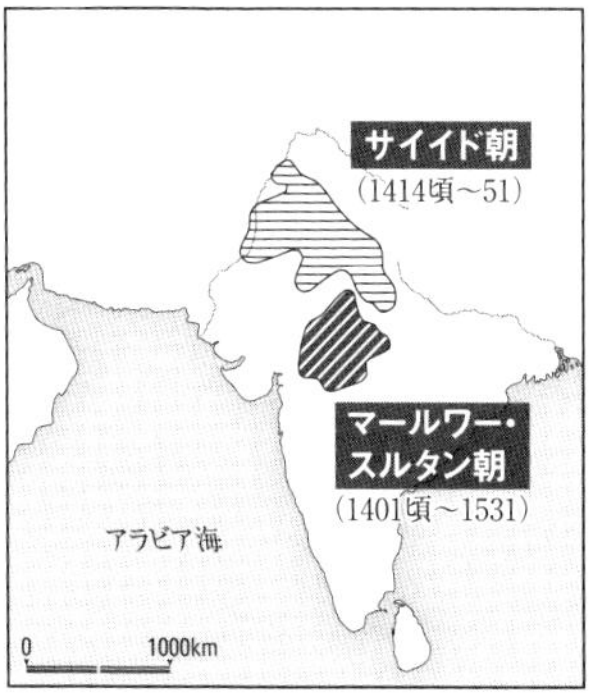

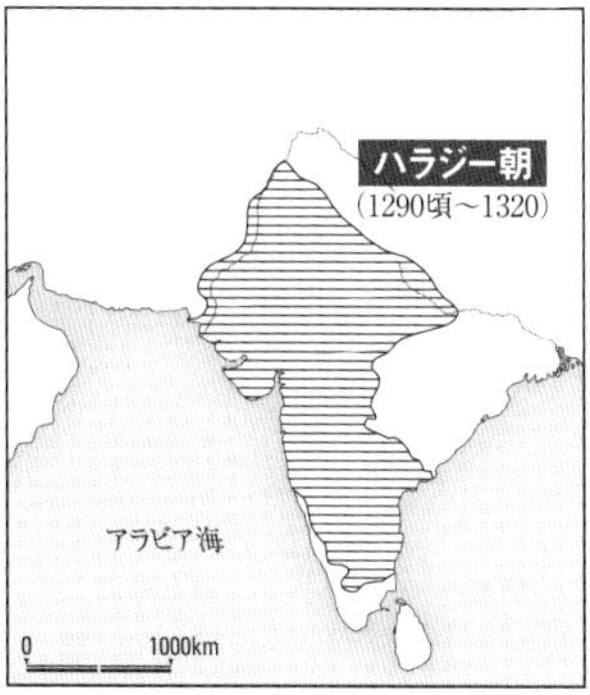

13～14世紀の南アジア

デリー政権はその成立当初から北西のフロンティアからの外敵の侵攻に大きく影響されてきた。そもそもアイベグら、ムイッズ・アッディーンの将軍であった者たちが北インドにおいて自立したのは、前述のように、外面的にはゴール朝がホラズム・シャー朝に滅ぼされ、彼らが主家を失ったという事態によるものであった。しかしその直後、ホラズム・シャー朝は勢力の絶頂期において、西征してきたモンゴル軍に敗れて滅ぼされてしまい、ホラズム・シャー、アラー・アッディーンは一二二〇年、カスピ海岸にて敗死する。アラー・アッディーンの息子ジャラール・アッディーンは東へ逃れ、東部アフガニスタンに残っていたホラズム・シャー朝の軍勢を糾合してパンジャーブへと向かう。彼の軍勢は、一度はヒンドゥークシュ山脈南麓のパルワーンでモンゴル軍を撃退するが、インダス河岸で再度戦いに及んで打ち破られてしまう(一二二一年)。インダス川に飛び込んでどうにか生き延びたジャラール・アッディーンは残存勢力を掻き集め、さらにイラン高原方面から逃れてきた者たちを加えて勢力を回復し、パンジャーブから西インドを勢力下におさめようとした。彼はウッチュのクバーチャを打ち負かしてウッチュ、ムルターン、ラホールを押さえ、一時はデリー近くにまで迫った。そうしてイルトゥトミシュに、対モンゴルでの同盟をもちかけたが、後者はこれを拒み、ウッチュ戦の際にはクバーチャに援軍を送るなどして、ジャラール・アッディーンに対抗する姿勢を明確にした。結局ジャラール・アッディーンはインドにおいて十分な態勢を整え得ないとの判断もあって、マクラーンからイラン高原へと戻っていった。

一方、当初ジャラール・アッディーンを打ち負かしたモンゴル軍は、その後ナンダナ(ソルトレンジ)、ラホール、ムルターンを攻めたが、長くとどまることはなく引き上げた。これによって北西フロンティアの脅威からいったん自由になったイルトゥトミシュは、先述のごとくムルターンとウッチュに拠るクバーチャを攻め滅ぼし、インダス川流域をも版図に加えたのである。以上の状況をみるなら、ホラズム・シャー朝およびそれに続くモンゴルのパンジャーブ方面への攻撃によってライバル勢力が疲弊、弱体化したことがデリー政権の北インド統一に大きく貢献したといってよい。

北西フロンティア

一二三五年、モンゴル軍はカーブル川ぞいに東に進軍し、ペシャーワルを落とした。この戦いの際、かつてジャラール・アッディーン軍に参加していた部族集団で、ペシャーワルに駐留していた者たちがまちを逐われ、ムルターンに向かった。この集団の主力はハラジュ族であり、彼らはデリー政権に帰順してその重要な軍事力となる。一方アフガニスタン東部、ガズナ、カーブル方面を抑えていたのは、ワファー・マリクとも呼ばれたサイフ・アッディーン・ハサン・カルルクであった。ホラズム・シャー、ジャラール・アッディーンの軍勢に加わり、パルワーンにてモンゴルと戦ったのが彼の資料にみえる最初の活躍である。その後の行動は不明だが、一二二四年、ジャラール・アッディーンがインドからイラン高原方面へと向かった際に、ガズナとゴールの統治に任じられたという。二宮文子によれば、彼はホラズム・シャーやデリー政権の臣下というよりは、自律的な軍事集団の頭領であり、名前からすればかつてのテュルク系カルルク族の流れを汲む者であったのかもしれない。その後、一時的にデリー政権に味方することもあったが、一二三〇年代半ば、オゴデイによって送られたタンマ軍の一部がアフガン東部に到来するに及んでこれに仕えることとなった。しかし一二三八〜三九年、今度はアンバーン・ノヤンとニクーダル・ノヤンの軍によってガズナを逐われてしまう。ハサン・カルルクはムルターンにはいり、ここを拠点とした。モンゴル軍はハサン・カルルクを追うようにインダス川流域へと到来し、一二四一年にはラホールを制圧したが、そのときはオゴデイの死により一時撤退を余儀なくされた。ついで一二四五年、モンゴル軍はハサン・カルルクの拠点ムルターンをも攻め落としたが、この時にはようやくデリーからの援軍が到来し、モンゴル軍も引き上げた。それでもこの後、モンゴル軍は年中行事のようにインダス流域へと軍事遠征をおこなうようになる。それは、かつてガズナ朝のマフムードが毎年恒例のインド遠征をおこなっていたのと重なり合うような行動であった。ちなみにジューズジャーニーは、この対モンゴル軍に参加し軍功をあげたのが、のちにデリー政権の統治者となるバルバンであったと述べている。

バルバンの治世

バルバンは、当初イルトゥトミシュの息子ナースィル・アッディーン・マフムード（在位一二四六〜六六）のもと、摂政として実質的権力を握っていたテュルク系の有力者であった。彼は一時反対勢力によって地位を追われたが勢力を保ち続けた。先述のように毎年のように到来するモンゴル軍と戦い、これを撃退し続けるなど、軍事的実績をも残したのである。さらには成立したばかりのフレグ・ウルス（イル・ハーン国）とのあいだに外交関係を築き、一二六〇年にはフレグ・ウルスからの外交使節がデリーに到来した。結果としてその後インド北西フロンティアをめぐる情勢は、中央アジアに独自勢力を築いたチャガタイ家のドゥアとその血統、イラン高原のフレグ・ウルス、およびデリー政権の三者のあいだで複雑に絡み合いながら推移することとなった。

一二六六年にマフムードが死去すると、バルバンは実力をもってデリーの王位に就いた（在位一二六六〜八七）。即位後彼は強力な統治を布《し》き、貴族勢力の力を削ぎ、また旧来のテュルク系軍人を整理排斥し、新たな軍事力によって軍を再編した。またパンジャーブ地方の諸城砦を強化し、防衛軍を籠めていった。インダス川およびその支流ぞいに形成された防衛線を拠点に、対モンゴル防御の戦いをしつつ、軍閥として成長し、デリー政権に強い影響力をもつ軍人があらわれる、というパターンが成立するのはバルバン治世以降だったといってよい。

ハラジー朝とカラウナス

ハラジュ系の部族民を中核とする軍団を率いて、そのような拠点城市の一つであるサーマーナ総督を務めていたのが、ジャラール・アッディーン・ハラジーであった。ジャラール・アッディーンは、もともとはモンゴル軍に仕えていた軍人だったが、のちにデリー政権側に鞍替えし、バルバンの王子カイクバードに従ってサーマーナに駐屯し、その後、自ら総督になった人物であった。一二八七年にバルバンが死去した後、門閥集団による権力闘争と混乱が深まるなかで、有力な軍閥となっていたジャラール・アッディーンは、自らの軍団を率いてデリーに入城し政権を握った。一二九〇年、いわゆるハラジー朝の成立である。

ジャラール・アッディーンは即位後六年にして甥のアラー・アッディーン・ハラジー（在位一二九六〜

一三一六)に毒殺され、後者が後を継いだが、同じ頃から北西フロンティアでは、カラウナスあるいはニクーダリヤーンと呼ばれる集団がしばしばインド方面への略奪遠征をおこなうようになっていた。この集団はもともとオゴデイ時代にアフガン東部に駐留したタンマ軍に起源をもつ。十三世紀末にチャガタイ・ウルスの一応のコントロール下にはいったが、何人かのリーダーたちはそれをよしとせず、フレグ・ウルスと結んでチャガタイ・ウルスの将軍を放逐しようと試み、これに対して再度チャガタイ・ウルスが軍を差し向けるなど、モンゴル帝国の内訌のなかで本来の機能を失い、政治的軍事的に周縁化されてしまった存在であった。別の言い方をするなら、彼らは、フレグ・ウルス、チャガタイ・ウルス、およびデリー政権の、つまり西アジア、中央アジア、南アジアのフロンティアたるアフガニスタン東部において、それぞれの領域からはみ出した存在が寄り集まり、複数の軍事的リーダーを有し、ときに内部抗争を起こし、ときにともに外敵とあたるなど、「順ろわぬ民」として周辺地域を襲撃略奪する者たちであった。当然、インド方面へもしばしば略奪遠征をしかけ、パンジャーブの防衛線をおびやかした。

トゥグルク朝の成立

一三〇二〜〇三年、アラー・アッディーンがチットール遠征に出かけているあいだにデリーがモンゴル軍によって襲撃され略奪を受けるという事態が生じた。この軍は数カ月で撤退したが、さらにモンゴルの来襲は続き、これをどうにか撃退するなかで、マリク・カーフールとガーズィー・マリクの二人の有力者の力が強まっていく。前者はやがてハラジー朝の摂政として実権を握るようになったが、最終的にはガーズィー・マリクがデリー政権に反乱を起こし、一三二〇年にデリーを掌握した。彼はギヤース・アッディーン・トゥグルク(在位一三二〇〜二五)と名乗って新たにトゥグルク朝を開いた。ところがイブン・バットゥータによればそもそもギヤース・アッディーン・トゥグルクはカラウナスの一員であった。何らかの事情でカラウナス集団から離脱してデリー政権に与《くみ》し、逆にアフガン方面に対するデリー政権側の防衛線を維持するなかで軍事力を強めていったのがギヤース・アッディーンであったのである。経歴や政権奪取までの道のりなど、彼とジャラール・アッディーン・ハラジーに共通する点は多い。さらに、アミール・ホスロー(後出)はギヤース・アッディーンに捧げた頌辞《しょうじ》のなかで、彼の軍が「グズ、テュルク、ルームやルースのモンゴル、ホラーサーンのタジク」などを含んでいたと記すが、それは彼の出身母体であるカラウナスの状況を反映したものなのかもしれない。

バルバン期からハラジー朝、トゥグルク朝期にかけては、モンゴル側の事情もあり、パンジャーブにおける防衛線もそれなりに有効に機能したと覚しい。その間、デリー政権は南方へと領土を広げ、トゥグルク朝時代にはそれはデカン高原の相当部分にまで広がった。しかしながら十四世紀、ティムールの出現によって中央アジアおよび西アジア、すなわちインドの北西に強大な政権が出現すると状況は一変する。トゥグルク朝はムハンマド・トゥグルク時代(在位一三二五〜五一)のさまざまな改革事業を通じて経済的にも軍事的にも下降線をたどり始めた。フィールーズシャー・トゥグルク(在位一三五一〜八八)の死後、分裂し弱体化したデリー政権には、一三九八年におこなわれたティムールのインド遠征を押しとどめる力はもはやなく、デリーはティムールの手で征服され、トゥグルク朝も、いちはやくティムール側についたヒドゥル・ハーンによって取ってかわられたのであった。

以上のように、十三〜十四世紀を通じて、デリー政権にとってパンジャーブに侵入してくるモンゴルをいかにくい止めるかが外交的軍事的最大の課題であり、逆にこの防衛線において強大化し軍閥化した勢力が政治的にも影響力を強め、政権を簒奪して新たな王朝を開くというパターンが顕著になる。実際、ハラジー朝もトゥグルク朝も、ローディー朝も、そしてやや事情は異なるがサイイド朝さえも、その創設者は、デリー政権とモンゴル勢力のあいだのフロンティアとなったパンジャーブにおいて軍事活動をおこない、力を蓄えた将軍たちであり、スニル・クマルはとくにジャラール・アッディーン・ハラジーとギヤース・アッディーン・トゥグルクを「フロンティア出身の者たち(frontiersmen)」と称し、デリーの政治がいかに北西フロンティアの防衛線と密接に結びついていたのかを強調している。

6　巨大信仰圏の連関

ムサルマーンかトゥルシュカか

あくまでもマイノリティーであるムスリム支配者が、多数の非ムスリムの民を支配するというデリー政権の構造が結局のところいかにして可能となったのか、という点に明確な説明を与えるのは容易ではない。征服者として当初北西インドに到来したテュルク系(あるいは非テュルク系)の軍事貴族が政権の上層部を形成していたバルバン期までと異なり、彼の死後の混乱のなかで、旧来の支配層への対抗運動に乗って成立したハラジー朝以降、ハラジュ族などのアフガン系部族がテュルク系に取ってかわって台頭したとされる。またハラジー朝、トゥグルク朝期に活発におこなわれた南方への遠征の過程で、デリー政権に組み込まれた非ムスリムの中小領主群からもデリー政権と結びついて力をもつ者たちが登場し、これらがときにテュルク系の集団とも協力しながら、デリー政権の新たな政治的支配階層を形成していった。すなわち政治軍事的有力者層のある意味での土着化が生じていったようにみえるのである。だとしてもなお、マイノリティーであることに変わりがなかったムスリムがデリーの政権を握り続けていた背景の一つにはやはり北西からの脅威を含めた、十一世紀以降の軍事的擾乱状態があったのではないか。歴史家バラニーは、ハラジュ族のジャラール・アッディーンが政権の座に着いたとき、テュルク以外の支配者をいただくことにデリーの民が不安を感じたと書き記し、ジャラール・アッディーンが当初デリーにすみやかに入城できなかったと述べている。デリーの民の意識にあったのは、テュルク以外の支配者がモンゴルなどの脅威から十全に彼らを護りうるのかどうか、という問題であったのだろう。真下裕之は、ここで意識されたテュルクが、民族上の概念というよりは社会的存在、すなわちバルバンの軍事奴隷か、解放奴隷の軍事有力者のことを意味していた可能性を指摘しているが、いずれにせよテュルクがもっぱら武の民であるというイメージが、当時の北インドにおいて一定程度形成されていたと考えられる。しかもそのようなテュルクは、とくにモンゴルの脅威が強かった十三世紀を通じ、インドの民を襲撃する存在ではなく、逆にその武力を用いて北インドを守護する存在へと変わっていった。三田昌彦はヒンドゥー側がデリーのスルタンたちの政権をあくまで「トゥルシュカ（テュルク）」として認識し、「ムサルマーン（ムスリム）」など宗教を通じて認識することがほとんどなかった、すなわちヒンドゥー側の他者認識の基盤は、宗教文化ではなく言語や出自であったと指摘している。デリー政権は少なくともその初期においては、北インドにそれまで興亡してきた中小政権の一つとして認識され、彼らに期待されたのは第一に軍事的政治的保護であった。この点に、マイノリティーとしてのムスリム政権存続の背景の一つを見て取ることができるかもしれない。

インド的過去とイスラーム的現在の接続

三田はまた、非ムスリムの民がスルタン政権の支配下にはいると、彼らがスルタンの王権をインド的に説明し解釈しようとしたという点にも注意を促している。実際バルバンは世界帝王とされ、シヴァと同一視されたりもした。これに対応するように、デリー政権の側も臣民にイスラーム的文化や慣習を強要するよりは、宥和《ゆうわ》的方針をとっていたと考えられる。

デリー郊外のクトゥブ・ミナールとクトゥブ・モスクは、もともとそこにあったヒンドゥー寺院を解体し、その材料を利用して建築された、ムスリムの北インド征服の象徴であったと語られることがある。フィンバー・フラッドは、この二つの建物を含む建築群(クトゥブ・コンプレックス)がイルトゥトミシュ時代にどのように拡幅増広されたかを論じるなかで、スルタンがここにインドのイスラーム的聖地をつくりだそうとしたのだと指摘している。例えばそこにあるシャムシーの泉には、かつて巡礼者がメッカのザムザムの泉から持ち帰った水が注がれ、インドのザムザムとなったのだ、という伝承が形成され、新たに立ち上がりつつあった北インドのイスラーム社会の中核が目に見えるようなかたちでムスリムたちに示された。クトゥブ・モスクの大幅な増広もそのスキームに基づくものであったといえる。しかし同時にそこで大きな注意がはらわれたのは、外来のムスリム支配者である彼らの存在をインド的過

クトゥブ・ミナール

フィールーザーバードの城
中央の柱はアショーカ王柱を再利用したもの

去とどのように接続できるか、という点であった。ザムザムの水をシャムシーの泉に運び、ある種の聖性を転移させるという行為は、チョーラ朝のラジェンドラ・チョーラが、穢《けが》れてしまった都の水をガンジスの水を運ぶことで浄化したという逸話と通底し、そこにインド的伝統との親和性が意識されているとみることもできる。建築的にみても、クトゥブ・モスクの意匠にはライオンや象の浮き彫りが多く用いられるが、これらはインドにおいて伝統的に王権の象徴とされた動物であって、モスクの建設者がインド的王権を有する者であることを示そうとしたのだと解釈できる。

このような傾向は、いくつかの点で土着化／インド化が進んだトゥグルク朝時代にはより顕著に示されるようになる。ムハンマド・トゥグルクはヒンドゥーの信仰や文化に強い関心をもっていたとされるが、彼がデカン高原のダウラターバードに遷都した際、ガンジスの水が新都に運ばれて捧げられたという。ムハンマドの後継者フィールーズシャーは、デリー郊外にフィールーザーバードを建設した際、そこにアショーカ王柱をすえた。いうまでもなくアショーカ王柱にはマウリヤ朝アショーカ王の法勅が刻まれているのだが、この柱にはチャウハーン朝時代に新たな碑文が刻み加えられていた。フィールーズシャーはさらにこれにペルシア語の碑文を刻み、自らを古代インドから続く王の系譜の末端に位置づけようとしたのであった。

イスラーム的要素とインド的要素の融合の事例は、当然のことながらデリー政権の初期よりも中期以降に豊富になっていく。それはデリー政権が、北インドの多数の中小政権の一つという当初の位置から、ハラジー朝、トゥグルク朝期にいたって北インドのみならずインド亜大陸の支配者へと変容していく過程と平行する現象でもある。おそらくは北インドにおけるスーフィズムの流行と発展にもその影響を見て取ることができるだろう。そもそもムスリム到来前後にインドではいわゆるバクティ思想が流行しており、これがスーフィズムの修行や神との合一体験の観念と極めて高い親和性をもった可能性は夙《つと》に指摘されている。実際、ムガル朝時代以降、ムスリムのスーフィー聖者のもとに弟子入りするヒンドゥー教徒の事例が二宮文子によって報告され、また外川昌彦の研究によって知られるバングラデシュのモノモタパ廟やスリランカのシュリーパーダ山(アダムスピーク)、カタラガマ神殿などのように、ムスリムとヒンドゥーの双方がともに崇敬する場も成立していった。

ヒンドゥー教徒の地位

ではムスリムのもとでのヒンドゥー教徒のステータスは一般的にどうであったのだろうか？　第一に確認しておくべきは、彼ら(軍人も官僚も)がムスリム支配層に雇用され、重用され、デリー政権の維持と発展に欠かせぬ存在であったという点である。とくに村落レベルの統治や徴税にはヒンドゥー教徒の媒介が不可欠であっただろう。一方で、彼らはたんなる偶像崇拝者ではなく、啓典の民として扱われた痕跡もある。啓典の民とは元来ユダヤ教徒やキリスト教徒などの一神教徒で唯一神より啓典を下された人々を指すものだが、ムスリムがイラン高原を征服し、統治下に組み入れた際、ゾロアスター教徒をも啓典の民と扱うことで彼らの信仰の保持を条件つき(ジズヤ＝人頭税の納付)で認め、征服と統治を円滑に進めようとしたという経緯がある。この場合ゾロアスター教徒の啓典とは『アヴェスター』を指す。ヒンドゥー教徒についても、『マハーヴァーラタ』や『ラーマーヤナ』などの文献を啓典とみなすことで彼らの信仰の保持を認め、一方で納税や貢納の義務をはたさせるという現実的な解決が、おそらくは八世紀初頭にムハンマド・ブン・カースィムがインダス下流域を征服した時から採られていた。ただしデリー政権のもとでこの規定が実際に機能したかどうかは、なかなか明らかにしがたい。それでも啓典の民の証として彼らがジズヤを課され、支払っていたかどうかは重要な意味をもつ。ところがデリー政権期にはオリジナルな意味でのジズヤがちゃんと徴収されていたのかどうか、いまひとつ判然としない。ピーター・ジャクソンはデリー政権期のペルシア語資料にあらわれるジズヤの語が、地域と環境によって意味を異にしていた可能性を指摘する。すなわち都市部に居住し、ムスリムの財政担当者とより直接的に接する可能性があったヒンドゥー教徒工人、職能集団のメンバー、商人たち等々は、個人を基本とする人頭税を支払い、一方、都市から離れた村落部ではジズヤはじつは地税のなかに組み入れられて、地方の長に上納されたかもしれないというのである。いずれにせよこのようなジズヤのあり方、ひいては非ムスリムとしてのヒンドゥー教徒の扱い方は、デリー政権期の北インドが、やはりムスリムと非ムスリムという単純な二項対立で分析できるわけではないことを雄弁に語っているといえよう。

人の移動、文化の交流

一方、十二世紀末以降の北インドの政治的風景や都市社会の様相に大きな影響と変化を及ぼしたのは、西方から到来した移民の存在である。西方からインドへとやってくる人々はいうまでもなく古来より存在していた。西方からきた異邦人をあらわすヤヴァナが、古代インドにやってきていたギリシア系の民(=イオニア人)に由来するのは有名な話であるし、最初に記したように北西インドはつねに中央アジアや西アジア方面からの軍事征服を受けてさまざまな人々が混在する社会を築いていた。しかしおそらくデリー政権時代に中央アジア、イラン、アラビア半島、あるいはアフリカ東岸からインドへとやってきた人々の数は、それまでと比較してもずいぶんと多かったと考えられる。それはとくに当初、イラン高原や中央アジアがモンゴルの征服によって混乱し、これを避けた人々が多くインドをめざしたがゆえであった。前述のごとくデリー政権の領域内にも、対モンゴル戦の兵力としての必要もあって、多くの中央アジア系の民、アフガン系の民が移住してきており、ハラジー朝もトゥグルク朝も、そのような者が興した王朝であった。一方イランから逃れてきた文人たちは当初、ナースィル・アッディーン・クバーチャ統治下のウッチュにはいり、それからデリーへ向かうというパターンが多かったようだ。八世紀初頭のアラブ・ムスリムによるインダス下流域征服について記したアラビア語書物のペルシア語訳『チャチュの書』をつくったアリー・クーフィーもウッチュで執筆し、『ナーセル史話』の著者ジューズジャーニーもウッチュ経由でデリーに向かった者であった。

井上春緒の研究によれば、このような人や文化の動きは当然のことながら音楽文化にも大きな影響を及ぼした。古代インド以来の音楽に対し、ムスリム支配期以降にインド古来の音楽とペルシア／イスラーム的要素が融合してできあがったものをヒンドゥースターニー音楽と呼ぶが、デリー政権期はこのヒンドゥースターニー音楽の萌芽期といってよい。現在知られている、インドで著されたペルシア語音楽書のもっとも古いものの一つは、フィールーズシャー・トゥグルクの治世にグジャラートで書かれた『願望の充足』であるが、同書は基本的に直近の時代にサンスクリット語で書かれた『音楽の大海』の内容を忠実にペルシア語に直したという性格をもっている。音楽の内容にまで踏み込んで変化が明らかに見て取れるのはムガル朝期以降のことであるが、実際の音楽演奏におけるインド的要素とペルシア／

イスラーム的要素の融合はかなり早い時期に起こっていたと考えられる。インドで著されたペルシア語文献ではこのような新たな融合音楽は十三〜十四世紀に活動した著名な詩人、音楽家アミール・ホスローの手になるものだとされる。アミール・ホスロー自身はインドで生まれ育った人物だが、彼が西方から到来する文人や楽人たちから多くを学んだであろうことは想像に難《かた》くない。

一方、ハラジー朝、トゥグルク朝時代にデリー政権がデカン高原方面へと領土を拡大した際、その先兵となったテュルク系、アフガン系の軍人たちは、征服地に総督としてとどまった。それからまもなく、デカンやグジャラートでは反デリー政権の反乱が勃発し、その混乱のなかでそのようなテュルク系軍人が自立するという事態も生じた。代表的なものは十四世紀、ダウラターバードで自立したバフマニー朝であり、創始者アラー・アッディーン・ハサンの出自は不明ながら独立の原動力となったのは北インドからやってきたテュルク系、アフガン系の軍であった。バフマニー朝の領域は西側においてアラビア海と接し、海上ルートを通じて、軍人、政治家、商人、スーフィーなどさまざまな人々がデカンに到来した。西アジア、中央アジア方面でモンゴル国家の活動が終焉を迎えた十五世紀になっても、同地域からインドへ到来するテュルク系、モンゴル系の民の波が衰えなかったのは、モンゴル後継国家として登場したカラ・コユンル、アク・コユンルといった部族王朝や、さらにはサファヴィー朝の成立により、とくにイラン高原において部族抗争に敗れて逃げ延びようとした民が、つねに一定以上の数存在していたためと考えられる。またイラン方面からやってきた官僚、文人たちは重用され、マフムード・ガーワーンはフマーユーンシャー(在位一四五八〜六一)のもとバフマニー朝の宰相として辣腕を振るった。十五世紀末、バフマニー朝の領域は五つのムスリム王朝へと分裂するが、これらにおいても西方イスラーム世界との人的交流は顕著であった。

フロンティアと巨大信仰圏

以上、みてきたように十二世紀末を契機に本格的に始まるムスリムによる北インド支配は、ある面ではインド社会を大きく変えたが、それ以外の面では旧来の社会構造や文化をそのまま温存する穏健なものだった。さらに前者の場合でも、その変化は急激に生じたものではなかったようだ。先に述べたヒンドゥースターニー音楽の成立を例にとるなら、文献上という限定はつくが、ヒンドゥースターニー音楽に明白にペルシア・イスラーム的要素が登場するのはずっと後、十八世紀になってからのことだと井上春緒は述べている。変化が目に見えるようになるには長い時間と複雑なプロセスが必要だったといってよいだろう。

一方で十二世紀末をはさむ前後の時代を眺めてみると、極めて特徴的な点として以下の事柄を指摘することができる。

(1)　西アジアと南アジアではやや時間差はあるものの、両方の地域において広域帝国の解体が生じ、その過程で登場した地方政権が十一世紀以降インダス流域からガンジス流域を舞台に衝突した。

(2)　モンゴルの大征服という一大事件の結果形成されたパンジャーブ西部のフロンティアは、デリー政権の動向に極めて大きく影響を与えた。

第一の点に関して述べるなら、本論中でも指摘したように、広域帝国において進められたさまざまな政策により、帝国の中心から離れたところでも経済発展が生じ、結果として地方にいくつかの権力中心が生じるというプロセスが西アジアでも南アジアでも認められる。前者においてそれはアッバース朝初期の経済発展と、地方におけるイスラーム化の進展が、イラン高原東部や中央アジアにおける経済・文化の中心としての都市の(再)発展を促し、また遠距離交易の発達によって経済力を蓄える者たちがあらわれる。ターヒル朝を前奏曲とする、サッファール朝やサーマーン朝、ガズナ朝の登場はまさにそのような流れの上にある現象である。さらにこれらの政権はイスラーム的正統を標榜《ひょうぼう》するなかで、イスラーム世界の東方フロンティアをさらに東へ向けて押し広げていき、その過程で新たにイスラーム世界に参入する遊牧部族民らを軍事的政治的資源としてリクルートしていくことにも成功したのであった。

一方南アジアにおいては、かつていわれていたような都市の衰退と農村の発展、あるいは貨幣経済の衰退というパターンがグプタ朝期からみられたかどうかについては議論の余地はあるものの、六世紀以降、バラモン階級への土地の施与と、それにともなう新田開発などを通じて耕作可能地が拡大し、地方の経済力が上昇、これに立脚する政治勢力が割拠するようになるという傾向が見受けられるのは間違いないだろう。そうして西部ラージャスターン地域を中心に、ある程度外来の勢力に起源をもつとみなされているラージプート系の政権があらわれ、インダス、ガンジス流域の中心地域をも掌中におさめていったのが八世紀以降の状況である。いうまでもなく西アジアと南アジアでは政治環境や経済状況も異なるので、無論同じような現象がきちんとパラレルで起きるわけではないが、それでも広域帝国の成立↓地方経済力の上昇↓権力中心の多元化という過程は両地域において看取できる。

このような権力中心の多元化のプロセスにおいて、西アジアにも南アジアにも共通するのは、フロンティアに成立した勢力(テュルク系国家やラージプート政権など)の強大化と文化中心方向への拡大という現象であり、これが上記第二の点と関連する。フロンティアすなわち境界(領域)は通常異なる政治勢力、文化圏、経済圏のあいだに成立するが、これらのまとまりは歴史時代以降では国家と重なる場合が多い。かくしてフロンティアには国境防衛のための軍がおかれることになる(フロンティアの軍事化)。フロンティアと国家中心の物理的距離が離れている場合、兵力を中央から派遣するのではなく、現地徴用がおこなわれる。その地域の自然環境になじんだ兵力の方が有用であるという側面もあるだろう。これも地域によるが、その場合防衛線のこちら側とあちら側にいる人々が同じ集団の者たちであるという事態もままある。ローマ帝国崩壊時のゲルマン人や、漢帝国末期の匈奴などは、防衛線の向こう側にいた者たちが帝国側に参入した事例である。アッバース朝解体期の東方フロンティアにおいては、上述のようにジハード戦略によって新たにイスラーム世界に参入する者が増加する。この時代はとくに中央アジアのテュルク系遊牧民出身者がその中核にいた。彼らは、いまだイスラーム化していないフロンティアの向こう側の民に対して積極的にジハードをおこなって支配領域を拡大することに貢献した。中央アジア方面においてはこのような活動の対象は、かつての彼らの同朋である遊牧部族であったが、ガズナ朝に始まる北西インドから北インドへの進出においては、中央アジア由来の人的資源がインドの非ムスリムに対する征服活動に用いられ、大きな成果をあげた。いうまでもなく、フロンティアの向こう側の力が強大であればあるほど、こちら側もそれなりの軍事資源を投入する必要が出てくるわけで、インド戦線に投入された中央アジア系の部族民もそのような存在だったともいえよう。

デリー政権期の北西フロンティアを眺めると、それ以前とはまた別の状況が生じている。そもそもゴール朝の出現の経緯において確認できるごとく、アフガン高地とその上に聳《そび》える険しい山々には多くの小規模な山岳部族が暮らし、牧畜やわずかな農耕と並んでキャラバンや村の襲撃を重要な経済行為としていたと考えられる(少なくとも十九世紀のバルーチ族に関してはそのような記録がある)。ロガル川やカーブル川に潤されるアフガン東部の平野部でさえ農業生産力はそれほど高くなく、この地に外部から流入した勢力は生計をまかなうために、ガンダーラやパンジャーブへと流出していった。その一方でこの地域は西アジア、中央アジア、南アジアのあいだにあって、ある種のバッファゾーンとしても機能し、それぞれに地域の中心からはじき出されたり逃げ出した者たちが逃げ込む場所でもあった。以上のようなこの地域の性格は、カラウナスなどの周縁的な存在のなかにそのまま体現されているといっていいが、そのような「順ろわぬ民」のなかからデリー政権のパンジャーブ防衛線守備隊は徴用され、彼らは昨日までの同朋と対峙し、戦ったのである。上述のように敵対勢力の攻撃が強力であれば、守備側も強力な軍事態勢を整えることになり、それはしばしば指揮官である将軍たちを軍閥化させ強大な存在とした。都が混乱したときにこのような周縁部の武装勢力が到来し、政権を奪取するというパターンは、もちろんこの時期の北インドだけでなく、古今東西多くの事例を数えるものではある。

このように、十三世紀以降のデリー政権の性格はパンジャーブ方面での防衛戦とともに形成されてきたという側面が強い。その性格が際立つのと対照的に、デリー政権下でのムスリムとヒンドゥーの二項対立自体はそれほど顕著にあらわれてはいないようである。クマルが指摘するように、デリー政権下にペルシア語で著述をおこなった文人たちは、相当程度イスラーム寄りの立場で記述し、非ムスリムの存在を否定する方向をとる。なぜそのような傾向が生じたのかは別に考えるべき興味深い問題ではあるが、北インドの民にとっては、現実的にアフガン高地から到来する侵略者に対して自分たちの生命財産を守護できる支配者であれば、それがムスリムであろうとそれほど大きな問題ではなかったのではなかろうか。マイノリティーとしてのムスリムが、巨大な人口をもつ非ムスリムを統治するという、本章でも何度も言及した見方の背後には、イスラームとヒンドゥーという二つの「巨大信仰圏」の存在が前提されているわけだが、それが単純な二項対立ではなく、それぞれの社会的局面において複雑に連関していたということを本章では縷々《るる》述べてきた。あるいはそれを、異なる「宗教文化」（この呼び方もまた微妙ではあるが）のあいだに出現しうるフロンティアはつねに揺蕩《たゆた》い、移動するものであり、決して固定されたものではない、という風に表現することもできるかもしれない。

三章　仏教王ジャヤヴァルマン七世治下のアンコール朝

松浦史明

1　東南アジアにおける十二世紀末

アンコール朝「最後の大王」

アディティ女神が聖仙〔＝カシュヤパ〕から、スダルマー〔神々の集会場〕に座る神々の王《デーヴァラージャ》〔インドラ神〕を産んだように、ハルシャヴァルマン〔四世王〕の娘は、彼〔ダラニーンドラヴァルマン二世〕からジャヤヴァルマン〔七世〕王を産んだ。彼は光り輝く力をもつ英雄であり、大地を守るために、戦いのなかで〔インドラ神の〕武器である雷霆《らいてい》で敵どもの英雄を殺した。

これは一一八六年に建立されたタ・プローム寺院の碑文に記された、ジャヤヴァルマン七世の武勇をヒンドゥー教の神インドラになぞらえながら褒め讃えた一節である。

東南アジアの大陸部、現在のカンボジア王国を中心とした地域では、自らを「カンブジャ国」と呼び、現代ではアンコール〔王〕朝やクメール帝国といった名前で知られる国家が、重要な局面を迎えていた。一一八七年から遡ること六年、ジャヤヴァルマン七世という王が即位する。東の隣国チャンパーに占領されていた王都を奪還してからの即位式であり、戦乱のなかでの船出であった。

ジャヤヴァルマン七世の治世は、一二二〇年頃までのおよそ四〇年間におよんだ。王都アンコール・

上：アンコール・トム南大門
中：バイヨン寺院
左：ジャヤヴァルマン７世像
プノンペン国立博物館蔵

アンコール・ワット

トムとその中心寺院バイヨンをはじめとして、この間に残された建築物や彫刻、碑文などが、北は現在のラオスのビエンチャン、東はベトナム沿岸のチャンパー、南はマレー半島の北部地域まで、西はタイ・ミャンマー国境地帯にまで広がっている。実際の地方統治がどこまで行き届いていたかは不明な部分が多いが、一般にこれがアンコール朝の〝最大版図〟として理解されている。二十世紀前半に東南アジア史研究を牽引したフランス人研究者ジョルジュ・セデスは、同王の死後に寺院建立事業や文字史料などの痕跡が急速に減少することを踏まえ、同王を「アンコール朝最後の大王」と呼んだ。

アンコール朝という国家は、どこか不思議な存在である。ジャヤヴァルマン七世が造営した王都アンコール・トム、あるいはこれより半世紀ほど前にスーリヤヴァルマン二世によって建立されたアンコール・ワットは、ほとんどの読者がご存知であろう有名な遺跡である。これらの建造物群が位置するカンボジアという国にとっても、諸外国の圧力や過酷な内戦に悩まされてきた近現代の歩みとの対照のなかで、自国の歴史を体現する存在として、国民統合のシンボルとして、また大きな観光資源として、アンコール朝は重要な位置を占め続けている。しかし一方で、アンコール朝の歴史イメージは、その内実を知るための文字史料として、寺院建立などの宗教行事にともなって残された碑文・刻文のたぐいに頼るしかないことが多く、どうしても王権や宗教の方面に偏ってしまう。アンコール・ワットなど遺跡群のフォトジェニックな造形ともあいまって、アンコール朝はどこか孤立しており独特な存在として理解されているように感じる。多くの歴史家の努力にもかかわらず、アンコール朝を、ヒンドゥー教や仏教をはじめとしたインド文化の受容と変容や、海上交易ネットワークの発展など、広域的な歴史展開と関連づけてイメージしている人はあまり多くないのではないだろうか。

十二世紀末における歴史の転換点を探るという本書に与えられた視点をとおしてみると、アンコール朝の最盛期を築いたジャヤヴァルマン七世の時代は、どのように評価できるのだろうか。

転換期のはざま、あるいはもう一つの転換期

東南アジアの内外に残された手がかりを点検しても、一一八七年のまさにその時に、東南アジア全体を揺るがすような特筆すべき歴史的イベントがあったとは認められない。東南アジアにおける十二世紀末という時代は、十世紀と十四世紀という二つの転換期の中間にあたる。十世紀前後から、東南アジアの各地域に新しい国家が登場し、各地域の歴史を代表するような古典文化が花開いていった。その後、

十四世紀頃から社会・経済・気候などの変動が重なり、近現代へと直接結びつくような東南アジア近世の時代へと変貌していくのである。しかし、だからこそ、はざまの時代としての東南アジアの十二世紀末は面白い。なぜなら、十世紀以降に立ちあらわれてきた古典文化の到達点といえるようなものをみることができると同時に、十四世紀に到来するつぎの時代の足音をも聞くことができるからである。

およそ「転換期」と呼べるものには二つの様相があると仮定してみる。一つは既存の体制、例えば国家・統治システム、産業・流通構造などが変容あるいは崩壊し、新たなものへと生まれ変わったり、他の地域へと覇権が移動したりする。一般に転換期というと、このような時期を指すことが多いだろう。しかし、おおげさにいえば「世界の終わり」とも呼べるこの局面を歴史の谷とするならば、もう一方には歴史の頂きがある。すなわち、新しく生起した体制の構築が一巡し、その地域の一時代を象徴するような文物が生成されていく、いわゆる円熟期や最盛期を迎える局面である。これもまた時代の分水嶺であり、一つの時代の始まりの終わりであると同時に、終わりの始まりでもある。もちろん、同じタイミングですべての要素が一度に変化するわけではなく、要素ごとに時期的・地域的なずれがあるだろうし、変化の予兆や前代の残滓《ざんし》のようなものはもっと長い時間のなかで観察される。

それぞれの地域でタイミングの違いはあるけれど、転換期のはざまで、何かが終わり、何かが始まる時期がある。十二世紀末という本巻が焦点をあてる年代で、この「もう一つの転換期」をもっとも鮮明にみることができるのが、本章で扱うアンコール朝である。

十世紀から十四世紀という長い時間のなかでアンコール朝の盛衰を眺めるとき、東南アジアだけでなく、中国やインド・中東世界を含む大きな歴史の流れを感じることができる。この時期の東南アジアで何が始まり、何が終わったのか、考えていこう。

一一八七年前後の東南アジア

この時期の東南アジア史全体の流れをつかむために、一一八七年前後の東南アジアの諸政体の動向を列挙してみる。東南アジアの面積はおおまかにいって東西五〇〇〇キロ、南北三五〇〇キロにおよぶ。その大きさはヨーロッパがすっぽりはいるほどである。この大空間のなかで、さまざまな政体が興亡していた。

(1)大越　北ベトナムの紅河《こうが》デルタ地域は、李朝大越《だいえつ》の第七代皇帝、高宗の治世である。一一七五年に二歳ないし三歳で即位した幼帝は、この時まだ十五歳前後であった。

十世紀以降、唐朝末期の混乱を契機として中国の支配体制が崩壊し、「十二《じゅうに》使君《しくん》」と総称される土豪たちによる群雄割拠と統一をへて、一〇〇九年に太祖李公蘊《リーコンウアン》が即位して李朝大越が成立した。第四代仁宗から第七代高宗までは、十二歳以下の幼帝が武力抗争なしに連続して即位しており、内部の権力争いをはらみつつも、帝権や統治体制そのものは結果として安定的に維持されていた。しかし、高宗最晩年の一二〇九年頃から内部抗争と地方反乱が激化し、李末の混乱期にはいる。そのなかで台頭してきた陳氏がやがて李朝皇族との婚姻を通じて帝位を自らの家系に移動させ、一二二五年に当時八歳の陳煚《チャンカイン》が即位したことで陳朝大越が成立する。この過程で、紅河デルタに割拠していた土豪勢力が駆逐・再編されるとともに、皇族を中心に推進された大小規模の農業開発によって、現代ベトナムにも連なる景観の基礎がかたちづくられていった。

十世紀以後、南中国から直接ベトナム中南部に抜ける交易ルートが発展したことによって、ベトナム北部に位置する大越地域の交易上の求心力が相対的に低下したが、大越はこれを奇貨として域内の農業開発と中国的な統治システムの受容を推進することで安定を確保し、さらに領域の最南端にあたるゲアンを交易の窓口として国際的な地位を強化していった。

(2)チャンパー　おもにベトナム中部から南部にかけての沿岸地域に位置していたのはチャンパーという国家である。この地域は、本章の主役であるアンコール朝のジャヤヴァルマン七世とのあいだで、「三二一年間の争乱」と呼ばれる複雑な政治状況のさなかにあった。その経緯については後段で詳しくふれよう。

「チャンパー国(チャンパーデーシャ)」という名は七世紀頃から現地刻文史料に登場するが、中国の史料では古くは林邑《りんゆう》および環王《かんおう》、そして九世紀末からは占城《せんじょう》という名で表記される。一一八七年前後のチャンパーは、北部のミーソン、中部のヴィジャヤ(現在のビン・ディン周辺)、南部のカウターラ(現在のニャチャン周辺)、パーンドゥランガ(現在のファンラン周辺)でそれぞれ刻文史料がみられ、それぞれの都市が中国に独自に朝貢することもあるなど、半独立的な連合国家体制が形成されていたと思われる。

背後に長大なチュオンソン山脈をかかえるチャンパーでは、交易上の優越性の確保が生命線であった。そのため、北の隣国である大越とはつねに競合関係にあり、十世紀の末には大越に押されるかたちで中心地がベトナム中部のインドラプラから南方のヴィジャヤへと移った。同時にチャンパーでは沈香《じんこう》などの森林産物を主力の自国産品として積極的に輸出するようになったが、この意味ではヴィジャヤのほうが産出地へのアクセスが良く、好都合であった。

(3)バガン朝　現在のミャンマー、エーヤーワディー川の中流域を中心に栄えていたバガン朝では、チャニュスー二世(別名ナラパティシードゥー)の統治が一三年目を迎えていた。一一五六年にスリランカに攻め込まれた後、一八年間の空位時代をへて七四年に即位した同王の治世では、刻文でのビルマ語の使用の増加や、寺院の建築様式にも独自の発達がみられるなど、ビルマ古典文化が萌芽していった。

ビルマ族の王朝バガンは、後世の年代記で一〇四四年に即位したと伝わるアノーヤター王を始祖としているが、ビルマ族自体は九世紀中頃には各地に定着していたらしい。そして、灌漑農業を積極的におこない、国力を増強させていったとみられる。バガン朝は王族や有力者などによる仏塔の建立がさかんにおこなわれたことで知られるが、当初はビルマ族以前に同地に居住していたモン族社会から文字や宗教などの文化を受容してきた。その後、灌漑農業などの発達による国力の充実をへて、十二世紀末のこの時期にいわゆるビルマ風文化が花開いていったのである。

(4)三仏斉　古くから海上交通の要衝であったマラッカ海峡地域は、マレー半島とスマトラ島の沿岸諸港が離合集散を繰り返していた。この地域は高温多湿な熱帯多雨林地帯という場所柄、各国家の面的な領域拡大が困難で、点在する港町がそれぞれ一つの政治単位を形成していたとみられる。この政治単位を後世の歴史家は港市国家《こうしこっか》と名づけた。

十世紀頃から、これらの港市国家群を総称してアラビア世界から「ザーバジュ」と呼ばれ、中華世界からはその音写である「三仏斉《さんぶっせい》」と称される、ゆるやかな港市連合体が形成された。交易の利害をめぐる協調と対立のなかで、時に周辺海域に影響力を示す有力港市もあらわれるが、その地位はつねに流動的だった。

三仏斉と総称される諸国のなかで、一一九六年には単馬令《たんまれい》(ターンブラリンガ。現在のタイ、ナコーン・シー・タマラート)が朝貢を開始し、十三世紀を通じてマラッカ海峡地域の重要なプレイヤーとなっていく。一二四七年には単馬令のチャンドラバーヌ王がスリランカに侵攻して同島北部に一時的な支配を確保した。これは東南アジアの勢力が域外に遠征した稀有な事例である。

(5)クディリ王国　東南アジア島嶼《とうしょ》部のもう一つの重心域であるジャワ島に目を転じれば、この時期はジャワ島東部のクディリの町に王都がおかれた、いわゆる「クディリ時代」の末期にあたる。ボロブドゥールやプランバナン等のヒンドゥー教・仏教の大寺院群が建立された中部ジャワ時代が十世紀の前半に終わりを告げ、ジャワ島東部へと権力の中心が移動した後の時代である。十世紀に起こったこの中心地移動の背景については、交易上の有益性が指摘されている。それは、以前のジャワ島中部地域では河川が南方のインド洋側にそそぐのに対し、ジャワ島東部ではブランタス川がジャワ海に繋がっており、国際交易へのアクセスの面で優れていた。そうして、バリ島やマルク(モルッカ)諸島などのジャワ島以東の海域を含む一大商業圏を確立するのである。

熱帯多雨林が優越する島嶼部にあって、唯一サバンナ気候に属して農業生産に有利なジャワ島中・東部地域は、本章で明らかにする十世紀から十四世紀の東南アジアにおける変化を先取りしたような展開をみせている。すなわち、ジャワ島地域では十世紀以前から人口集中を背景とした大建築の時代を迎えるが、十世紀以後には大規模な建築事業が減少し、河川流域の農業生産力と海域の交易ネットワークが連動した体制が確立していったのである。

(6)フィリピン群島　この地域の状況は史料が少なく判然としないが、中国史料で「麻逸《まいつ》」と呼ばれる

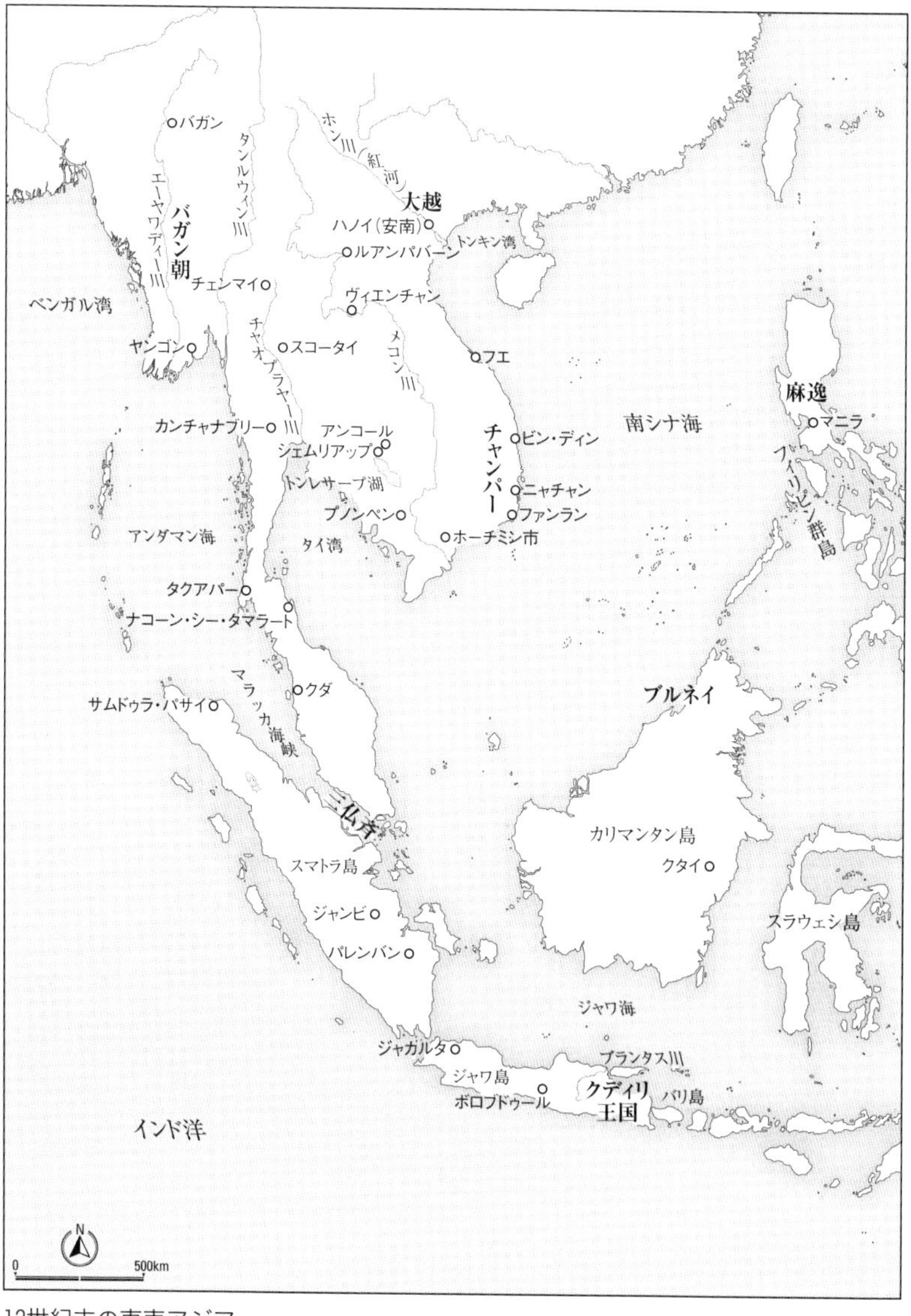

12世紀末の東南アジア

政体が散発的に中国へ朝貢をしていた記録が残っている。

東南アジア史からみた転換期

このように並べてみてみると、東南アジア史は複雑でややこしい印象を受けるかもしれない。ある地域が危機にある時、ある地域は隆盛を迎えているような具合で、各地域の相互関係もみえづらい。しかしながら、このように複数の政体が多種多様な展開を示していて、一言でまとめて説明することがとても困難であること、それ自体が東南アジア史の特性である。

そもそも、「東南アジア」という地理的な呼称自体が、ここ一〇〇年ほどで認知されるようになったものである。この地域では、ヨーロッパにおけるローマ帝国のような、一つの政体が地域の大部分に影響をおよぼしたという経験をもたない。その唯一ともいえる例外が、一九四〇年以降の日本軍の「南方進出」による短期間の占領である。この日本軍政に対処するため、連合国側がスリランカのコロンボに東南アジア総司令部をおいた。「東南アジア」という用語自体は以前から用いられてはいたが、一連の日本軍進出への対処(とそれに関する報道)が、「東南アジア」の語を広く流布させることになった。

また、本巻の主題である「信仰圏」に関していえば、東南アジアの広範囲において、古くからヒンドゥー教と仏教の影響がみられるものの、在地の精霊信仰の影響もあり、その受容のあり方は重層的かつ多様であった。唯一絶対の神を想定しない当時の東南アジアにおいてはむしろそれが普通であり、ヨーロッパにおけるキリスト教のように、「信仰圏」を地域統合の鍵概念として適用することは困難であろう。

このように考えると、日本において個別の地域への理解が進展すれば、「東南アジア」を主語としなければならない場面も少なくなっていくのかもしれない。

では、東南アジアという地域概念はまったくの幻想で、それぞれの地域が個別に独自の展開をしていたのかというと、それも違う。先ほど東南アジアの大きさはヨーロッパと同じだと述べたが、大きな違いは海域の広さである。陸地面積で比較すると、東南アジアはヨーロッパの半分ほどしかない。「海は地域を隔てるものではなく、繋ぐものである」という認識は近年の歴史学で常識になっているが、東南アジアにとって、海を通じた地域間交流は有史以前からそこにある前提条件であり、東南アジアという地域の連動性も無視することはできない。例えば、この時期に東南アジアと地中海世界との直接的な影響関係はみられないものの、地中海世界とインド・東南アジアを繋ぐ交易ネットワークが古くから存在していたことは間違いない。文献史料としては、古くはエジプト在住の航海士によるとされる紀元後一世紀の『エリュトラー海案内記』がつとに有名であるし、同じくエジプト在住の修道士「インドへの航海者コスマス（コスマス・インディコプレウステース）」が六世紀半ばに書いたとされる『キリスト教地誌』など、地中海世界とインド洋世界との繋がりを記載しているものは数多い。考古遺物にも、ベトナム南部メコンデルタのオケオ遺跡から発掘されたローマ・コイン（ただしローマ時代に流通したとは限らない）や、タイ西部カンチャナブリー県のポン・トゥック村で出土した六世紀頃のいわゆるビザンティン・ランプなどがよく知られている。

東南アジアという枠組みを無批判に用いず、また同時に絶え間ない交流を前提としたうえで、歴史的な背景とうまく適合するような地域の見方はあるのだろうか。近年、研究者のあいだでの共通認識となっているのは、「海の東南アジア」と「陸の東南アジア」という、おもに生態環境に着目した二つの大きな枠組みである。これは、「大陸部」と「島嶼部」という地域区分に似ているようで、かなり違う。「海の東南アジア」は熱帯多雨林地域で、樹木が繁茂してあまり大きな人口を支えることができない一方、森林産物の宝庫であると同時に交通上の有益性から、港町単位での国家(港市国家)がいくつも誕生した。一方、「陸の東南アジア」は、多くがサバンナ気候に属し、比較的はっきりとした雨季と乾季があり、氾濫原《はんらんげん》や湧き水による農業生産力を背景とした人口集中によって、国家の面的な展開と固定的な階層分化がみられる。「海の東南アジア」は大陸部にもあるし、「陸の東南アジア」は島嶼部にもある。とくに、ジャワ島の中部・東部は、島嶼部サバンナの気候と火山がもたらす豊富な湧き水によって、島嶼部にあって陸域的な展開が可能な地域であった。反対に、ベトナム中部・南部の沿岸地域は背後に山脈をかかえていることや中国市場の玄関口にあたることから、大陸部にあって海域的な要素が多く含まれていた。もちろん、両者の境界ははっきりと分けられるものではなく、海的な要素と陸的な要素が複合する場合も少なくない。

このような視点で、先ほどの各地の動向を再び眺めてみよう。そこに見て取ることができるのは、「十世紀の転換期」である。九世紀末から十一世紀初頭にかけて、既存の政体の崩壊と、新しい体制の構築が進む。「陸の東南アジア」では、バガン朝のアノーヤター王、東部ジャワのアイルランガ王、そしてアンコール朝の領域統治の本格化など、いわば統一体としての国家形成が進展する。一方「海の東南アジア」であるマラッカ海峡の三仏斉やベトナム沿岸地域などでは、それぞれの港市国家がゆるやかな連合体としての性格を強めていく。

このような共時的な動きは何らかの共通体験を想定させるものであり、それはおそらく遠距離の海上交易の変化と関わりがある。とりわけ、中国において宋朝が成立した頃から、中国商人が自ら海に乗り出すようになり、マレー半島において西方のイスラーム商人と貿易をするようになったことは無視できない。バグダード出身の地理学者マスウーディー（八九六頃〜九五六）によれば、黄巣《こうそう》の乱など南中国の混乱によりイスラーム商人が中国から撤退し、「中国人たちの船」がマレー半島のクダにまでやってきてイスラーム商人との交易をおこなうようになったという。東南アジアの海への新たなプレイヤーの参入を含む海上交易の活発化は、東南アジアの諸地域に共通した何らかのインパクトを与え、それに対する多様なかたちでの反応がみられたと解釈できる。このインパクトを一言で表現するなら、地域全体の富の増大であろう。これにともない、領域支配を志向する「陸の東南アジア」では地方勢力の台頭が進み、王権側はどのように地域統合を維持するかについてこれまで以上に心を砕くようになる。「海の東南アジア」では、特定の港町が排他的な覇権を保持し続けることがより困難になり、ゆるやかな連合体として各港市の均衡関係が続いていくことになる。

このように、十世紀の転換期をへた東南アジアでは、「陸の東南アジア」と「海の東南アジア」が、それぞれに与えられた生態環境のなかで文化的な発展を遂げていったのである。

最初に述べたように、十二世紀末という本巻に与えられた年代が、東南アジア史における「転換期」と評価されることは少ない。その最大の要因は、この時期に東南アジア全域に共通のインパクトを与えた歴史的なイベントを見出すことが難しいからである。しかし、繰り返しになるが、東南アジアにおける「十世紀以後の世界」の到達点の一つであるアンコール朝のジャヤヴァルマン七世の時代をつぶさに観察していくと、十世紀と十四世紀という二つの転換期を繋ぐ、大きな時代の流れをみることができる。次節では、ジャヤヴァルマン七世にいたるまでのアンコール朝の展開を追ってみたい。

2 アンコール朝の展開

アンコール朝の始まりと広がり

アンコール朝という呼び名は、後世の歴史家が名づけたものだ。人によって定義にばらつきはあるが、一般にアンコール朝というと「アンコール地方に王都をおいた国家」を指す。通説に従えばこの王朝は、八〇二年にジャヤヴァルマン二世という王がアンコール地方北方のクーレン山で即位式をおこない、王都を造営したことに始まる。その後、短い中断期はあるものの、この地方は王都であり続けた。十四世紀頃までのおよそ六〇〇年の長きにわたり、多数の寺院建立や貯水池の掘削などの土木事業が継続的におこなわれた。面積にしておよそ一〇〇〇平方キロ、多い時には七五万人ほどの人口を擁する世界有数の大都市であったとする説もある。現地に残された刻文史料のなかでは、この王都のことをヤショーダラプラ(名誉ある都)と呼び、自らの国家のことを「カンブジャ国(伝説上の始祖カンブによって創始された国)」と表現している。

アンコールとはサンスクリット語で町・都市を意味するナガラ(nagara)を語源とするクメール語であり、カンボジア北西部シェムリアップ市近郊の、アンコール・ワットをはじめとした遺跡群やその地域

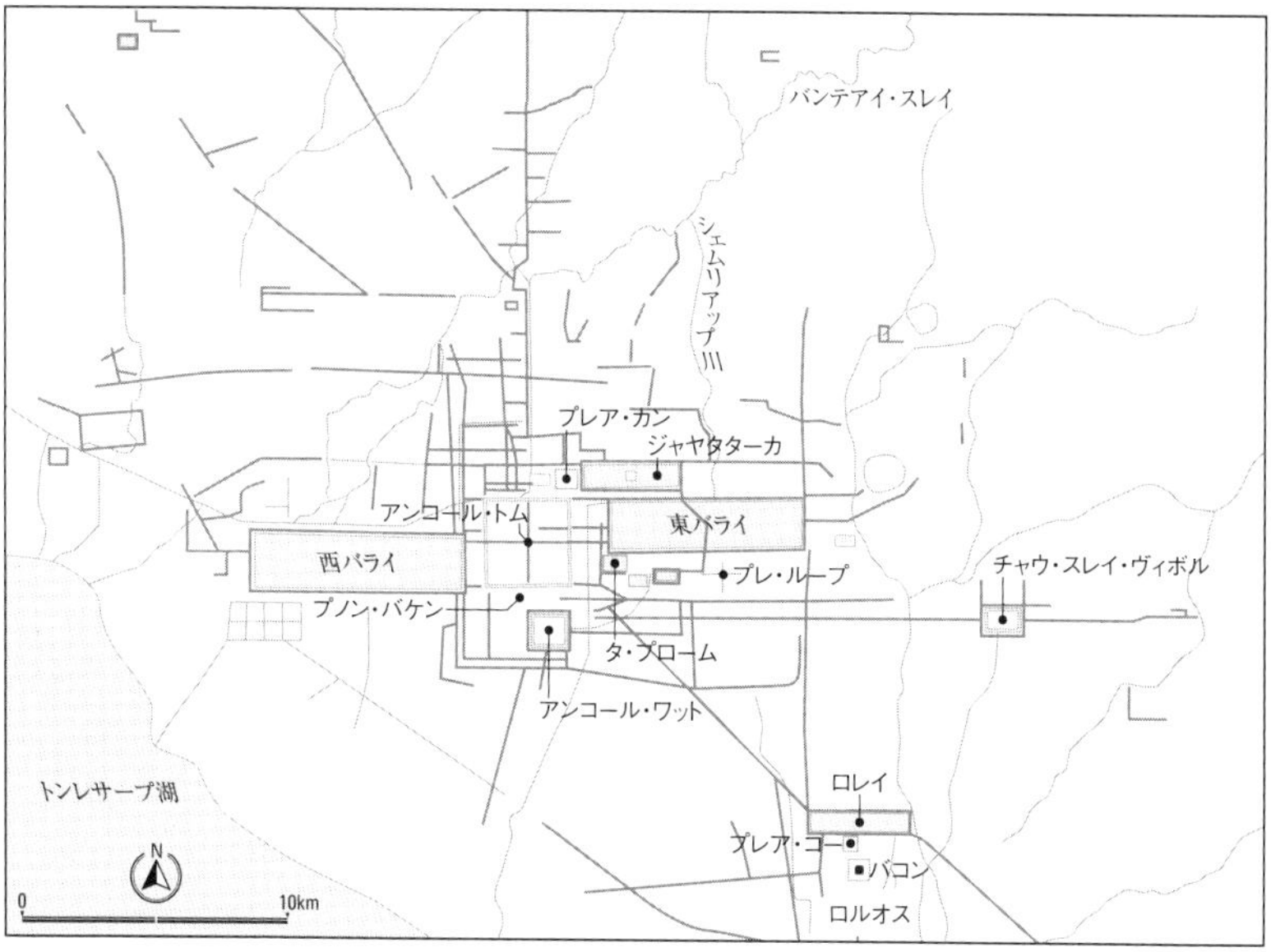

アンコール地方

を指して用いられる。現地では「オンコー」のような発音になるが、クメール語の綴りをローマ字表記すると「Angkor」になり、日本ではこれをかつての植民地宗主国であったフランス風に読んだ「アンコール」という呼び名が定着して今にいたっている。ちなみにカンボジアの主要民族の名称である「クメール」も同様に、「クマエ」と書いた方がより実際の発音に近く、ローマ字表記の「Khmer」をクメールと呼びならわしている。本章にでてくる遺跡名などにも同様の傾向がみられるが、気にしすぎても混乱のもとなので、できるだけ慣習的な表記に従っておく。

アンコール朝以前のカンボジアでは、別の場所に中心地があったり、土豪勢力が乱立する状況であったりしたようである。この、九世紀より前の時代をプレ・アンコール時代と呼ぶ。また、十五世紀以降にアンコール地方で巨大寺院などの目立った痕跡が残されなくなり、王権の中心がカンボジア南部方面に移動していった時代をポスト・アンコール時代という。この、プレ・アンコール時代、アンコール時代、ポスト・アンコール時代という三つの時期区分については、フランス植民地期を通じて形成された「アンコール時代の理想化」を含意した用語であると批判されることがある。つまり、十九世紀にベトナム・カンボジア・ラオスの植民地化を進めたフランスにとって、眼前にあるカンボジアはとても弱体化しているようにみえた。だからこそフランスがカンボジアを「文明化」することでアンコール時代の輝きを取り戻すのだ、という意識があり、この見方を強化するためにアンコール時代を過度に称揚する傾向がみられたのであって、アンコール時代以外の時代を劣位におく(ようにみえる)時期区分を用いるのは植民地主義的ロジックの再生産だ、ということである。この指摘にはうなずける部分も多いのであるが、これにかわる有効な案は共有されていない。欧米の研究を中心に、プレ・アンコール時代を中国での呼称から真臘《しんろう》時代と呼ぶ向きもあるが、中国史料ではアンコール期にも真臘と呼ばれ続けたので、適切とは思えない。また、言語学の立場では、プレ・アンコール時代とアンコール時代を一括して「古クメール語期」と呼び、ポスト・アンコール時代を「中世クメール語期」と呼ぶ。その他、「古代」「中世」「古典時代」などの時期区分もあるが、研究者間でコンセンサスが得られているとはいい難い。

本章の視点からみると、この三つの時期区分の問題点は他にもある。それは、この区分が「アンコール時代」の内部での変化について敏感ではない点である。もちろん、あらゆる時期区分は便宜的なものであって、いかなる視点をとるかによってその都度設定されるものではある。しかし、そうであるならば、「アンコール時代」をひとまとめにしてしまう見方と、歴代の王を個別具体的に列挙するような叙述の中間に、どのような時代の波や転換期と呼べるものが見て取れるのか、そして、そのような歴史の流れのなかで、ジャヤヴァルマン七世の時代はどのように位置づけられるのかが、本章にとってもっとも重要な点である。

つぎに、アンコール朝の広がり、あるいは〝領域〟について考えておきたい。明確な国境概念をもたない前近代国家に共通の問題ではあるが、アンコール朝の地理的な広がりをとらえることはなかなかに難しい。

刻文史料（東バライ碑文 K.282）
アンコール国立博物館蔵

まず何よりも、行政や軍事、外交に関する史料が少ない。現地に残された唯一の文字史料である刻文史料は、基本的に寺院の創建や改修、その他の宗教行事を記念して寺院壁面や石碑に刻まれたものであり、そこから当時の行政制度や地方統治のあり方を抽出するにも限界がある。刻文研究にできることは、史料の分布状況や刻文で言及される人物に対する褒め言葉や肩書などの文言を精査することで、当時の支配のあり方を類推することぐらいである。

そこで、領域を考える際には、考古学、建築史、美術史など、モノを見る歴史学が重要になる。各時代の建築物や美術作品、考古遺物をマッピングし、刻文史料の分布状況や中国史料などを組み合わせて、アンコール朝の影響範囲を想定していくしかない。前節でジャヤヴァルマン七世がアンコール朝の最大版図を築いたと紹介したが、その根拠としては、ジャヤヴァルマン七世時代に帰属すると思われる建築物や美術品が広く分布しているという側面が大きいのである。

以上のことを踏まえつつ、各時代の王の足跡を確認し、「陸の東南アジア」に展開したアンコール朝における国家のかたちとその変化をみていこう。

王の事績と王の条件

アンコール朝の創始者ジャヤヴァルマン二世は、「ジャワ」の人々からの支配を断ち切り、カンボジア南部から出発して各地を平定し、八〇二年にアンコールの地で「カンブジャ国の唯一の王のなかの王」となり、最終的にハリハラーラヤ(アンコール南東部のロルオス遺跡群)に王都を構えたと伝わる(ちなみに「ジャワ」という言葉は当時ジャワ島だけでなくマラッカ海峡地域を含むより広い海域世界を指して用い

バコン寺院

られている)。ただし同王のことはおもに後代の刻文史料によって業績が記されているため、実際の活動には不明な点が多い。即位式をおこなったとされるクーレン山(近年、都城の痕跡が明らかにされつつある)などでの考古学的な調査が進展し、この謎に満ちた王の足跡が明らかになることが期待される。

同時代史料や建築物などから王の具体的な業績が確認できるのは、八七七年即位のインドラヴァルマン一世以降である。即位の二年後、王はプレア・コー寺院を建立した。この寺院は六基の祠堂《しどう》が二列に配置されていて、それぞれの建物の正面の入口と、残り三面の装飾的な偽扉《ぎひ》の側柱にいくつかの刻文が残されている。刻文によれば、この寺院はヒンドゥー教のシヴァ神の寺院であると同時に、先王や祖父、父母を祀った祖先寺院としての性格をもっていたことがわかる。その後八八一年には国家の中心寺院としてバコン寺院を建立し、その北方にインドラタターカという名の貯水池を築いた。王都の外での同王の事績としては、カンボジア最南部のプノン・バヤン寺院の刻文に同王がシヴァ神に対して奉納をおこなったことが語られ、東北タイのブーンケー遺跡に刻文を残した人物も王の名前に言及している。ただしブーンケーの事例では、「八八六年、インドラヴァルマンの治世に」その土地の有力者が仏像を建立したことが語られるのみであり、この土地に王がどのように関与したのかはよくわからない。

インドラヴァルマン一世の業績は、アンコールの王が果たすべき事業の基本形とみなすことができる。すなわち、王の祖先を祀る寺院、大貯水池、そして国家の中心寺院を建設し、これらを中心とする王都を造営することを、その後の王たちもめざすようになるのである。

八八九年にインドラヴァルマン一世の後を継いだヤショーヴァルマン一世は、激しい王位継承戦争をへて即位したようである。この王は、前王にならい、祖先寺院ロレイを建立し、大貯水池ヤショーダラタターカ(現在東バライと呼ばれる)を建設し、さらに小丘の上に中心寺院プノン・バケンを建立して王都ヤショーダラプラを造営した(ヤショーダラプラの名前はその後も王都の名称として定着する)。さらに特筆すべき業績として、全国各地に「アーシュラマ」と呼ばれる宗教施設を配置したことがあげられる。アーシュラマは宗教者たちの生活・修行の場であり、ヒンドゥー教のシヴァ派、ヴィシュヌ派や仏教徒など、各派の宗教者のためのアーシュラマが建設された。現在のカンボジア南部から東北タイ、ラオスにかけての地域に「アーシュラマ創建碑文」と呼ばれる、ほとんど同内容の刻文が二〇点ほど発見されており、同王の影響力が広範囲にわたっていたことがわかる。

ヤショーヴァルマン一世は実力によって王位を奪取したわけだが、アンコール朝においてスムーズに王位が継承された例は少なく、多くの場合新王は敵対勢力を打ち倒すことで即位している。王位の継承は制度的に保障されたものではなく、実力によって王位を確保する必要があった。対抗勢力が林立する流動的な政治環境のなか、王とその取り巻きたちが王権を強化するさまざまな試みをしたことは想像に難くない。

そのような王権強化の努力の一例として、王の名のもとに建立された国家的な中心寺院は、より大規模に、より複雑になっていった。簡単に述べると、アンコールの寺院ははじめ単一祠堂型であったが、時代が下るにつれて、祠堂を複数もつもの、祠堂のあいだを回廊で繋いだもの、いわゆる山岳型寺院など、工法や建築装飾も含めてさまざまな展開をみせる。これらの壮麗な寺院群は、王の権力の強大さの結果として建立されたというよりも、王が自らの権威をアピールするために必要な方策として求められたのであろう。というのも、寺院を建立すること自体は王以外の権力者によっても頻繁におこなわれており、王はそれらの数多くの寺院のなかでもっとも卓越した寺院を建立する必要があったため、寺院の規模や装飾性がしだいに高まっていったと考えられる。

王位の継承において、過去の王との血縁関係は決定的な根拠とはならなかったが、血統がまったく無視されていたわけではない。歴代の王は、過去の王たちとの血縁を時にはねつ造も交えながら主張した。例えばラージェーンドラヴァルマン二世(在位九四四～九六八)は、由緒ある二つの有力家系である、「月と太陽の家系をあわせた」人物として称賛されている(バクセイ・チャムクロン刻文 K.286／九四七年)。しかし実際には、彼は血統としては以前の王ヤショーヴァルマン一世の義兄弟の息子でしかない。確かに「由緒正しい」こと(あるいはそのように主張すること)は即位のために必要な要素ではあったが、血統の観点だけでいえば即位のチャンスは多くの者に開かれていた。時代は下るが、十三世紀末の『真朧風土記』によれば、多くの高官が自分の娘を王に嫁がせると記している。婚姻によって王と親戚の関係になることに成功した者は、すなわち自らも王の後継者の候補になったことを意味した。

その他刻文史料には、王の知性や武勇など、個人的な資質についても言葉をつくして称賛されているし、敵を打ち倒す軍事力の保持も重要な要素であったことはいうまでもない。刻文史料のなかで言及される王の輝かしい業績は、王権が不安定だからこそ積極的にアピールされたのだろう。

王権と宗教

刻文史料は宗教行事に付随した史料であるため、そこには時の権力者・有力者による宗教への深い関与が示されている。王と宮廷は宗教的な要素をうまく取り入れながら、国家を運営していたようである。宗教を用いた王権強化の究極のかたちが、いわゆる「神権政治」と呼ばれるような、王そのものを神格化し、崇拝対象とするような体制だろう。しかし、王の神格化の問題は単純に語れるものではない。刻文史料には、王の業績を神がかったマジカルなものとして称賛しており、王自身が崇拝対象であるかのように書かれているが、これは臣下や臣民が王に盲従していた証拠にはならない。王の神格化をめぐる議論は、往々にして「王は現人神《あらひとがみ》であったのか、それともただの人間だったのか」といった単純化された話題に終始しがちである。けれども、アンコール朝のように唯一絶対の神を想定しない世界観において、宗教と政治、聖と俗、あるいは崇拝と尊敬という言葉のあいだに、明確な線引きをすることは困難である。神と人間の境界はあいまいであって、王と神のあいだにある微妙な距離感を読み解く必要がある。

王に対する個人崇拝を示す例として、王の名前を想起させる神格を国家の中心寺院にすえるという伝統がある。例えばインドラヴァルマン一世が建立したバコン寺院には「インドレーシュヴァラ」という名のリンガ(シヴァ神の象徴)がすえられ、次代のヤショーヴァルマン一世によるプノン・バケン寺院の主神はヤショーダレーシュヴァラという名前だった。

このような命名法は、語義そのものは、たとえば「インドラヴァルマン王が確立した神(寺院)」という解釈もできるが、祖先崇拝と重なり合うかたちで王の個人崇拝をかたちづくっていたと考えられる。例えばプレア・コー刻文(K.713／八九三年)には、インドラヴァルマン一世の父プリティヴィーンドラヴァルマンを祀った祠堂をプリティヴィーンドレーシュヴァラと名づけるなど、王の家族の名前をつけた神を祀ることも頻繁におこなわれていた。死後の人物を神格化することは古今東西よくみられる現象であるが、在世の王についてもそれと変わらないやり方で寺院に祀ることで、王と神の距離の近さをほのめかしていたように思われる。

この伝統に対して、いわばイレギュラーな概念を持ち込んだのがジャヤヴァルマン四世(在位九二一～九四一)である。彼は王都から北東に八〇キロほど離れた場所に新都城コー・ケーを造営した。その中心となる神格はサンスクリット語でトリブヴァネーシュヴァラ(三界の主)といい、古クメール語ではカムラテン・ジャガット・タ・ラージャ(王国の世界の主)と名づけている。王による寺院建立事業を、王個人のものではなく、王国全体を導くものとして再構成しようとしたとも考えられる。

しかし、その後一代をはさんでアンコールの地に再遷都したラージェーンドラヴァルマン二世(在位九四四～九六八)は、やはりラージェーンドラヴァルメーシュヴァラという名のリンガを、神格化された祖先とともに中心寺院プレ・ループにすえた。この意味で同王は、旧来の伝統の復興者とみなすことができる。

同時に、同王の大きな特徴として、仏教への関与の変化があげられる。東メボン刻文(K.528／九五二年／シェムリアップ州)には、「比較するものは何もないほど徳に満ちているがゆえに、〔王は〕目覚めてから、誤った道からはずれることで、他の方法でもなく、仏教の教理を信じた」(第一七二偈《げ》)とあり、ラージェーンドラヴァルマン二世が仏教を信奉するようになったと解釈できる一文が刻まれている。しかし、この刻文の全体はシヴァ神に対する賛辞が中心であり、この一節は当時の高官と領民の一部で広まっていた仏教にも配慮を示していた、という程度の意味合いで理解しておくべきだろう。つまり同王は、伝統を継承するだけでなく、変化する社会のなかで新しい王権像をめざしたともいえるのである。

地方勢力の台頭と王権

アンコール朝の王権概念は、その後スーリヤヴァルマン一世(在位一〇〇二〜一〇五〇)によって新たな変化が加えられる。現在のタイ国境近くにあるプレア・ヴィヒア寺院の刻文(K.380)には、以下の記述がある。

かのシュリー・スーリヤヴァルマンは、シュリー・スーリヤヴァルメーシュヴァラのリンガを、まず始めにシュリー・ジャヤクシェートラに〔建立し〕、その後で三カ所に、一つをシュリー・シカレーシュヴァラの山頂に、つぎにシュリー・イーシャーナティールティに、もう一つをシュリー・スーリヤードリ山に、穴〔9〕、海〔4〕、空〔0〕が過ぎ去った〔年〕〔＝西暦一〇一八年〕に建立した。

スーリヤヴァルマン一世は、従来は「国家(世界)の中心」に一つだけすえられていた王の名を冠したリンガを、全国の複数箇所に分散して安置したのである。これらの王権の変容の背景には、地方勢力の台頭という社会変化が影響していたと考えられる。というのも、この時期から王以外の人物による刻文史料が急激に増加する。ここまで述べてきた個人崇拝の文脈でいえば、王以外の人物が自分の名前を冠した神格を安置する例が目につくようになる。例えばプラサート・カオ・ロン刻文(K.232／一〇一六年、タイ、タ・プラヤ地方)には、同地の地方官であったサマラヴィーラヴァルマンなる人物が建立した寺院の神が、サマラヴィーラヴァルメーシュヴァラという名であった。また、いわゆる「デーヴァラージャ崇拝」について言及する有名なスドック・カック・トム碑文(K.235／一〇五三年、タイ、サケーオ県)では、サダーシヴァという人物がジャエーンドラヴァルマンという名を与えられ、ジャエーンドラヴァルメーシュヴァラというリンガを建立している。

この時代状況を示す注目すべき事例として、一つの青銅製の甕《かめ》がある。バンコクの骨董市に流出したもので、もとはどこにあったかわからなくなってしまったものであるが、この甕の側面には、一〇〇七年にとある有力者がこの品を神に奉納したことを記した刻文がある(K.1213)。この刻文を紹介したD・スティフによれば、これが、寄進する物品そのものに刻文を記した最初の例である。これ以降、同じような例がいくつもみられるようになる。寺院が創建された時や何かの祭事の時に、さまざまな物品が権力者によって奉納されることは古くからおこなわれてきたし、寺院の碑文にはそのむねが刻まれてきたのだが、この時期に奉納された物品そのものに奉納者の名前を刻むようになったのは、奉納をおこなう主体が多様化してきたので、「だれが納めたものか」をしっかりと明記する必要が出てきたことのあらわれかもしれない。

これらの状況は、王以外の人物が、王と同じように宗教への関与をとおした権威拡大をおこなうようになったことを示している。従来の権威アピールの手段が広く普及したということは、一方で陳腐化も避けられない。そこで王は、新しい王権強化の方策を考えなければならなくなった。スーリヤヴァルマン一世が、王の名を冠したリンガを複数安置したのも、変化する時代に対応する王権アピールの努力の一つとみることができるだろう。

また同王は、自らの臣下に対して忠誠の誓いを宣言させたことでも知られる。一〇一一年に王宮ピミアナカスの塔門の壁面に記された刻文(K.292)によれば、「(王は)すべての家臣をいくつかのグループに分けたのち、世界の主の聖なる眼の前で、忠誠を誓うようにした」といい、一から四の等級に分けられた「タムルヴァーチ」(「監察者」の意。おそらく各レベルの行政執行者であろう)に対し、「命を差し出し、無条件の献身を誓い、(中略)職務に奮励する」ことを求めた。王権の側からこれほどの直接的な表現で家臣の忠誠を要求した例はほかにはなく、行政機構の拡大と並行して力をつけてきた各地の有力者たちのコントロールに腐心した王の姿が透けてみえる。

しかし、これらスーリヤヴァルマン一世がおこなった一連の努力も、次代の王たちに引き継がれず、新しい伝統となることはなかったようである。以降の王たちは、王権強化の他の側面、すなわち前述したような、血統、個人的資質、軍事力などを積極的にアピールしていくことになる。

宗教的な要素が濃密な刻文史料において、王は時に神に等しいとされるなど、理想的な姿で描かれている。しかし、信仰の多様化や統治機構の進展などの時代の変化のなかで、王権(あるいは王権が求める理想像)もまた多様に変化していたのである。

このようなアンコール後半期の王権概念の変化の帰結として、「最後の大王」ジャヤヴァルマン七世の時代があることを見逃してはならない。

開かれる王朝

ここまで、王とその周辺の事情を中心にみてきたが、アンコール朝の対外関係の変化についても確認してみたい。

アンコール朝は、古くから「内陸の農業国家」というイメージで語られることが多かった。しかし、これまでみてきたような王権の変化は決して内的な要素だけで説明できるものではない。アンコール朝は徐々に外世界との繋がりを増していき、そのなかでアンコール朝のあり方も変化していったのである。

刻文史料をみると、十一世紀以降にアンコール朝が西方に影響力を拡大していったことがわかる。スーリヤヴァルマン一世時代の一〇二二年の日付をもつ刻文が、現在のタイ中央部のロッブリーから発見されており、そこには現地での抵抗を鎮圧しつつ、大乗仏教と上座部《じょうざぶ》仏教の修行者を従わせる王命が発布されたことが記されている(サールスーン刻文 K.410)。タイの東北部から中部にかけての地域には、プレ・アンコール期からいくつかの刻文史料が散在しているが、おそらくこの時期に改めてアンコール朝の影響力が増したとみられる。この地域では六世紀頃からドヴァーラヴァティーと呼ばれる国家があり、出土遺物などから仏教文化が花開いていたことが明らかになっている。スーリヤヴァルマン一世の

ピマーイ寺院

王命は、タイ方面の旧ドヴァーラヴァティー仏教文化圏を取り込むかたちで、影響力を拡大しようとした方策のあらわれとみなすことができるだろう。また同時期には、タイ国内屈指のクメール遺跡であるピマーイ遺跡の造営が開始されている。これらの西方への拡大によって、河川などを通じてタイ湾やベンガル湾へとつながる既存の交易ネットワークへのアンコール朝の影響力が増したことは間違いないだろう。

アンコール朝の拡大政策は、アンコール・ワットを建立したことで有名なスーリヤヴァルマン二世（在位一一一三〜五〇頃）によってさらに進められた。刻文史料は同王の事績についてあまり語らないものの、大越やチャンパーの記録には同王がこれらの東方地域に遠征をおこなったことが記されている。

この、十一世紀以降のアンコール朝と域外の世界との関わりの変化については、刻文史料よりも中国史料の方がはるかに雄弁である。

七世紀頃から、中国史料に真臘と呼ばれる国が登場する。真臘の初出記事である『隋書』「真臘伝」には、この国はもともと東南アジア初期国家の雄である扶南《ふなん》国の属国であったが、徐々に力をつけ、ついには扶南国を併合したという。以来、十六世紀にいたるまで、中国ではこの国のことを「真臘」と呼び続けた。前述したとおり、われわれがいう「アンコール朝」はおよそ九〜十五世紀にわたり存続したわけだが、中国からの視点では、アンコール朝の創始と滅亡は国家名称の変更をともなうものではなかった。刻文史料で「カンブジャ国」と呼称される政体と、外からのみえる「真臘」という国家は、そのイメージに無視できない差異がみられるのである。

中国史料が伝える初期の真臘の動静については、以下のような例がある。

大業十二〔六一六〕年、〔真臘国が〕遣使して朝貢し、帝〔隋の皇帝、煬帝《ようだい》〕はこれをとても厚く礼遇したが、その後はまた〔朝貢が〕途絶えた。〔『隋書』巻八二「真臘伝」〕

武徳六〔六二三〕年、〔真臘国が〕遣使して方物〔地方の産物〕を朝貢した。貞観二〔六二八〕年、再び林邑国と一緒に来朝して奉献した。太宗はその陸海〔にわたる移動〕の疲労を褒めて、とても厚く賜りものをした。〔『旧唐書《くとうじょ》』巻一九七「南蛮・真臘国」〕

また、開元十〔七二二〕年には梅叔鸞〔マイ・トゥック・ロアン。梅玄成、梅黒帝とも〕という人物が中国唐朝に反旗を翻し、林邑、真臘と共謀して安南府《あんなんふ》〔現在のベトナム、ハノイ〕を陥れたことが伝えられている〔『旧唐書』巻一八四「宦官《かんがん》列伝・楊思勗《ようしきょく》伝」〕。なおこの反乱は楊思勗率いる十万あまりの軍により鎮圧されたという。

このように、中国史料にみられる真臘の存在は決して小さいものではなかった。しかし九世紀以降、奇妙な史料上の空白がみられる。八一四年を最後に、真臘の中国に対する朝貢が途絶するのである。この朝貢途絶はおよそ三〇〇年間におよび、一一一六年になってようやく朝貢が再開される。

八一四年という時期は、まさにアンコール朝の開始期にあたる。これはたんなる偶然ではないだろう。この間の真臘関連情報が皆無であったというわけではないものの、この事実は、アンコール朝が対外関係よりも内政を重視していた「内陸の農業国家」であったというイメージを補強する大きな要素となっている。

先を急いで、一一一六年(スーリヤヴァルマン二世の即位三年目)の朝貢再開に関する記事をみてみよう。

政和六(一一一六)年十二月、進奏使《しんそうし》(使節団の長)で奉化郎将《ほうかろうしょう》(兵を統率する役職、名誉職)の鳩摩僧哥と、副使で安化郎将の摩君明稽𠺕など一四人を遣使して朝貢させて、朝服《ちょうふく》(朝廷に出仕する時の正装)を賜わった。(鳩摩)僧哥は、「万里のはるか遠い国では、天子の教化が与えられるのを頼りにしておりますが、それでもまだ草の服に拘泥していて、いまだにぐずぐずと(皇帝を)お慕いする誠意を声高にいわないでいるため、どうか(朝)服を賜わることを許してください」といった。(皇帝は)これを聞き入れる命令をし、さらにその事を史館(史料や書籍を管理する役所)に委ね、諸々の(対応)策を記録させた。(鳩摩僧哥は)明くる年の三月に帰国した。宣和二(一一二〇)年に、また郎将の摩臘と摩禿防をこさせて、朝廷はその王に占城(チャンパー)等を与えて領主に任命した。建炎三(一一二九)年、城外辺境での恩により、その王金裒《ほう》賓深(この時代の王はスーリヤヴァルマン二世)は検校司徒〔名誉職の一種〕を授けられ、食邑《しょくゆう》〔領地〕を加え、そして常制とすることを定めた。

（『宋史』巻四八九「外国五・真臘伝」）

この記事では、真臘が宋朝と初めて公的な関係を結ぶための使者を派遣し、中国の皇帝がこれを許可したことが書かれている。またその後の交渉で、隣国チャンパーの支配権や地位の保証も認められている。これまで関係が途絶していた両国であるが、真臘はこの時期に一気に中国との関係を深めていったようである。

この朝貢再開にいたる事情も、わずかではあるが追跡することができる。この一世紀ほど前、「大中祥符元〔一〇〇八〕年八月に、高州《こうしゅう》〔現広東省高州。広州より二〇〇キロほど西〕の役人の話として、占臘《せんろう》〔真臘〕の商人三人が交趾《こうし》から追い出されたのだが、道に迷い〔高州の〕州境にきて、故郷に帰りたいと望んだ。これについて皇帝が『辺境の民は、困窮して〔遠くを〕行き来するのだから、衣服とお金を支給し、人をともなわせて〔州の〕境まで送り、そこで解放して本国に返しなさい』といった」（『資治通鑑長編《しじつがんちょうへん》』巻二七六）とある。

そこから半世紀後の嘉祐七〔一〇六二〕年の記事には、「占城〔チャンパー〕と真臘の二国は交趾〔ベトナム北部〕と隣接しており、もともと兵戦に習熟していなかったので、攻められて苦しんでいたが、占城国は近頃すこぶる武略を修め、交趾と抗戦している。現在、貢物をもって京師《けいし》〔首都の開封〕に来ようとしているので、恩信をもっていたわってほしい」（『宋史』「占城伝」および『宋会要輯稿《そうかいようしゅうこう》』巻八一一六「蕃夷四・占城」）とあり、北ベトナムの大越との係争が起こっていたことがうかがえる。

さらに、熙寧《きねい》九〔一〇七六〕年六月の記事では、「占城と占臘〔真臘〕は、賊と交わっており、〔対処のために〕広東に戦船を備えているものの、海風が不定で必ずしも全滅させることができない。占城は交趾を恐れており、占臘はいまだかつて広州にきて貿易したことがなく、人情が通じず、もし船師〔水軍〕が二国にいたれば、危険を疑い恐れるのである」（『資治通鑑長編』巻二七六）とある。

これらの中国からの情報を総合すると、真臘は一一一六年の朝貢再開以前から、占城および交趾〔大越〕の三国関係を軸として、中国に対して存在感を示しつつあったとみることができる。同時に、一〇七六年の段階で「いまだかつて貿易したことがない」と記されているように、まだ直接の交易のやり取りは頻繁ではなかったと考えられる。この時期の緊張と対話の結果、一一一六年の朝貢再開と、その四年後の真臘王「金裒賓深」（＝スーリヤヴァルマン二世）に対する封号などの下賜がおこなわれたのだろう。

朝貢が再開された後の真臘は急速にその存在感を拡大したようにみえる。一一七八年に成立した『嶺《れい》外代答《がいだいとう》』は以下のように述べる。

海外の諸国は、たいてい海を領域の限界としており、それぞれ地方の一隅をなして立国している。国に物があれば、それぞれの都会にしたがって大いに通交するのがよい。正南諸国は、三仏斉〔マラッカ海峡地域〕がその都会である。東南諸国は、闍婆《ジャワ》がその都会である。西南諸国は、〔海が〕広いので言い尽くすことができない。近いところでは、占城・真臘が窊裏諸国の都会となっている。（『嶺外代答』巻二「海外諸蕃国《しょばんこく》」）

中国史料にみられる東南アジア海域の俯瞰的・構造的な理解に着目した深見純生は、ここでいう「都会」を一種の物流センターであることを明らかにし、必ずしも政治的な支配——被支配関係によらない国際商品流通圏の存在を指摘した。占城・真臘を都会としている「窊裏諸国」は、マレー半島北部地域とするのが通説である。つまり、インドシナ半島からマレー半島北部あたりの物流の中心地が、真臘と占城であったといえる。朝貢が再開されてから半世紀の後、十二世紀の後半には、すでに真臘が国際交易上の重要な位置づけにあると中国に認識されているのである。後代の一三五一年に成立した『島夷誌略』にも、「〔アンコールの〕州〔都城〕の南の門は、じつに都会である」とあり、国際的な市場としての真臘は、少なくとも二〇〇年近くにわたりその繁栄を享受したようである。

このように、十一世紀以降には、アンコール朝はすでに「内陸の農業国家」という枠を超えつつあり、剛柔両面にわたる地域間交流の進展がみられた。そして、地域全体の富の増大を背景として、地方勢力がそれぞれに力をつけていくなかで、王権の側は領域の連帯を保つために王権強化の方法が摸索されたのである。

こうした流れのなかで、ジャヤヴァルマン七世の治世は歴史にどのような変化をもたらしたのか。次節ではいよいよ、ジャヤヴァルマン七世時代の動きを詳しくみていこう。

3　ジャヤヴァルマン七世の時代

即位をめぐる状況

ジャヤヴァルマン〔七世〕陛下は、ダラニーンドラヴァルマン〔二世〕陛下の子であり、ジャヤーデイティヤプラの主である母のジャヤラージャチューダーマニより生まれた。月〔一〕、一、空〔〇〕、ヴェーダ〔三もしくは四〕の年〔西暦一一八一年もしくは一一八二年〕に王位を獲得し、諸王のなかで最上であった。

これは、アンコール・トム内の王宮ピミアナカスでみつかった刻文などいくつかの刻文に書かれた、ジャヤヴァルマン七世の即位を示す言葉である。

いまさらながら、ここでアンコール朝の刻文の年号表記について説明しておきたい。刻文史料には「シャカ暦」という紀年法が用いられており、今のカレンダーでいうとだいたい四月頃に始まるので、西暦換算する時は多少ずれるのであるが、本章では簡略化して、シャカ暦に単純に七八年を足して西暦表記している。また、右の例のように年数を単語で言い換えて記述する方法もよく用いられているが、最後の「ヴェーダ」が「三」なのか「四」なのかで研究者の意見が分かれている。ひとまず通説に従って、一一八一年を即位年としておこう。

即位の時点で、ジャヤヴァルマン七世は五十六歳に達していた。即位にいたる道は平坦ではなく、アンコール朝は隣国チャンパーとのあいだで、チャンパー側の刻文史料で「三二年間の争乱」(三一年間とする史料もある)と呼ばれる政治的動乱が巻き起こっていた。

チャンパーとアンコールは、両者のあいだに横たわるチュオンソン山脈によって分かたれた兄弟のような存在である。例えば、チャンパーの古くからの聖地であるミーソン遺跡群に残された、六五八年の日付をもつ刻文によれば、当時のチャンパー王ヴィクラーンタヴァルマンは、プレ・アンコール期カンボジアの王イーシャーナヴァルマンの孫であったことが記されている。国家形成の早い段階からお互い

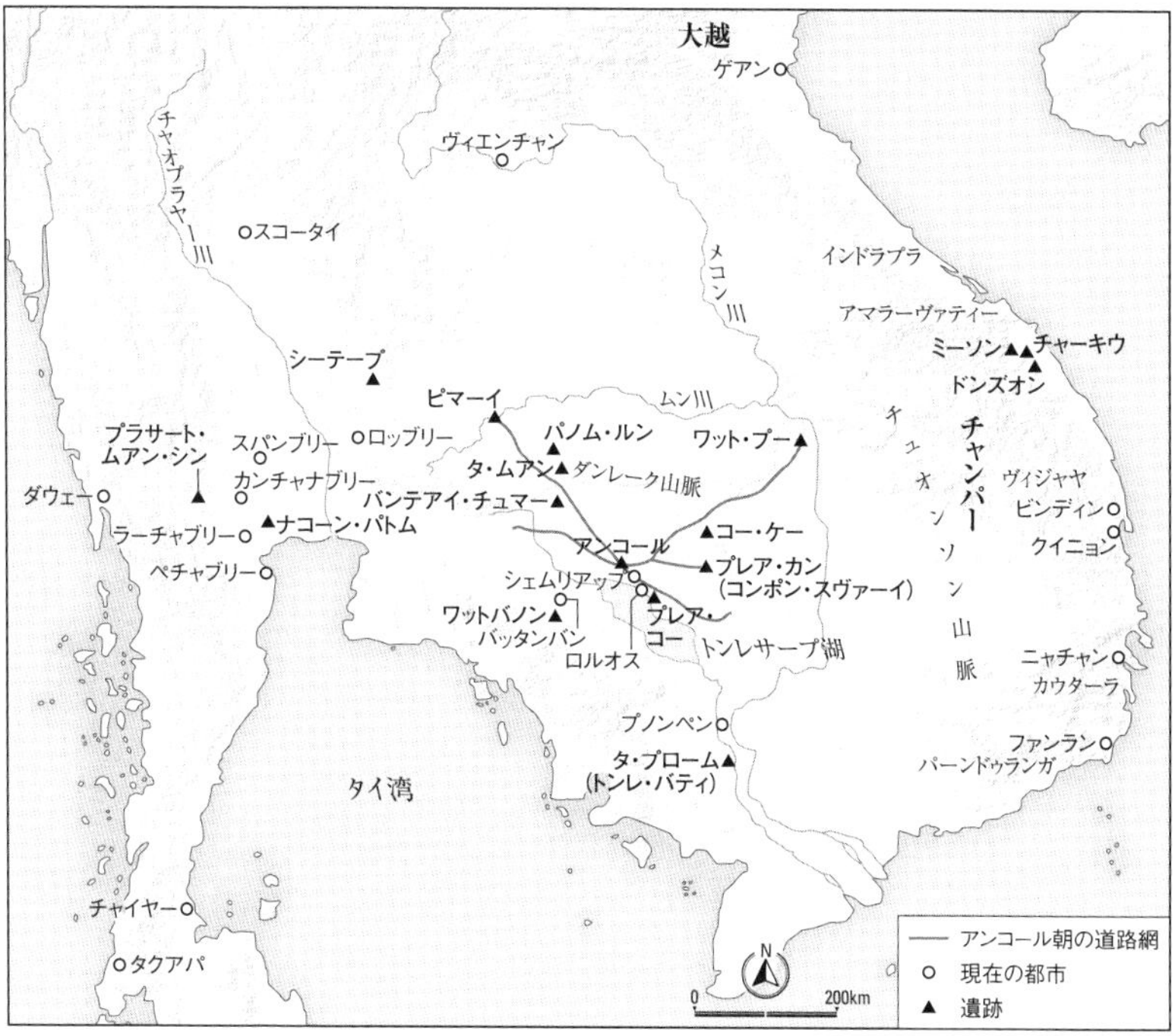

ジャヤヴァルマン７世時代の東南アジア大陸部

を意識し、交易や外交、戦争など、さまざまなレベルでの交わりが続いていた。

しかし、両国の地理的な位置づけは大きく異なる。チャンパーはインドシナ半島東海岸の港市群によって構成され、東南アジアの海を渡る海上交易路の要衝としての地位を確立していき、アンコール朝はカンボジア平原での農業生産を基盤としながら面的な領域支配を構築していった。そして、前節でみたように、アンコール朝はジャヤヴァルマン七世時代以前から海上交易ネットワークへの積極的な参画を進めていた。同じ時期にチャンパーの側では、重松良昭が指摘するように、交易構造の変化により、中継貿易よりも自国産品の輸出を積極的に進めるようになり、商品産出地と輸出ルートの確保をめぐってアンコール朝や北方の隣国大越との競合が増していた。言い換えるなら、「海の国家」チャンパーは陸域にも手を伸ばし、「陸の国家」アンコールは海域へのアクセスを求めていた。両者の境界はより曖昧になり、交流の深まりとともにさらなる緊張をはらむようになっていった。

両地域間の争乱の直接的な背景としては、アンコール朝の王位をめぐる混乱がある。王国に繁栄をもたらしたスーリヤヴァルマン二世は一一五〇年頃にこの世を去り、ヤショーヴァルマン二世が王位を主張した。この人物は出自が明らかではなく、どのような業績を残したのかも不明な点が多い。おそらくその権力基盤は弱かったものと思われる。一方、同じ時期に王都の東方では、スーリヤヴァルマン二世の従兄弟にあたる別の人物が権勢をふるっていた。その名前をダラニーンドラヴァルマン二世といい、この人物こそジャヤヴァルマン七世の父親である。彼の足跡を明らかにする史料はほとんどないが、アンコール王都から東に一二〇キロのところにある地方拠点コンポン・スヴァイの大プレア・カーン寺院の一部はこの人物による創建だと考えられている。十一世紀の地方勢力台頭の時代をへて、地方の自立的傾向が続いていた時代である。王権が弱かったヤショーヴァルマン二世時代には、このダラニーンドラヴァルマン二世のように地方で半独立的な動きをする土豪勢力が複数いたと考える方が自然である。ちなみに、息子であるジャヤヴァルマン七世の時代に書かれた刻文では、この父親にもアンコール王を指す冠称が用いられている。

不安定な王権はその後、一一六五年頃にトリブヴァナーディティヤヴァルマンによって引き継がれた。しかし同王も関連する刻文史料がほとんどなく、やはり強い権力を確立することはできなかったとみられる。この王は、ジャヤヴァルマン七世時代の史料では王位簒奪者として扱われている。

ヤショーヴァルマン〔二世〕は、王位を得ようとした臣下によって〔反乱を起こされた〕。〔ジャヤヴァルマン七世〕王は、この君主を助けようと、〔遠征中のチャンパーの王都である〕ヴィジャヤから大急ぎで帰還した。しかし、ヤショーヴァルマン〔二世〕はすでに命と王位を奪われ、極めて重大な罪に沈んだ大地は救済の時を待っていた。（ピミアナカス碑文）

つまりジャヤヴァルマン七世は、隣国チャンパーへの遠征中にトリブヴァナーディティヤヴァルマンによる反乱を知り、急いで本国へと引き返したものの、すでに王位は奪われた後だったらしい。チャンパー遠征の理由や、トリブヴァナーディティヤヴァルマンによる「簒奪」後の対応についてはよく分からない。王都から離れて反攻の機会をうかがっていたのか、あるいは一時的に同王に帰順したのであろうか。いずれにしても、弱い王権のもと、不安定な情勢が続いていたものと考えられる。

「三二年間の争乱」と入り乱れる両国

この「簒奪」の一二年後、事態は再び動き出す。アンコールとチャンパーのあいだで起きた「三二年間の争乱」の始まりである。この「三二年間」が具体的にどの期間を指すのかについては諸説あるが、フランス人研究者ルプトルによる最新の研究を踏まえつつ、その経緯をみていこう。その開始については、『諸蕃志《しょばんし》』や『宋会要輯稿』など複数の中国史料が端的に伝えている。

淳熙《じゅんき》四〔一一七七〕年五月十五日、占城〔チャンパー〕の王が水軍をもって真臘国〔アンコール〕の都を襲った。〔真臘は〕和平を願ったが許さず、これ〔真臘王か〕を殺した。こうして〔占城は真臘の〕仇敵となり、必ず怨みをはらそうと誓った。（『諸蕃志』巻上「真臘国」）

ジャヤヴァルマン七世期のプラサート・チュルン碑文では、詳しい時期は明記されていないものの「ヤショーヴァルマン〔二世〕はトリブヴァナーディティヤヴァルマンによって王位を奪われ、彼もまた、自身の力に対する高慢さのために、チャンパー王ジャヤ・インドラヴァルマン〔四世〕によって王位を奪われた」と、この事態を表現している。また、先にふれたピミアナカス碑文では、「チャム人の王ジャヤ・インドラヴァルマン〔四世〕は〔叙事詩『ラーマーヤナ』の魔王〕ラーヴァナのように軽率に、戦車の軍隊を率いて天国に似たカンブの国〔アンコール朝〕と戦うためにきた」と述べ、その後ジャヤヴァルマン七世が「〔チャンパーの都である〕ヴィジャヤなどを征服して王位を獲得した」と褒め讃えられている。

中国史料によれば一一七七年にチャンパーの侵攻があったとされているが、現地刻文史料ではこの年代は確認されていない。近い時期の史料として、一一七〇年の日付をもつジャヤ・インドラヴァルマン四世のチャンパー刻文で「〔王は〕すべての敵どもに勝利した」と称賛されており、おそらくこの時期に何度かの侵攻があったものと思われる。

このように、チャンパーとアンコール朝のあいだで起きた抗争の過程で、一一八一年にジャヤヴァルマン七世が即位をはたしたわけであるが、争乱はまだ続く。その後の状況を、チャンパー側の史料であるミーソン碑文が伝えている。そこにみえてくるのは、両国の錯綜した状況である。

この碑文は、一一九二年に即位したチャンパー王スーリヤヴァルマン〔即位前の名はヴィディヤーナンダナ王子〕の事績について述べている。少し長くなるが引用する。

〔ヴィディヤーナンダナ王子は〕若い時、一一八二年に〔チャンパーから〕カンボジアに行った。カンボジアの王〔ジャヤヴァルマン七世〕は、彼に三三のしるし〔インド神話における理想の王である転輪聖《てんりんじょう》王《おう》の証し〕があるのをみて、喜んで彼を引き受け、王子としてさまざまな知識を教え、さまざまな軍事学を指導した。カンボジアに滞在したあいだ、カンボジアにはマリヤンと呼ばれる悪人が多く住んでおり、カンボジア王に対して反旗を翻した。その後、〔王は〕この王子が巧みに軍隊を操るのをみて、マリヤン討伐のカンボジアの兵隊を指揮する役目を担わせた。彼はユヴァラージャ〔皇太子〕の位を授けられ、カンボジア王国にみられるすべての享楽とすべての品物を与えられた。

一一九〇年、ジャヤ・インドラヴァルマン〔四世〕王はカンボジアの王から攻撃された。カンボジアの王は〔ヴィディヤーナンダナ〕王子を、〔チャンパーの王都〕ヴィジャヤを奪取しジャヤ・インドラヴァルマン〔四世〕を打ち負かすために、カンボジアの軍隊の長として派遣した。彼はこの王をとらえ、カンボジアに連れていった。カンボジア王の義理の弟である〔別の〕王子が、ヴィジャヤの都の王としてスーリヤ・ジャヤヴァルマンを名乗った。〔ヴィディヤーナンダナ〕王子は〔チャンパー南部の都市〕ファンランのラージャプラに戻り統治した。（中略）スーリヤ・ジャヤヴァルマンはパグパティ王子に追い出され、カンボジアに帰った。パグパティ王子はジャヤ・インドラヴァルマン〔五世〕としてヴィジャヤを統治した。

一一九二年、カンボジアの王は、将軍をジャヤ・インドラヴァルマン〔四世〕とともに派遣した。この軍隊はラージャプラで〔ヴィディヤーナンダナ〕王子と会い、王子はジャヤ・インドラヴァルマン〔四世〕とともにカンボジアの軍隊を率いてヴィジャヤを襲い、ジャヤ・インドラヴァルマン〔五世〕を打ち負かして殺した。同じ年、ジャヤ・インドラヴァルマン〔四世〕はカンボジア人から逃れて〔北方の〕アマラーヴァティーに行き、反乱して軍を起こした。（中略）〔ヴィディヤーナンダナ〕王子は（中略）彼と戦い、つかまえて殺した。

（ミーソン碑文 C.92B）

このように、ジャヤヴァルマン七世はチャンパーの統治に乗り出すが、いくつかの反抗にあい、仇敵であるはずのジャヤ・インドラヴァルマン四世をも利用するなどさまざまな試みをおこなっていたようである。この後、ヴィディヤーナンダナ王子はスーリヤヴァルマンとしてチャンパーに君臨することになるが、これに対しジャヤヴァルマン七世は一一九三年と九四年にあいついで遠征軍を派遣し、新王スーリヤヴァルマンによって撃退されている。スーリヤヴァルマンのチャンパー王即位は、アンコール朝にとって意にそわぬものだったのだろう。

チャンパーの王子がアンコール朝で帝王教育を受けていたり、皇太子の称号を与えられたりすることは不思議に思えるかもしれないが、両国の国内事情を考えると納得できる。すなわち、両国とも各地方拠点が自立的な傾向を強めており、王位は実力主義で継承されていた。そのような状況のなかで、隣国

年　代	出　来　事
1165年頃	トリブヴァナーディティヤヴァルマンによる王位簒奪
1170年代	チャンパー（ジャヤ・インドラヴァルマン４世）がアンコール王都を侵攻
1181年	ジャヤヴァルマン７世即位
1182年	ヴィディヤーナンダナ王子（スーリヤヴァルマン），カンボジアに滞在
1190年	ジャヤヴァルマン７世によるチャンパー侵攻。ヴィディヤーナンダナ王子が軍を率いる。某王子がスーリヤ・ジャヤヴァルマンとして統治
時期不明	チャンパーの王子パグパティ，スーリヤ・ジャヤヴァルマンを排除。ジャヤ・インドラヴァルマン５世として統治
1192年	ジャヤヴァルマン７世，某将軍とジャヤ・インドラヴァルマン４世をチャンパー遠征に差し向ける。ヴィディヤーナンダナ王子と協力してジャヤ・インドラヴァルマン５世に勝利 同年，ジャヤ・インドラヴァルマン４世がアマラーヴァティーで反乱し，ヴィディヤーナンダナ王子が鎮圧 ヴィディヤーナンダナ王子がスーリヤヴァルマンとして即位
1193～94年	ジャヤヴァルマン７世によるチャンパー遠征
1203年	ダナパティによるスーリヤヴァルマン征討 チャンパーがアンコール朝の影響下におかれる
1220年頃	ジャヤヴァルマン７世死去

アンコール朝とチャンパー間抗争のおもな出来事

との関係を重視することで自身の立場を強化する者がいたことは、何ら不思議なことではない。

その後の一二〇三年、スーリヤヴァルマンは、彼と同じようにカンボジアで取り立てられユヴァラージャ（皇太子）の称号を得たダナパティなる人物によって倒された。この人物はアンコール朝の後ろ盾のもと二〇年頃まで統治したようである。なお、一二一六年には真臘・占城連合軍が大越を攻撃している。

中国史料には「慶元乙未（一一九九年）、真臘は大挙して占城に侵入し、その主を俘《とりこ》にし、その家臣下僕を殺戮し、生き物すべてを殺しつくし、かわりに真臘人を主に立てた」（『諸蕃志』巻上「真臘国」）とあり、刻文史料と年代にずれはあるものの、当時の状況を記している。ただ、中国人は「真臘（アンコール朝）対占城（チャンパー）」という二項対立的な構図で理解しているわけだが、ここまでみてきたように、より複雑な政治的な駆け引きがあったことがわかる。

この争乱の結末について、チャンパーの史料は「一二二〇年、クメール人は聖なる都（アンコール）に行き、チャンパーの人々は（王都）ヴィジャヤと南北（の土地）に戻った」（チョディン碑文 C.4）と簡潔に述べている。ジャヤヴァルマン七世は一二一七年の日付をもつ刻文を最後に足跡がたどれなくなるので、おそらくこのあたりの時期になくなったとみられる。指導者を失ったアンコール朝はチャンパー政略の方針を変更し、撤退したのだろう。

拡大する王朝

ここまで東の隣国チャンパーとの関係を詳しくみてきたが、視野を広げて、他の周辺地域との関わりを俯瞰してみたい。

北方にある大越の動向は、つねに関心の的だった。以前からアンコール朝とチャンパーが時に連合して大越と衝突を繰り返していたことは第二節でふれたとおりであるが、大越側の史料をみると両国とも折にふれて大越に対して朝貢をおこなっていたことがわかる。争乱の最中にも朝貢は継続されており、大越に争乱の間隙をつかれないよう、その動向を注視していたのだろう。チャンパーのスーリヤヴァルマンは自身の形勢が不利になると大越に対して保護を求めているし、チャンパーがアンコール朝の影響下におかれた一二一六年には両国の連合軍による大越に対する侵攻がおこなわれた。

すでにみたように真臘の中国に対する朝貢は一一一六年に再開されたが、一一五五年から一二八一年までは朝貢の記録がみられない。そのかわり、真臘の「属国」である真里富が一二〇〇年、〇二年、〇五年とあいついで中国に朝貢している。ジャヤヴァルマン七世時代の刻文史料をみると、「蚊よけのための中国絹」や「革でできた中国の敷物」「中国製の箱」といった、日用品を含むさまざまな中国製品が大量に寺院に寄進され、運営に利用されていたことがわかる。前代の刻文と比較すると、同王の時代に中国製品の流入が大きく進展したことが明らかである。

西方に目を転じ、現在のタイやミャンマー(バガン朝)にあたる地域との関係をみてみよう。この時期の具体的な動静については史料が限られているが、チャンパーの刻文では一二〇一年頃に「バガン朝、シャム〔タイ〕、ダヴァーン〔マレー半島北部のダヴェーか〕の人々がカンボジアにきた。カンボジアの王は軍隊を率いて戦い、大越に攻め込むことができるまで勝利した」(チョディン碑文 C.4)という。この西方での戦いについて他の地域の史料は沈黙しており、詳細は不明である。

他方で、ジャヤヴァルマン七世時代に帰属する、いわゆる「バイヨン様式」の建築物や美術が、これ

プラサート・ムアン・シン寺院遺跡内の観音像
（レプリカ）

らの西方地域に広く分布していることはよく知られている。十一世紀以降のアンコール朝の西方への拡大についてはすでにふれたが、ジャヤヴァルマン七世時代にはその範囲がさらに拡大したようである。とくに注目すべきは、現在のタイ・ミャンマー国境近くに位置するプラサート・ムアン・シン寺院である。同寺院からは目立った刻文史料がみつかっていないが、建築様式や残された図像はバイヨン様式に属することから、この地域にもアンコール朝の影響がおよんでいたことを示す根拠となっている。同寺院の中央祠堂に安置された、上半身に多数の仏が表現された観音像は、同王治世下のさまざまな地域から発見されている独特な彫像であり、同王の影響力の広さを物語る重要な指標となっている。この特徴的な彫像については、プレア・カーン碑文に言及される、国内の二三カ所に安置されたという「ジャヤブッダマハーナータ」という尊格と関連があるとする説が有力である。

ジャヤヴァルマン七世は、新たに支配した領域に寺院を建立し、尊像を配置することで、自身の支配権をアピールしたと同時に、これらの建立事業を遂行していくなかで、在地の有力者を含む統治機構の具体化を進めたのであろう。

さらに、ジャヤヴァルマン七世は全国各地に施療院を数多く建立したことが知られており、タ・プローム碑文によれば全国に一〇二の施療院が建立され、合計八三八の村から八万一六四〇人が奉仕したという。この施療院建設の縁起を記したほぼ同内容の刻文が、ラオスのビエンチャン近郊やベトナムのチャーヴィン省、東北タイを含む広範囲から一九点みつかっている。そのおもな内容は、ジャヤヴァルマン七世が一一八六年に薬師瑠璃光《やくしるりこう》如来(薬師如来)を日光菩薩、月光菩薩の両脇侍とともに安置し、「健康のための家」を建設したというものである。王は他の王たちを打ち負かした後、その支配を確かなものにすると同時に、「人々が身体の病を得ると、王はさらに苦しい心の病を得る」として、この施療院を建立したという。施療院の運営にあたっては現地の高官が責任者となり、ここで働く者は租税と他の労働を免除された。施療院に対しては薬石だけでなく食料品や日用品を含む多様な物品が支給されており、たんなる医療機関を超えた救貧院的な役割も担っていたことが推察される。

これらの大領域を結ぶ幹線道路、いわゆる「王道」の整備も推進された。プレア・カーン碑文によれば、王都から各地域に向かう道路ぞいに一二一軒の「聖火の家」があるという。これが交通施設である宿駅の機能を備えていたと考えられている。近年の研究の進展により、三〇軒近くの宿駅の遺構が確認されており、今後もさらに確認数が増えることが期待されている。ただし、これらの道路整備事業はジャヤヴァルマン七世以前からおこなわれていた。例えばタイ・カンボジア国境近くにあるスドック・カック・トム寺院でみつかった一一五三年の日付がある碑文には、寺院建立にともなって「隊商を喜ばせるための宿と池」が道ぞいに建設されたといい、地元有力者による周辺の交通整備がおこなわれていたことがわかる。ジャヤヴァルマン七世は、これらの以前から存在していたネットワークを再編・統合するかたちで交通路を整備していったと考えられる。

全国各地での寺院および施療院の建立、道路網の整備などの諸政策を通じてジャヤヴァルマン七世がおこなったのは、支配を確かなものにすること、すなわち域内の行政・統治システムの統合であった。各種の事業は、在地の有力者が築いてきた地盤を吸収しながら、同王の個人的業績へと収斂《しゅうれん》させていくことで、自身のカリスマ性を最大化し、かつてないほど広くなった領土と、そこに住む多様な領民をまとめあげようとしたのであろう。

陸域型国家の到達点としてのジャヤヴァルマン七世時代

ジャヤヴァルマン七世の特性を示すもう一つの要素が、「仏教王」としての側面である。これまで主流であったヒンドゥー教にかわり、仏教を国家の中心的な宗教としたことは、社会組織の大きな変革をともなったと想像できる。

プレア・カーン寺院の創建碑文には、「ジャヤヴァルマン〔七世〕王は、父の姿であるジャヤヴァルメーシュヴァラという名の世自在〔ローケーシャ〕〔の像〕を、色〔一〕、月〔一〕、月〔一〕、ヴェーダ〔三〕もしくは四〕の年〔西暦一一九一もしくは九二年〕に開眼した」と書かれており、父親を祀る主尊格として観音像を安置するなど、仏教を基礎とした寺院造営をおこなったことは明らかである。アンコール朝において仏教の伝統は古くから存在したが、先にふれた施療院碑文にみられる薬師如来信仰のみならず、ヘーヴァジュラ（喜《き》金剛《こんごう》）などの密教的な要素をもつ新しい仏教が、同王治世下で花開いた。

ただし、ジャヤヴァルマン七世の宗教政策は仏教一辺倒であったわけではない。本章冒頭で引用した碑文でも同王をインドラ神になぞらえているし、それぞれの寺院にはヒンドゥー教を素材とした浮き彫りも多くみられる。同様に、前述の「ジャヤブッダマハーナータ」とみられる観音の彫像は、『カーランダ・ヴューハ』という経典を素材としていると考えられているが、同経典によれば、観音は体内にヒンドゥーの諸神を内包しているといい、それが放出されるさまを描いたものだとされる。つまり、かつての主流であったヒンドゥー教を包含するかたちで仏教を展開しているのである。

また、ジャヤヴァルマン七世時代の寺院には、寺院内の各部屋の入り口にあたる部分におもに二〜三行程度の小刻文があり、各部屋に安置された尊格の名前が掲示されている。例えば中心寺院バイヨンには四〇点ほどの小刻文が確認されており、そこにはさまざまな神格（尊格）名が刻まれている。これはそれぞれの部屋におさめられた神仏像などの礼拝対象物を指していると思われる。それぞれの神格はおもに「カムラテーン・ジャガット（世界の主）」の冠称をもち、その後にヒンドゥー・仏教的な尊格名や人名（時には冠称・役職名）、地名などがはいる。これらは国内各地で崇拝されていた守護神、地方神、祖霊などの類と思われる。この様相は、プレア・カーン碑文からも確認できる。同碑文では、中心となる世自在（観音）の周りに二八三の神々をすえたといい、さらに寺院境内の東西南北の区画にどのような神々が祀られたか、その主要な神格名をそえて言及しており、全体で四三〇の神々が祀られたと述べている。このように、おびただしい数の神仏を一つの建築物に内包させ、しかもそれを詳細に記すことは、ジャヤヴァルマン七世時代にのみあらわれた異色の方式であった。

以前は、前述してきたような地方勢力の台頭と呼べるような社会状況があり、宮廷内の有力者や地方の土豪が独自に刻文を残すことが多くなっていた。しかし、ジャヤヴァルマン七世時代の刻文史料は、それまでの傾向とは違い、王自身の名のもとに書かれる刻文が再び増加する。さらに、刻文のほとんどがサンスクリット語で書かれるのも、古クメール語刻文が増加傾向にあった従来の動きと一線を画している。とくに、以前は古クメール語で書かれることがほとんどであった寺院に奉納された物品のリストを、サンスクリット語で詳細に記載することも、ジャヤヴァルマン七世時代のみにみられる特徴である。このサンスクリット語偏重の傾向は、王国内にクメール語話者以外の人々が無視できないレベルで増加してきたことを暗示しているのかもしれない。また、寺院に寄進された青銅器そのものに刻文をほどこし、「これはジャヤヴァルマン七世によって奉納されたものである」とわざわざ記載する例が多いのも特徴である。

従来のアンコールの宮廷でも、それぞれの時代状況にあわせて王権の維持のための創意工夫をおこなってきたことはすでにみてきたが、ジャヤヴァルマン七世時代における変化はとくに際立っている。ジャヤヴァルマン七世は、アンコール朝でもっとも有名な王である一方、従来のアンコール朝のあり方を大きく変容させた革新者でもある。ジャヤヴァルマン七世をもってアンコール朝全体を語るのは、アンコール朝の理解を歪める危険性さえもつ。とはいえ、従来のアンコール朝がおこなってきた王権強化の

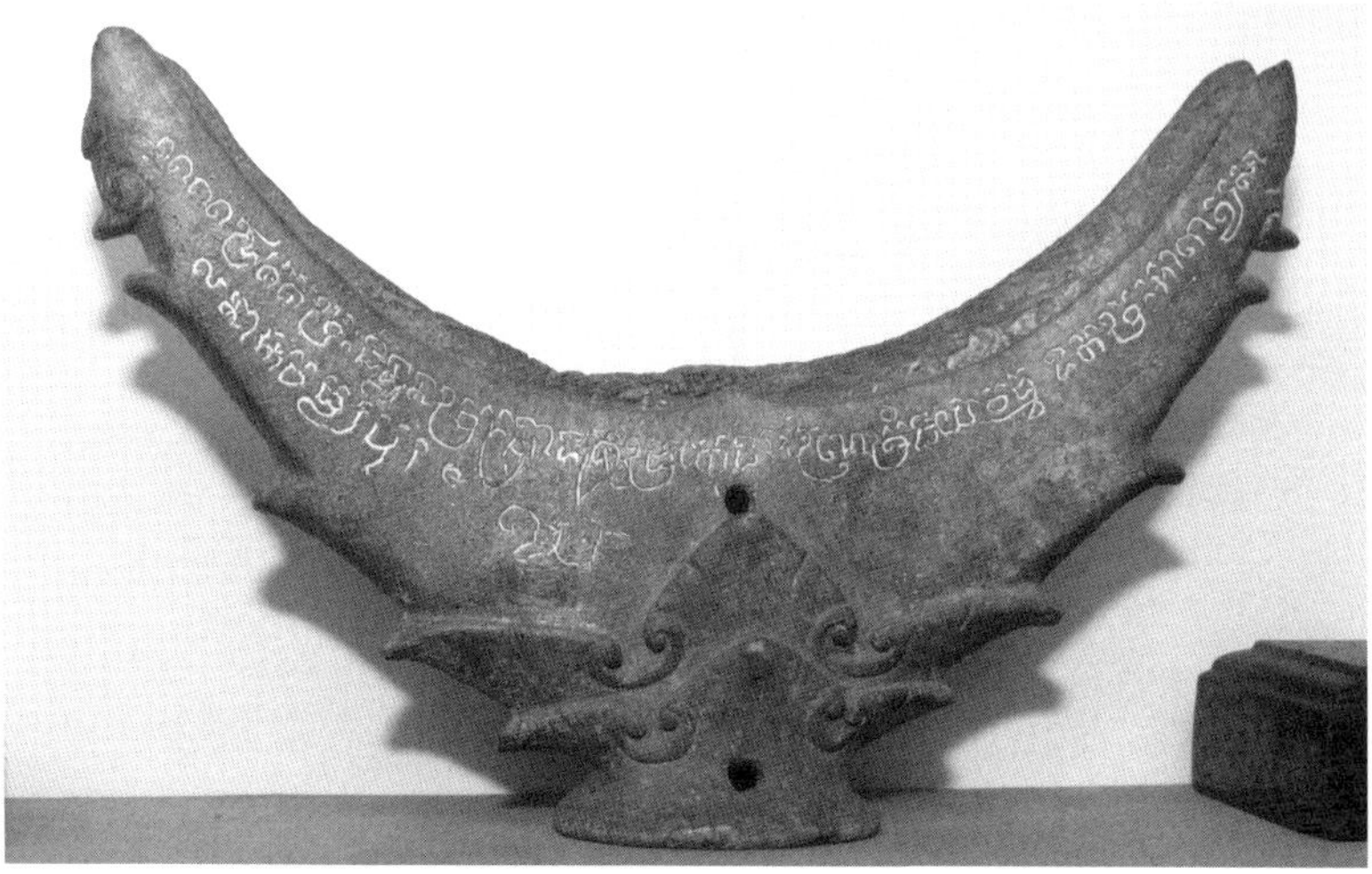

ジャヤヴァルマン7世の鏡台　　プラチンブリー国立博物館蔵

路線そのものから大きく逸脱しているわけではない。このような両義性を踏まえつつ、アンコール朝の特異点としてジャヤヴァルマン七世時代をとらえることが必要だろう。

アンコール朝の最盛期と呼ぶにふさわしい同王の治世は、十世紀以降に進展してきた東南アジア的農業国家の一つの到達点であった。これまでも述べてきたように、十世紀以降、イスラーム商人と中国商人の進出による地域間交易の進展に刺激を受けつつ、東南アジアの各地域で新国家の勃興と成熟が進んだ。アンコールやバガン、ジャワなど比較的農業生産が容易な地域では人口増加と富の蓄積が進み、地方政治勢力の台頭と並行するかたちで統治のあり方が摸索されていった。東南アジア的陸域国家の代表格とみなされているアンコール朝は、カンボジア平原を中心に広域支配を獲得していくが、地理的な求心力や制度的な安定性を欠いていたために、代々の王による軍事力や信仰などを用いた権力の誇示が必要とされた。アンコール・ワットをはじめとする大規模寺院は、王の権力の強大さの結果としてあらわれただけではなく、権力の維持に不可欠な基礎として希求され建立されていった。同時に、経済活動の進展もあって地方の土豪勢力も「王の真似事」をおこなうようになるなかで、王権の側も、より強大な軍事力、より崇高な宗教的権威を獲得するための模索が絶えずおこなわれた。この摸索の結果としてあらわれた一つの頂点が、ジャヤヴァルマン七世であるといえるだろう。

一方で、遠征による各地の平定と卓越的な中心寺院・都城の造営を成し遂げ、平原の農業国家に君臨した強大な王としての側面が強くみられる同王であるが、その治世を観察すれば、つぎの時代の足音をも感じ取ることができる。それはすなわち、国際交易との関わりの進展である。ジャヤヴァルマン七世期の刻文史料にみられる寺院への寄進目録に、中国製品が質量ともに顕著に増加する点も見逃せない。こうした国際環境の変化を察知したからこそ、ジャヤヴァルマン七世はこれまでのアンコール王とは比べようもないほど、東西の周辺地域への影響力保持に心血をそそいだのである。

こうした流れのなかで、ジャヤヴァルマン七世が用いたのが、仏教を主体とした信仰を基礎とした統治原理であった。同王がヒンドゥー教や精霊信仰なども包含するかたちで仏教を推進した理由は、同王の個人的な信仰心のみに帰せられるものではない。領土の拡大と地域間交易の進展を背景として流動性を増していく社会を統合するために、ジャヤヴァルマン七世と宮廷は仏教を主軸とした統治原理に賭けたのであろう。言い換えれば、信仰を統治の基礎とする従来のアンコール朝の国家のあり方を踏襲しつつ、新たな時代に対応するために、同王は「仏教王」としてのカリスマ性を最大化する道を選んだのである。

しかし、国家の行政システムについていえば、交易活動に国家が組織的に関与したような痕跡はみられない。この点から考えると同王は、時代の流れにあらがうかのように、旧来の陸域型の統治システムを極限まで強化するかたちで対応したといえる。その結果、後世の歴史家によって「アンコール朝の最盛期」と評価されるほどの繁栄を築いたわけだが、時代の流れは変えられなかった。同王の死後、アンコール朝の体制は大きな変容を余儀なくされるのである。

4　十四世紀の転換期へ

アンコール朝の変質

ジャヤヴァルマン七世以降、アンコール朝では大規模な寺院が新しく建造されることがなくなり、同時に刻文史料も激減することで、その後の状況がほとんどつかめなくなる。おもに十九世紀に編纂されたタイやカンボジアの『王朝年代記』による伝説めいた記録によれば、十五世紀頃に台頭するシャム(タイ)勢力の攻撃によって王都が何度も陥落し、やがて中心が南部のプノンペン近郊に移動していったという。このことから、かつては「ジャヤヴァルマン七世の死後、シャムの台頭によってアンコール朝は急速に衰退していった」というふうにまとめられることが多かった。しかし、近年の史料の再解釈や考古学的調査の進展によって、アンコール朝の〝衰退〟はよりゆるやかなものであったことが明らかになりつつある。中国史料をみると、一二八二年と八五年にもカンボジアからの朝貢があったことが記録され、十三世紀末にアンコール朝を訪れた中国人の周達観《しゅうたつかん》が残した見聞録『真臘風土記』には、有名な「富貴真臘」の言葉とともに、行政が機能し活発に交易がおこなわれていた様子が描写されている。さらに時代をくだって、『明史』や『明実録《みんじつろく》』などをみると、一三七〇年代から一四一〇年代のあいだに、真臘が一三回にわたって中国への朝貢を繰り返していたことがわかる。これは、真臘の朝貢の歴史のなかでもっとも活発な朝貢頻度である。第二節ですでにふれた一三五一年の『島夷誌略』に記載された「〔アンコールの〕州（都城）の南の門は、じつに都会である」の文言もある。中国の朝貢体制の変化など、国際環境全体の動きも考慮に入れる必要はあるが、アンコール朝が国際的なプレゼンスを失っていなかったことは確かである。さらに、刻文史料は乏しいものの、ジャヤヴァルマン七世の後を継いだインドラヴァルマン二世は一二四三年までのおよそ二五年間、そのつぎのジャヤヴァルマン八世は一二九〇年までのおよそ五〇年間にわたる長期政権を維持している。

この時期、現在のタイ地域にシャムの勢力が勃興してきたことは確かである。シャムは中国史料ではまず暹《せん》という名前で登場し、一二八二年に中国から使節が派遣されたのが最初の記録である。先述の『真臘風土記』には、「大路の上にはそこに休息の場所がある。郵亭《ゆうてい》〔宿駅〕の類のようで、その名は森木《しんもく》〔休息を意味するクメール語ソムラークの音写か〕という。しばしば暹人と交兵したために、ついに〔地方の村落は〕みな広々とした荒地となるにいたった」とある。ジャヤヴァルマン七世時代に整備された交通網が存続していたことがわかるとともに、シャムの影響力が大きくなってきたことがうかがえる。ただし、同書の他の箇所では、暹の人々は裁縫が得意なので、アンコール朝の人々は布地を補修するときに暹人を雇うという記述もあり、軍事的な対立だけでなく両者が共存していた様子もみてとれる。暹に関する初期の中国史料をみると、十三世紀末から十四世紀中頃までは、暹のおもな競合相手は南方のスマトラ島に位置したマラユや、ジャワ島の勢力であった。このことからも、アンコール朝の勢力圏が急速に衰退したとみなすことはできない。一三〇四年に成立した『大徳南海志《だいとくなんかいし》』には、交趾・占城・暹・単馬令・三仏斉・闍婆などとともに、真臘もそれぞれの地域を管理する中心地として記されている。

　ジャヤヴァルマン七世死後のアンコール朝末期の特徴は、内部にみられる痕跡の急速な減少と、外部の史料にみられる確かな活動に大きな落差があることだ。この特徴を矛盾なく説明するには、この時代には従来の王がおこなってきたような大規模な寺院建立事業が必要とされなくなった、と考えるのが穏当であろう。繰り返しになるが、王の名のもとにおこなわれる大寺院の造営その他の目立った業績（およびそれを称賛する刻文を残すこと）は、国内の不安定性の裏返しでもある。王権と王国がさまざまな挑戦を受けていたからこそ、王は自らの個人的なカリスマ性をことさらに強調し、われわれが現在も確認できるような各種の事業を遂行することが求められた。それがあまりおこなわれなくなったということは、すぐさまアンコール朝の衰退を意味するのではなく、王権概念その他の体制の変容を意味するのではないだろうか。少なくとも、十四世紀頃のアンコール朝を一貫した衰退の時代と位置づけるのは、その後の結末を知っている、後世を生きるわれわれの早合点かもしれない。

　このように考えると、ジャヤヴァルマン七世の後に起こったのは、巨大宗教建築の時代の終焉、信仰を基礎とした王権強化体制の変質であり、別の言い方をすれば王個人のカリスマ性に依存しない国家体制の摸索であった。

上座部仏教とイスラームの拡大

このようなアンコール朝末期における転換は、東南アジア全体を巻き込んだ大きな転換期の波と分けて考えることはできない。

同じ時期に東南アジアで起こっていた特筆すべき変化の一つが、海上交易構造の変化である。有名なイブン・バットゥータの『大旅行記』をみると、十三世紀頃から中国船が東南アジアの海を越えてインド南西部の諸港にも出入りするようになったことがわかる。中国の元朝では、一二六〇年に即位した世祖クビライのもと、十三世紀の後半に東南アジア各地へと遠征をおこなったが、海上支配の試みはことごとく失敗し、その後は平和的な交流関係を維持して、ウイグル商人を含む多様なプレイヤーが海上交易に進出した。南インドを中軸としてインド洋の東西を行き来する多様な商船が交易ネットワークを構築し、モノと情報のやり取りがさらに活発化していったのである。

これにあわせて、東南アジアの信仰圏にも大きな変化が訪れる。それは、上座部仏教とイスラームの拡大である。現在のミャンマー、タイ、カンボジア、ラオスで主要な宗教となっている上座部仏教は、十三世紀頃からタイやカンボジア、ラオスの地方に普及していった。ミャンマーにおいてはバガン朝ですでに信仰されていたが、大乗仏教や精霊信仰なども並存しており、広い範囲で上座部仏教の卓越が決定的になるのは十五世紀になってからである。仏教徒として守るべき二二七条の戒律(ヴィナヤ)を尊び、信徒個人の積徳行為を重視する上座部仏教は、より民衆的な性格をもった仏教であるといわれる。これまでのヒンドゥー教・大乗仏教的世界においては王権が宗教に直接関与することが多いが、上座部仏教世界においては信仰の中心は仏教教団にあり、僧侶たちは戒律で経済活動を禁止されているため、王がその最大の後援者、護法王として尊敬を集めるという構図をとる。このような信仰の変化が、アンコール朝において巨大宗教建築が造営されなくなったことと無関係ではないだろう。アンコール王都からは上座部仏教の聖典言語であるパーリ語で書かれた一三〇八年の刻文がみつかっており、小さな仏塔や仏教テラスの建設もおこなわれたようである。同じ時期の一三二七年には、アンコール朝で最後となるサンスクリット語刻文が書かれている。

イスラーム商人は六一〇年にイスラーム教が創始されてから間もなくインド洋交易に乗り出し、十世紀には東南アジアで活動するイスラーム商人の名が中国史料にみられる。しかし、東南アジアの現地政権がイスラーム化するのは十三世紀末からである。スマトラ島北端のバンダ・アチェ付近にサムドラ・パサイという王国があり、最初にイスラームに改宗したスルタン＝マリク・アッサーリフという尊称をもつ王が一二九六年になくなったと記す墓碑が現存している。その後、スマトラ島やマレー半島、ジャワ島などにイスラーム王国がつぎつぎと建国され、現代に繋がる東南アジアのイスラーム世界が形成されていった。ただし東南アジアのイスラーム化はゆるやかに進行したようで、一二九四年からジャワ島の中・東部を支配したマジャパヒト王国はヒンドゥー教・仏教的な統治原理を維持し、十五世紀後半まで安定的な国家運営をおこなっていた。

上座部仏教とイスラームの広がりは、海上交易の進展によって支えられたわけであるが、同時に、従来よりもはるかに広域的で均質な価値観が広がったことにより、地域間の交流が促進された面もあるだろう。その結果として、東南アジアのほとんどの地域がより深い相互関係を築くことになり、国際環境の変化がこれまで以上に各地域にインパクトを与えるようになっていった。

海と陸の統合の時代へ

このような時代の転換期にあって、東南アジアの諸国家も大きな変化を迫られた。陸域型国家や海域型国家という分け方が以前ほど意味をもたなくなり、どの地域も国際交流への積極的な関与が求められるようになる。

各地域で巻き起こった構造変化について詳しく述べるのは本章の範囲を超えるが、例えばミャンマー地域では、一四八六年に生起したタウングー朝が、バガン朝以来の北部平原地域を支配するとともに南部の河口部に位置した港市国家群を制圧して、陸域と海域の統合をはかった。タイ地域においても、一三五一年に成立したアユタヤ朝のもと、内陸の城市とタイ湾やベンガル湾を繋ぐ河川ネットワークが再編され、国家が交易を積極的に管理する体制を築いて発展した。これらの動きは、内陸の農業生産力を基盤としながらも、交易をはじめとした経済活動にも中央統制を効かせる、東南アジア大陸部における新しいタイプの統治システムであった。

マラッカ海峡のほぼ中央に位置するムラカは、有名な明の鄭和《ていわ》艦隊の基地として発展し、一四一四年頃に即位したムガット・イスカンダル・シャーから徐々にイスラーム化して、東西の商船の出会いの場としての地位を確保した。前述したように、ムラカは北方のシャム勢力の圧力を受けていたが、中国に仲裁を求めるなどの外交努力もあって、海上交易の中心地として人口一〇万人を超える一大国際交易港となった。海の東南アジアにおいては、航海技術その他の技術的な発達も手伝って、よりいっそうの物資の集積が可能になり、ゆるやかな港市連合の枠を超えた高い中心性をもつ新しいタイプの港市国家が形成されることになったのである。

このような海と陸の統合の時代において、もし仮にアンコール朝が中心性を維持する道があったとするならば、南シナ海からタイ湾・ベンガル湾にまたがる一大商業圏を統括する統治システムを確立することであっただろう。言い換えれば、ジャヤヴァルマン七世が獲得した版図を保持したまま、時代に対応した体制の変革を進める必要があった。しかし、タイ湾方面についてはすでにみたように、シャム人の勢力に圧迫されるようになり、南シナ海方面については大越が南部のチャンパーを恒常的に支配するようになって、アンコール朝はその優位性を失うことになった。もはや、かつて王都があったアンコール地方は、政治的な中心をおく場所としては不適格となり、カンボジアの王権は、より海域とのアクセスが容易な南部地方に活路を見出していったのである。

四章　巨大信仰圏の交点としての十字軍

千葉敏之

1　イェルサレム陥落とその余波

聖地からの二通の書簡

いとも傑出せし殿方諸氏へ、すなわち神の恩寵により王たる御方々、諸侯、大公、伯、辺境伯の地位にある方々、この書簡をお読みになる母なる聖教会のすべての信徒・息子たちへ。キリストの聖なる復活教会の総大司教エラクリウスが、大いなる悲しみと嘆きに打ち震えながら、あなた方が慈悲と憐れみの情に満たされんことを願いつつ、挨拶を送ります。

比べようもない悲しみと嘆き、襲い来る大いなる苦悶と鋭い苦痛を、あなた方皆に書き示したいと思いましたが、苦しみと哀嘆の大きさを前に、ただただ「哀しいかな！」という悲痛の叫びをあげるのが精一杯です。「ああ悲しきことよ！」とわれらが叫びますのは、わずか一日のうちに二万四〇〇〇人ものわれらキリスト教徒の兄弟たちが、不信心なるマホメット教徒とその邪悪なる崇拝者サラディンの剣によって殺害されたためであります。これは全能なる神とわれらの信仰に対する侮辱にほかなりません。……(主は)われらの罪ゆえに、生命をお与えになるいとも聖なる十字架をサラセン人たちの手に引き渡され、なおかつイェルサレムの王、三名の司教、ならびに彼らと戦ったすべての信徒を刃にての死に委ねられたのです。敵は大地の面《おもて》を覆い、その強さをもってキリスト教徒の名を抹殺し、以下の都市を支配下におさめました。アッカ(アッコン)、ナザレ、ティベリアス、ベテル……など三〇の城と城砦《じょうさい》です。キリストの十字架の敵は教会を厩舎に用い、キリスト教徒の女性を聖なる祭壇の前で辱めています。どうか主が、主がわれらの救済を贖《あがな》われたイェルサレムの聖なる都を、キリスト教に対する「信仰の敵」の手にお渡しになりませぬよう！

(イェルサレム総大司教エラクリウスによる全諸侯宛ての書簡)

本書簡は、一一八七年九月、イェルサレム総大司教エラクリウスが、とくにヨーロッパの王や諸侯に宛てて書いたものである。聖地において生じたばかりの「痛ましい事件」(七月四日のヒッティーンの戦い)について、耐え難い苦痛と悲しみに満ちた筆致で報告し、すみやかな支援を乞うている。イェルサレムの町自体はまだ無事だが、書簡のなかで列挙されている三〇あまりの都市や城砦がわずか二カ月のあいだにあいついで陥落し、サラディン(サラーフ・アッディーン、一一三八～九三)率いる「異教徒サラセン人」の軍勢は間近に迫っていた。地中海の東岸に南北に伸びる細長い地帯――聖地、あるいは海外領土《ウトゥルメール》――に展開するこの一連の事件は、本書簡によってヨーロッパ全土の知るところとなり、第三回十字軍派遣の引き金となった。

この書簡から約一カ月後の十月二日、イェルサレムを八八年ぶりにキリスト教徒から奪回したアイユーブ朝のスルタン、サラディンは、その意義を自ら書簡に記し、バグダードのアッバース朝カリフをはじめとするイスラーム世界の要人に宛てていっせいに送っている。

……神の僕《しもべ》たる私(サラディン)が幸先の良いできごとをお伝えするこの書簡をしたためました。

……イェルサレムの地は清められました。……三つであった神は再び一つの神になりました。不信仰者の教会は破壊され、多神教の館は引き倒されたのです。また、イスラーム教徒が数々の城砦を奪い返しましたが、われらの敵はもうそこに戻ろうとはしないでしょう。なぜなら、彼らにはもう惰弱さと不名誉の汚名が刻まれているからです。神は歪んだものが支配していた場所に、美しきものをすえられました。……(パレスティナの)この一帯は、井戸や湖、島々にモスク、ミナレット、そして(ムスリムの)多くの人口と軍勢に満ちあふれています。(これから)神の僕たる私が、誤謬《ごびゅう》の毒麦を真実の信仰の善き種へと変えましょう。教会という教会から十字架を引き倒し、アザーン〔礼拝への呼びかけ〕を響き渡らせましょう。不信心者が犠牲を捧げた祭壇を説教壇《ミンバル》へと替え、教会をモスクに替えましょう。

(サラディン、アッバース朝カリフ、ナースィル宛書簡)

報告を受けたバグダードのアッバース朝第三十四代カリフ、ナースィル(・リ・ディーニッラー、在位一一八〇〜一二二五)は、この書簡に対し、じつに冷淡な書状を返したという。長年にわたり弱体化したカリフの地位の復興をめざす野心的なナースィルが、シリア・エジプトにおいて急速に強大化しつつあるサラディンを、むしろ政敵として警戒している様子がうかがえる。こうした反応は、キリスト教圏の霊的権威である教皇座が示した反応——全信徒に向けた十字軍の呼びかけ——と比較すると、極めて対照的である。

この書簡においてサラディンは、キリスト教を「三つの神」(三位一体《さんみいったい》を指す)という多神教を奉じる不信仰の教会と呼び、権力争いの相手という以上に、はっきりと「信仰の敵」と位置づけている。一方で、総大司教エラクリウスは、サラディンを「不信心なるマホメット教徒とその邪悪なる崇拝者」「キリスト教信仰の敵」と難じながらも、こうした事態を招いた原因を、キリスト教徒が犯した「罪」に帰し、敵に対する怒りをあおるだけでなく、信徒の悲しみの情に訴えている。さらに注目すべき点が、キリストの聖遺物「聖十字架」が両者のあいだの争点になっていることである。両信徒がおのおの「神の子」「大預言者」と認めるイエス／イーサーについて、その磔刑《たっけい》死を認めず、十字架を忌避するムスリムの感性に対し、キリスト教徒は、受肉した神が磔《はりつけ》にされた十字架こそが、神自らが地上に残した人類の贖罪《しょくざい》の唯一の証であり、磔刑の現場であるイェルサレムが聖地たる根拠だと信じて疑わない。根を同じくする二つの信仰のあいだに横たわるニュアンスの違いが、こうした些細な文言から透けてみえる。

はたして、一一八七年にパレスティナで起きた一連のできごとを、互いに「信仰の敵」と名指しする言葉遣いを真に受けて、キリスト教とイスラーム教という二大普遍宗教の衝突《クラッシュ》と説明することは妥当なのであろうか。本章では、現代的な宗教理解を無批判に過去の社会に投影するのではなく、同時代の人々の証言とその性格、事件の詳細な経過をたどりつつ、これらのできごとの裾野に広がる多元的な構造を、積層する信仰の歴史、地政学的な状況とその変化、社会の編成と人々が立脚する世界観を丹念に解読する作業のなかから浮かび上がらせ、その構造の上に一一八七年の転換期としての意義を探っていきたい。

一一八七年の事件の経過

議論の前提として、まず一一八七年七月のヒッティーンの戦いの直前から、十月のイェルサレム陥落までの経緯を確認しておこう。

一一八七年の初春、イェルサレム王国において幼君ボードワン五世の元摂政であったトリポリ伯レイモン三世が、サラディンとのあいだに休戦を締結する。しかし、三月にアンティオキア侯ルノー・ド・シャティヨンがサラディンの妹が帯同していたとされるムスリムの隊商を襲ったことで、休戦は破棄されたものと見なされ、サラディン軍の進攻が再開した。五月、テンプル騎士修道会の総長ジェラール・ド・リドフォールがクレソンでムスリム軍を攻撃するが、テンプル騎士修道会およびヨハネ騎士修道会の騎士の多くを失ってしまう。六月三十日には、騎兵一万二〇〇〇騎を含むサラディン軍三万が、ヨルダン川を越えてガリラヤ(ティベリアス)湖の西岸地域に進んだ。ここでサラディンは、フランク軍を誘《おび》き出すべく、軍勢を二つに分け、一隊をティベリアスの町に送って制圧させ、さらにその城砦を包囲させた。報を受けたイェルサレム共同王ギー・ド・リュジニャンは六月二十七日にアッカを発ち、一二〇〇名の騎士を含む王国軍約二万をガリラヤ湖にいたる道路上にある、給水施設を備えた古都セフォリーに召集する。軍は、現地調達の傭兵を含むイェルサレム王国軍、総長ジェラール率いるテンプル騎士修道会の騎士、ヨハネ騎士修道会の騎士から編成されていた。王国軍にはほかに、トリポリ伯レイモン三世、アンティオキア侯ルノー・ド・シャティヨンがおのおの配下の軍を率いて加わっていた。

フランク軍は翌日の七月三日にはセフォリーを出発したが、ルートを読んでいたサラディンの伏兵に攻められ行軍は難航し、水源のない平地での野営を余儀なくされた。翌七月四日、渇きに耐えかねた軍勢は北のヒッティーンの丘にある泉をめざすが、途中サラディン軍の待ち伏せに遭い、全軍がヒッティーンの丘(「ヒッティーンの角《つの》」と呼ばれる丘)の上に敗走した。丘を包囲されたフランク軍はいくどかの突撃に失敗すると、サラディン軍に投降して捕虜となった。この時、戦勝祈願のためにアッカ司教が護

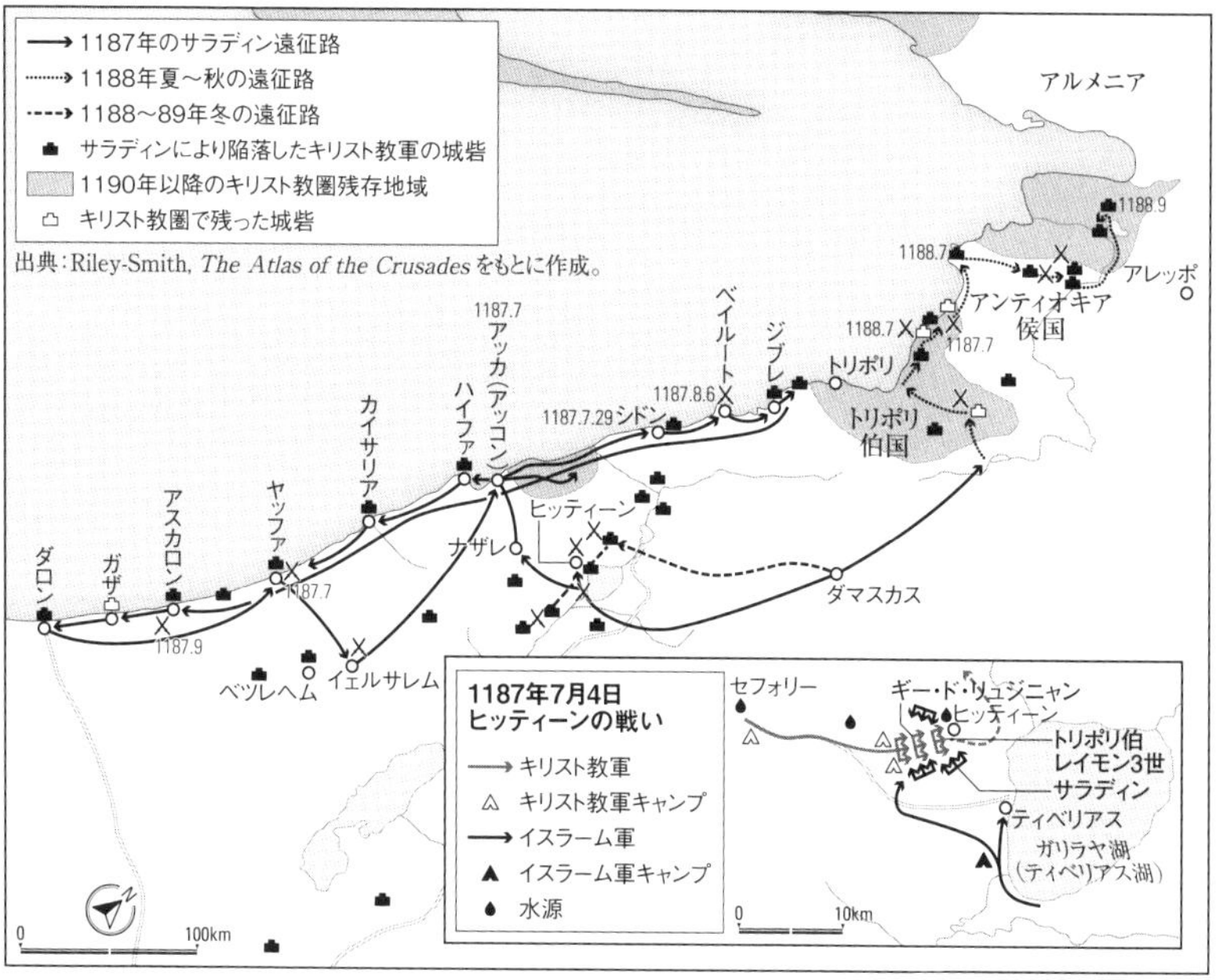

サラディン軍の進軍とヒッティーンの戦い

持していた聖十字架が奪われた。わずかにレイモン三世麾下《きか》の騎士だけが、北東へと逃げ延びた。

サラディン軍はその後、間を置かずに西進して、まずナザレの町を、地中海沿岸にでてアッカ、シドン、ベイルート、ジブレ、ボトロンと、レバノン山にそう地中海沿岸の港湾都市を七月から八月にかけてつぎつぎと攻略しつつ北上すると、八月には南転し、ティルス攻撃を偵察のうえで回避し、ハイファ、カイサリア、ヤッファをへて、エジプトに向かう艦隊が碇泊するのを常としていた軍港アスカロンを奪った(九月四日)。ガザ、ダロンと進んだところで北転してヤッファに戻り、そこから内陸へ向かって東進し、イェルサレムをめざした。

十月二日(ラジャブ月の二十七日)、サラディン軍は、かつて預言者ムハンマドが神の導きでメッカ(マッカ)からイェルサレムに夜間飛行《ミーラージュ》をしたとされるその日に、攻城機《こうじょうき》と投石機を用いてイェルサレムを攻めると、市民側は防護柵でこれに応戦した。市内には兵士はわずか一二名しかおらず、戦ったのはイェルサレム市民のほか、聖職者や近隣から集まった人々であった。将たるべき王・諸侯がいない市内の指揮は、イェルサレム総大司教エラクリウスとイェルサレム共同女王シビーユが執った。

市民の声に圧されて、協定のための交渉が始まった。サラディン側が降伏の条件として提示した和約《スルフ》の条件は、成年男子は一〇ディナール、女子は五ディナール、子どもは一ディナールの身代金で、支払った者は身柄を解放され、そうでない者は捕虜にされた。徴収した身代金二二万ディナールは、サラディン軍に参集した地方総督《アミール》や同行するウラマー(ここでは、イスラーム諸学をおさめた政治顧問)に分与された。サラディン軍はその後、一一八八年、八九年と、トリポリ伯国、アンティオキア侯国の城砦を攻め立て、その多くを陥落させたが、ティルスについては最後まで落とせずに終わった。

情報の拡散とプロパガンダ

イェルサレム陥落の報は、冒頭に引用した総大司教エラクリウスによる九月の書簡によってヨーロッパ各地に伝達された。宛名からすると、教皇座をはじめ、主要な君主・諸侯に宛てて複数の書簡が送られたようである。十月二十一日に登位したばかりの教皇グレゴリウス八世(在位一一八七年十〜十二月)が聖地十字軍を求める教皇回勅《かいちょく》『アウディタ・トレメンディ』(「恐るべき裁きを耳にして」)をフェラーラから発したのが十月二十九日であるから、総大司教の書簡という確かな情報を受けてから二カ月以内に、キリスト教圏の最高権威による対応が公示・送達されたということになる。

シュタウファー朝のローマ皇帝フリードリヒ一世とのあいだでは、アレクサンデル三世のシスマ以来の対立が続いていたが、グレゴリウスは枢機卿エンリコ・アルバーノを教皇特使としてドイツに派遣して説得にあたらせるなどの尽力のすえ、皇帝率いるドイツ軍の十字軍出征が正式に宣明された。シトー会士であったエンリコは本来、カトリック教会にとってもう一つの難題であるカタリ派対策専門の特使として活動していたが、この時には英仏間の紛争解決の仲介役もはたすなど、教皇の手足として各地を飛び回っていた。この時期、すなわちアレクサンデル三世の死去(一一八一)からインノケンティウス三世の登位(一一九八年)までの五名の教皇はいずれも短命であったが、地域ごとにおかれた教皇特使によって支えられた教皇座外交は事態に迅速に対応しうる体制を整えており、地域間紛争に埋没しがちな世俗君侯の関心をキリスト教会全体の課題へと向かわせるうえで効果的に機能していたといえよう。

イェルサレム総大司教の冒頭の書簡と同じ頃、イェルサレム陥落前の時期に、アンティオキア総大司

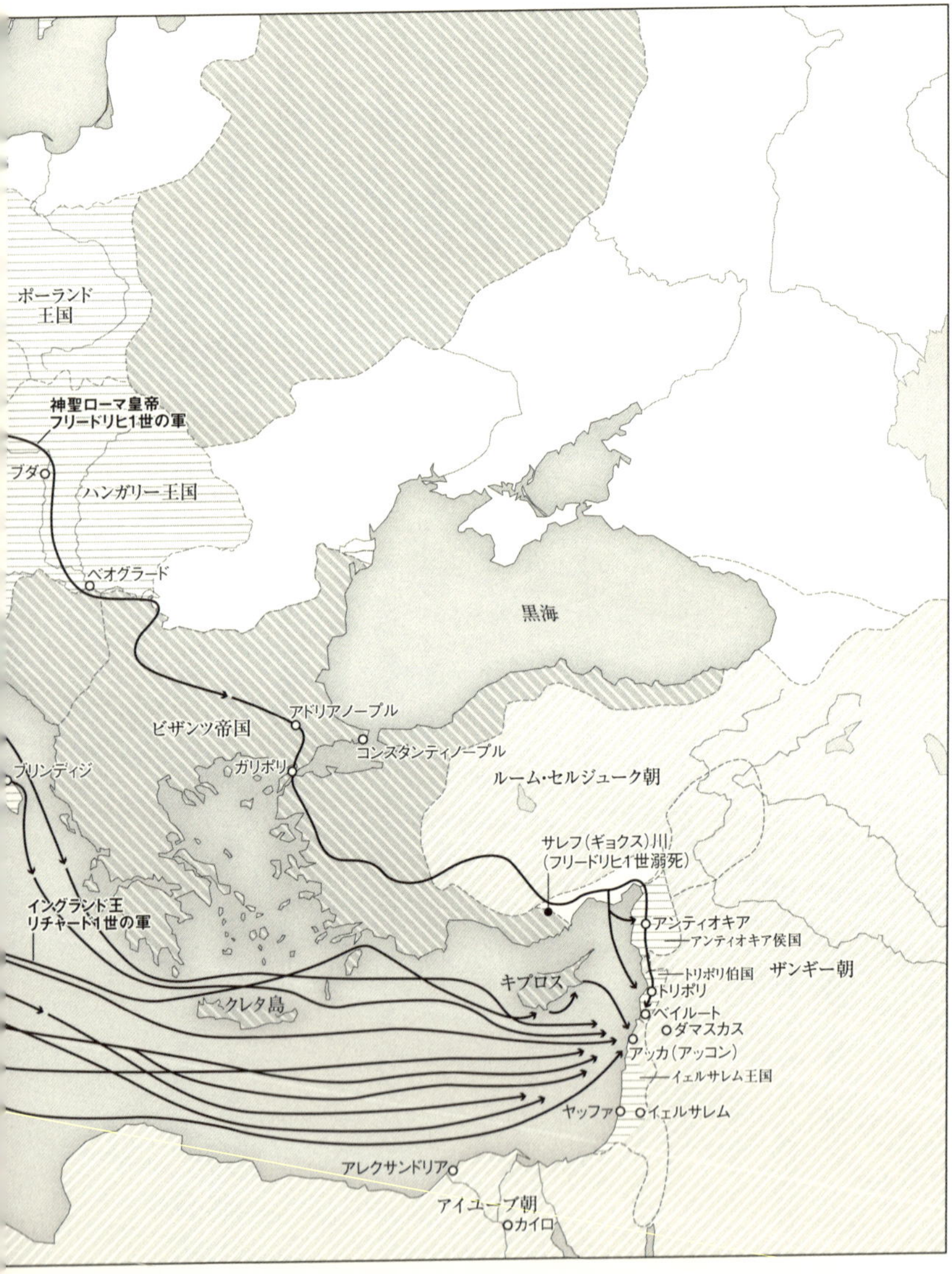
ポーランド
王国
神聖ローマ皇帝
フリードリヒ1世の軍
ブダ
ハンガリー王国
ベオグラード
黒海
アドリアノープル
ビザンツ帝国
コンスタンティノープル
ガリポリ
ブリンディジ
ルーム・セルジューク朝
サレフ(ギョクス)川
(フリードリヒ1世溺死)
イングランド王
リチャード1世の軍
アンティオキア
アンティオキア侯国
トリポリ伯国
ザンギー朝
キプロス
トリポリ
クレタ島
ベイルート
ダマスカス
アッカ(アッコン)
イェルサレム王国
ヤッファ
イェルサレム
アレクサンドリア
アイユーブ朝
カイロ

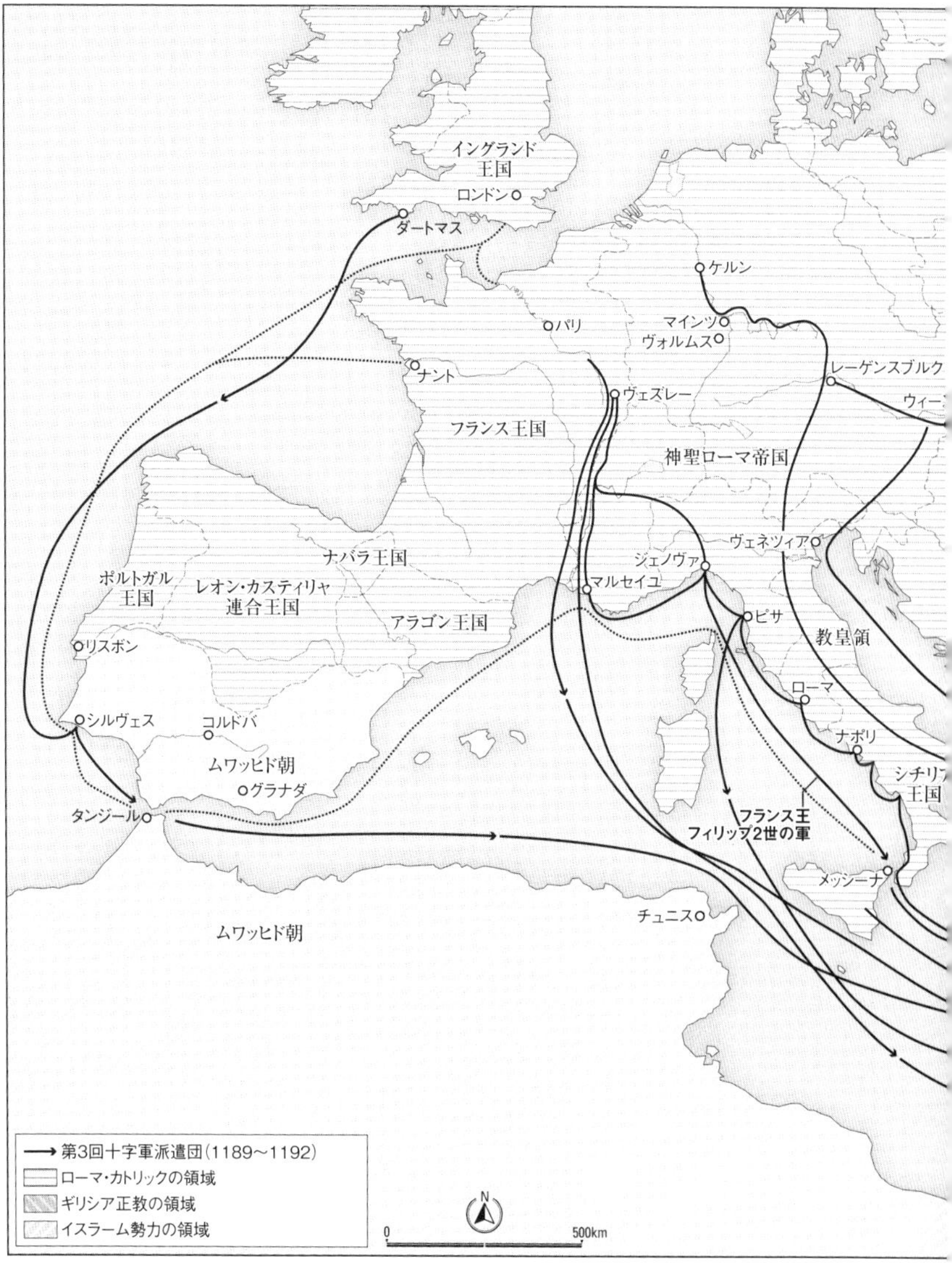

1187年のヨーロッパおよびシリア・パレスティナ

教エメリはイングランド王ヘンリー二世に宛てて書簡を送り、サラディン軍の侵攻に対する懸念と一刻も早い援軍派遣を懇請している。ヘンリー二世はこの書簡に対し、総大司教エメリ、イェルサレム総大司教エラクリウス、アンティオキア侯ボエモンド（ボエモン）三世、および東方のすべてのキリスト教徒に宛てた返書のなかで、聖地出征の意志を伝えた。このアンジュー＝プランタジネット家に属するヘンリー二世とは、エラクリウスはイェルサレム王の後継者問題でヨーロッパをまわった際（一一八四〜八五年）、王位の継承を求めるべく会見していた。王は特別税（「サラディン税」の端緒）を徴収し、物資調達・傭兵雇用のための軍資金を送ることで支援要請に応えている。教皇書簡とは別に、現地聖職者から西欧君主へのパイプが構築されていた点を確認しておきたい。

　イェルサレム奪回をめぐり、サラディンがとった宣伝戦略は巧妙であった。十字軍との戦闘には、シリアやエジプトの著名なウラマーを記録者として同行し、奪回後は、すぐに七〇通あまりの書簡をイスラーム圏の支配者に送付したことに加え、奪回後最初の金曜礼拝の説教《フトバ》の説教師に、アレッポのシャーフィイー派首席裁判官ムヒー・アッディーンを選び、参集した人々にイェルサレム奪回のイスラーム史上の意義を告示させた。また、メッカやメディナ、あるいはバグダードやダマスカス、カイロに対し、イスラームにとってイェルサレムがもつ重要性を示すべく、都市賞讃の伝統に即したイェルサレム賞讃（ファダーイル）の書物を書かせ、またサラディンの戦闘を讃える詩や、サラディンを「ジハードの戦士」として讃える伝記を書かせている。

　冒頭のサラディンのカリフ宛書簡には、伏線があった。サラディンは一一七五年にもカリフ（この時は第三十三代ムスタディィ）宛てに書簡を送っており、そこではじめて自分こそがイェルサレムを解放しうる「ジハードの戦士」であることを訴えている。書簡の執筆時期がザンギー朝の君主で対十字軍のジハードを指揮してきたヌール・アッディーンの死（一一七四）の直後であったことから、その戦いの継承の正統性を訴える意図があったことは確かである。シリア、上メソポタミア、パレスティナに対する支配を確立し、これをファーティマ朝滅亡後のエジプトと結びつけるためには、対十字軍戦争の遂行とイェルサレムの解放という論理は、宣伝としてじつに効果的であったのである。この点は、本章での議論の主題の一つとしたい。

2　イェルサレムの神聖地誌

積層する神聖地誌

イェルサレムは、このサラディンによる制圧以降、原則としてムスリムの統治下におかれ続ける。一つの都市の支配宗教が交替することは、具体的にどのような変化をその都市にもたらしたであろうか。イェルサレムという都市の特異性を理解するために、また今後の行論のためにも、ここでイェルサレムに積層する歴史と、都市のトポグラフィーに表現された神聖性の配置（神聖地誌）についてみておきたい。

イェルサレムの街は、パレスチナ中央部を南北に走る山脈のなかのユダの山地、標高六〇〇～八〇〇メートルの範囲で起伏する数多《あまた》の丘と三つの谷（キドロン、テュロペオン、ヒノムの谷）が織りなす地形に築かれた。西に六〇キロほど下れば地中海にいたり、東に広がる砂漠は三〇キロほどでヨルダン川と死海の北端にいたる。街の発展は青銅器時代に遡り、現在のイェルサレムの南東部に位置する唯一の水源、ギホンの泉の畔《ほとり》にある「ダビデの町」が起源とされる。

ユダ族の王ダビデは、前一〇〇〇年頃イェルサレムを征服してイスラエル王国の首都に定め、「神の箱」(聖櫃《アーク》)をカナンの地からこの地に移すことで信仰上の聖都となした。その息子ソロモンはイェルサレムを北に拡張し、巨大な神殿と宮殿を造営して神域とした。バビロニアの王ネブカドネツァルによりイェルサレムは破壊され、民はバビロニアに囚われるが(「バビロニア捕囚」)、前五三九年にペルシア王キュロス大王の勅命で帰還を許され、神殿を再建した。ヘレニズム時代にはプトレマイオス朝やセレウコス朝の支配下で都市のヘレニズム＝ギリシア化が進むが、マカバイ戦争によって前一六四年に神殿を奪回し、王都はハスモン家の王の統治下で拡張された。前六三年に共和政ローマの支配下にはいると、ローマから委託を受けたヘロデ家が属州ユダヤの統治を担った(ヘロデ朝、前三七〜後九二頃)。ローマから派遣された第五代総督ポンティウス・ピラトの頃、ユダヤ教の改革運動の指導者イエス・キリストが逮捕され、ゴルゴタの丘で処刑される。王都としてのイェルサレムが完成をみたのは、ヘロデ大王(在位前三〇〜四)のもとでの大改造による。

ユダヤ王都としてのイェルサレムは、発祥地である南東地区から北に向かって整備された神域を信仰上の核とし(北東地区)、テュロペオンの谷を越えて対面し、ヘロデの王宮とともに上流階層の邸宅が並ぶ南西地区を行政上の中心とする地誌を特徴とする。そのなかで、ゴルゴタの丘がイエスの刑場となったのは、それが城壁の外にあったためである。しかし、後六六年に始まるローマ帝国との二度にわたる戦争(ユダヤ戦争、六六〜七〇年、一三二〜一三五年)によって都市は徹底的に破壊されて廃墟と化し、ユ

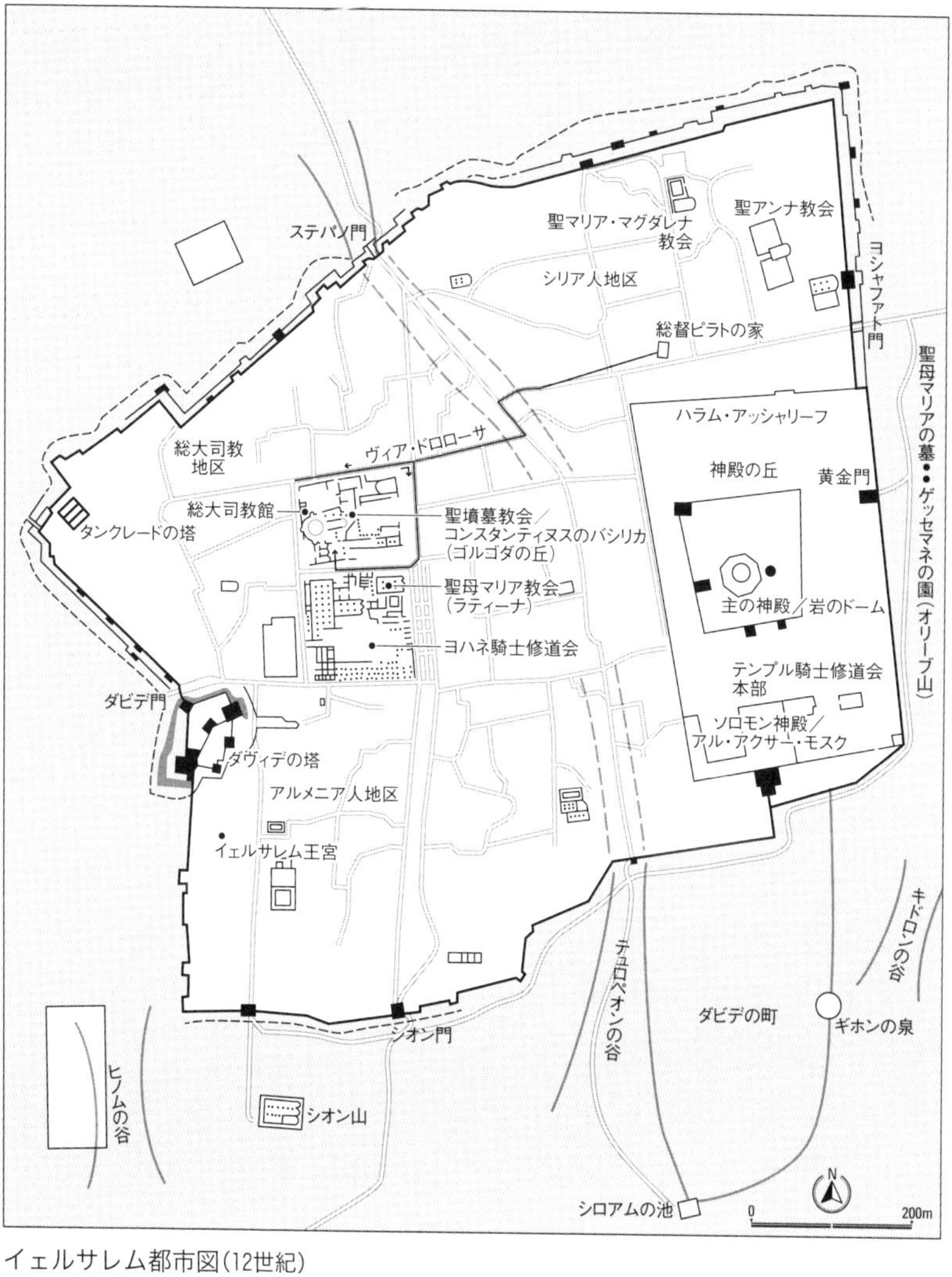

イェルサレム都市図（12世紀）

ダヤ教徒は地中海全域に離散《ディアスポラ》した。その後、アエリア・カピトリーナという名のローマ植民市に改編されたイェルサレムへのユダヤ教徒の入市は禁止され、キリスト教の拠点はカイサリアに移された。

ローマ植民市イェルサレムは、コンスタンティヌス大帝による三一三年のミラノ勅令でのキリスト教公認後、「キリストの聖都」として整備される。その中心におかれたのが、皇帝の母后ヘレナが三二六年の聖地巡礼の際に発見した「聖十字架」であった。ゴルゴタの丘に聖墳墓教会、コンスタンティヌスのバシリカなどの建造物群が造立され、その後も福音書に記されたキリスト受難の足跡や聖母マリアゆかりの場所に、城壁の内外を問わず、つぎつぎと聖堂が建てられ、十字架の道行き《ヴィア・ドロローサ》の慣行が始まった。帝国全域でキリスト教は急速に勢力を伸ばし、離散したユダヤ人、地中海商業に携わるギリシア人、大移動によってローマに準じた国家を樹立していくゲルマン人のもとで信徒の数を増やし、地中海全域に広がっていった。以後の都市改造は、急増するキリスト教徒がめざす巡礼地としてイェルサレムを整備するためのものとなった。キリスト受難・復活の都となったイェルサレムは、その中心を聖墳墓教会の位置する北西地区に移し、四五一年のカルケドン公会議において独立の総主教区と宣告され、東ローマ帝国の統治下にあった六世紀に黄金時代を迎えた。

しかし、七世紀、東ローマ帝国とササン朝ペルシアとのあいだで戦争が始まると、キリストの都は、破壊と再建とが繰り返される不安定な状況におかれた。アラビア半島に端を発するアラブ人の大征服の過程で、六三八年にウマイヤ朝の支配下にはいると、イェルサレムはパレスチナ支配の要《かなめ》として重要性を増し、イスラーム化が徐々に進められた。岩のドームやアル・アクサー・モスクが建造され、都市の中心は再び北東地区(神殿域)に移ったが、キリスト教やユダヤ教の施設は原則として維持された。その

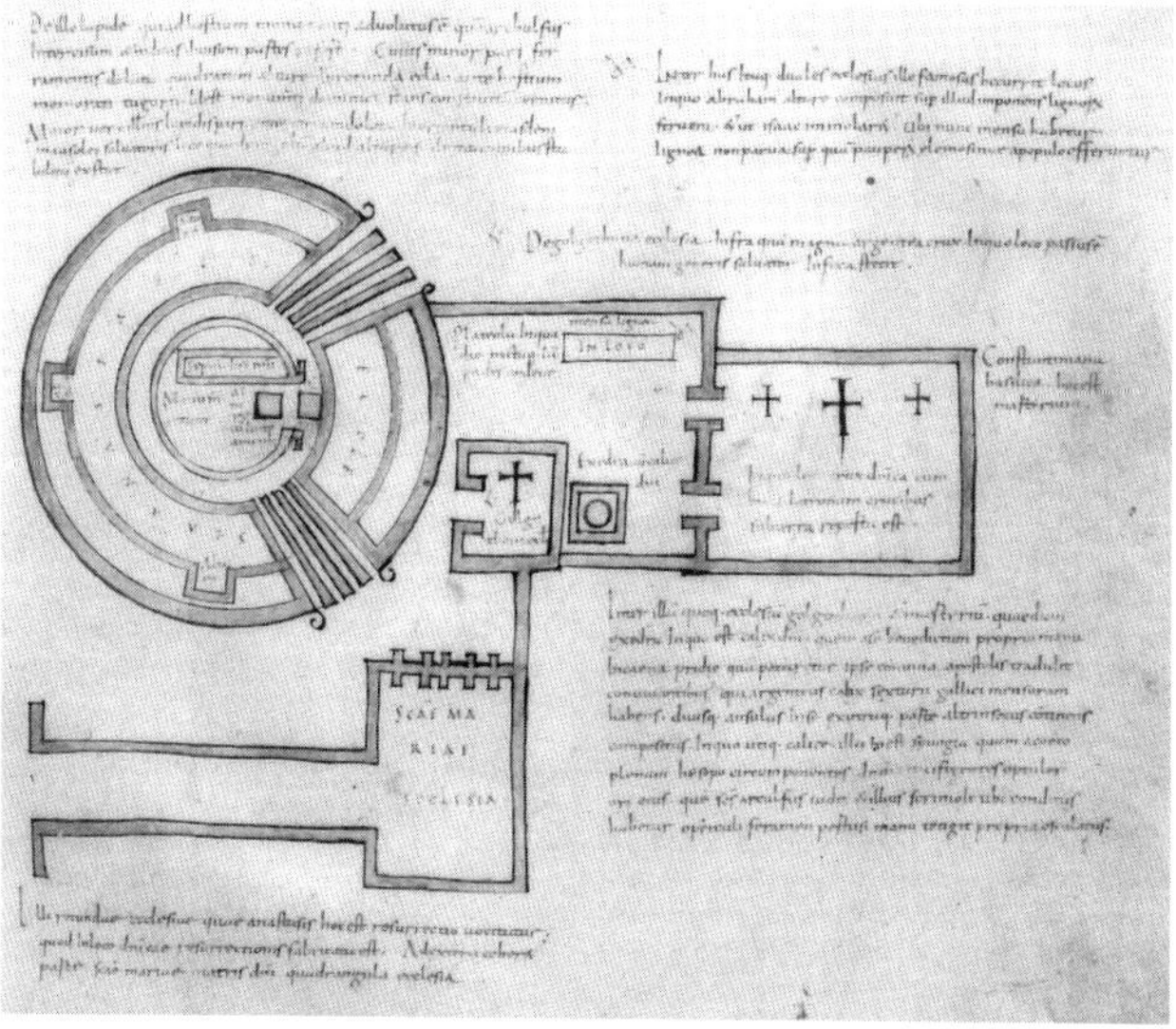

コンスタンティヌス大帝期の聖墳墓教会(左)とバシリカ(右)
聖アダムナヌス『聖地について』(7世紀末), ライヒェナウ写本より。

後、セルジューク朝、ファーティマ朝の支配を受けるものの、一〇〇九年のファーティマ朝カリフ、アル・ハーキムによる聖墳墓教会の唐突な破壊を除けば、大規模な都市改造はない。十字軍到来前夜のイェルサレムは、ムハンマドの夜間飛行伝承を根拠とするイスラームの第三の聖都となるが、内実は多様な信仰を許容する宗教的寛容が支配する都であった。

以上のように、イェルサレムには三つの神聖地誌が地霊《ゲニウス・ロキ》として積層している。ベースとなるのは⑴ユダヤ王都としての神聖地誌であり、これを前提として対抗的に加えられたものが⑵キリストの受難・復活の神聖地誌である。⑶イスラーム第三の聖都、ムハンマドの夜間飛行伝承の現場としての神聖地誌は、岩のドーム周辺に限定されるものであった。

一〇九九年の十字軍国家イェルサレム王国の創設は、(2)の神聖地誌が再び前景化される契機となった。最重要施設である聖墳墓教会の改築、急増するキリスト教徒の巡礼を受け入れるための建築上の措置、ギリシア正教からローマ・カトリックへのシフト（大司教館の造営）、キリストゆかりの聖堂の建設や修道院の創設、ヨハネ騎士修道会やテンプル騎士修道会のための館・駐留地（アル・アクサー・モスク）の整備・確保、東方諸典礼のキリスト教徒の呼び戻しと館の配分がおこなわれた。これらは神聖地誌の改造ではなく、(2)の強化と理解すべきであろう。

サラディンによる都市改造

これらを踏まえたうえで、一一八七年十月以後にサラディンがおこなった聖都の改造についてみておきたい。

まず、市内北西部の総大司教地区の聖墳墓教会は、カトリックからギリシア正教会に復帰したが、建築面での改築はなく、他の用途への転用もなかった。一方、その北側にある総大司教館およびその礼拝堂は、スーフィー修道場《ハーンカー》に用途が変更された。市内の神聖地誌上の重心は総大司教地区から、イスラーム教にとっての聖域である、市東辺の神殿地区ハラム・アッシャリーフに移り、域内の二大施設については脱キリスト教化の措置が施された。まず、ウマイヤ朝時代ワリード一世により建立されたアル・アクサー・モスク（銀のドーム、「遠隔の礼拝堂」の意）は、一〇九九年の十字軍による征服後、イェルサレム王の住居として、その後はテンプル騎士修道会の本拠として用いられていた。サラディンはこれをモスクに戻し、フランク人が設置した建造物を取り除き、かつての壁龕《ミフラーブ》を露出させ、絨毯を布《し》き、ヌール・アッディーンの説教壇をアレッポから運んで設置させたうえで、清浄化のための祈願を捧げさせた。聖域の中心にある岩のドームは、「主の神殿」教会(Templum Domini)とされていたが、都市占領後すぐに、設置されていた「金の十字架」を引き下ろし、元の礼拝堂に戻したうえで指導者をおいた。

このほか、サラディンは、都市行政を総督《アミール》フサーム・アッディーン・サールージュ・アットゥルキーに委ね、シャーフィイー派の学院《マドラサ》、スーフィー修道場、病院を設置した。一連の措置は再イスラーム化という概念でくくりうるものだが、都市の運用面ではこの地域のムスリム都市に共通する方式に従っている。すなわち、ラテン教会が所有する土地・建物・財産を没収し、これをワクフ財(慈善目的で施設に寄進された財)として再利用する、というものである。例えば、先述のとおり、ラテン教会総大司教の館はスーフィー修道場に変えられたが、そのためのワクフ文書が新たに作成されている。ほかにも、聖アンナ教会はサラーヒーヤ学院に、聖母マリア教会はサラーヒー病院へと用途変更がなされているが、その際、ワクフ財とする旨を記した文書が交付されている。

一方、和約に基づく平和的な開城であったため、キリスト教徒による住民虐殺をともなった一〇九九年の都市陥落時の状況とは大きく異なっていた。住民の入れ替えについては、身代金を支払ったキリスト教徒は市外に移住し、払えなかった者たちは奴隷として市内に残った。また、ユダヤ教徒は引き続き、人頭税を支払えばイェルサレムにとどまることが認められた。その一方で、サラディンは、人口のアラブ化をはかるべく、都市の内外にアラブの諸族を配置するとともに、没収建造物をワクフ制による学院や病院、修道場に用途変更した施設には、ウラマーやスーフィーなどのアラブ系知識人・求道僧の移住を進めていった。

以上からわかるとおり、サラディンが施した措置は、十字軍支配下にはいる前の状態への復旧、すなわちイスラーム教を主体としながらも、キリスト教(とくに東方教会信徒)やユダヤ教の信仰を一定の条件下で許容する多信仰的都市の回復にほかならない。イスラーム教の始祖ムハンマドが、イスラエルの族長アブラハム(イブラヒーム)を祖先とし、とくにアブラハムと側妻ハガルとのあいだの息子イシュマエルに始まる系譜をアラブ人のルーツと認識していた点を踏まえれば、セム的な一神教を起源として共有する三つの信仰が共存する都市イェルサレム本来の姿に戻ったともいえよう。

一一八七年の詳しい経過とその反応、聖都イェルサレムがもつ信仰の厚い堆積を確認することができた。以下の節では、事の発端に立ち返って、一一八七年にいたるできごとの連なりが生んだ構造について解き明かしていきたい。

3 「十字軍」の発端

事件の発端とウルバヌス構想

おお、神の子らよ、信徒同胞のあいだで平和を保ち、また教会の諸権利を守ることを、かつてなきほどに固く約した汝らにとって、為すべき一つの重要な仕事が残されている。……東方に住む汝らの信徒同胞はいま、汝らからの支援を切実に求めている。……なぜなら、……地中海とヘレスポントゥス、すなわち「ゲオルギウスの腕」と呼ばれている所にいたるまで、トルコの民とアラブの民が彼らを襲い、ロマニアの領域(ビザンツ帝国領)を征服しているからである。奴らはキリスト教徒の土地をつぎつぎと占拠し、これまで七度もの戦いで彼らを打ち破っている。多くの者たちを殺戮《さつりく》し、捕虜となし、数々の教会を破壊して帝国を蹂躙《じゅうりん》している。汝らがこのまま手をこまねいていれば、神の信徒らに対する攻撃はさらに広がるであろう。ゆえにわれ、いや主は、キリストの使者たる汝らに語りかけている。この事実をいたる所で公表し、騎士であれ歩兵であれ、富者であれ貧者であれ、すべての者たちを説き伏せて、彼ら信徒同胞にすぐさま支援の手を差し伸べ、かの忌むべき種族をわれらの友の土地から追い払え、と……。

(ウルバヌス二世の演説、フーシェ『イェルサレム史』第三章)

史上「第一回十字軍」と呼ばれる教皇ウルバヌス二世のプロジェクトは、その発端とされるこの演説の当時、その後の繰り返しを示唆する「第一回」でもなければ、コンセプトの明確に定まった計画でもなかった。むろん「十字軍」との名称すら定まってはいなかった。事態が動きつつあるその場において、この改革教皇は何を企図し、居合わせた者たちはそれをどう受け止め、いかに行動したのであろうか。

事の発端は、一〇八一年にコムネノス朝を開いたビザンツ皇帝アレクシオス一世(一一一八没)が、一〇九五年三月に開催された北イタリアのピアチェンツァでの教会会議に外交使節を派遣し、「異教徒であるイスラーム勢からの聖地の奪還」のために援軍の派遣を要請したことにあるとされる。

当時ビザンツ帝国の東方での最大の敵であるセルジューク朝との係争地はアナトリアであって、史上名高い決戦(一〇七一年)の舞台となったマラーズギルド(マンツィケルト)はアナトリアへの入り口にある。コムネノス朝が成立時にかかえていた対外的な課題は、アナトリアをめぐるセルジューク朝との領

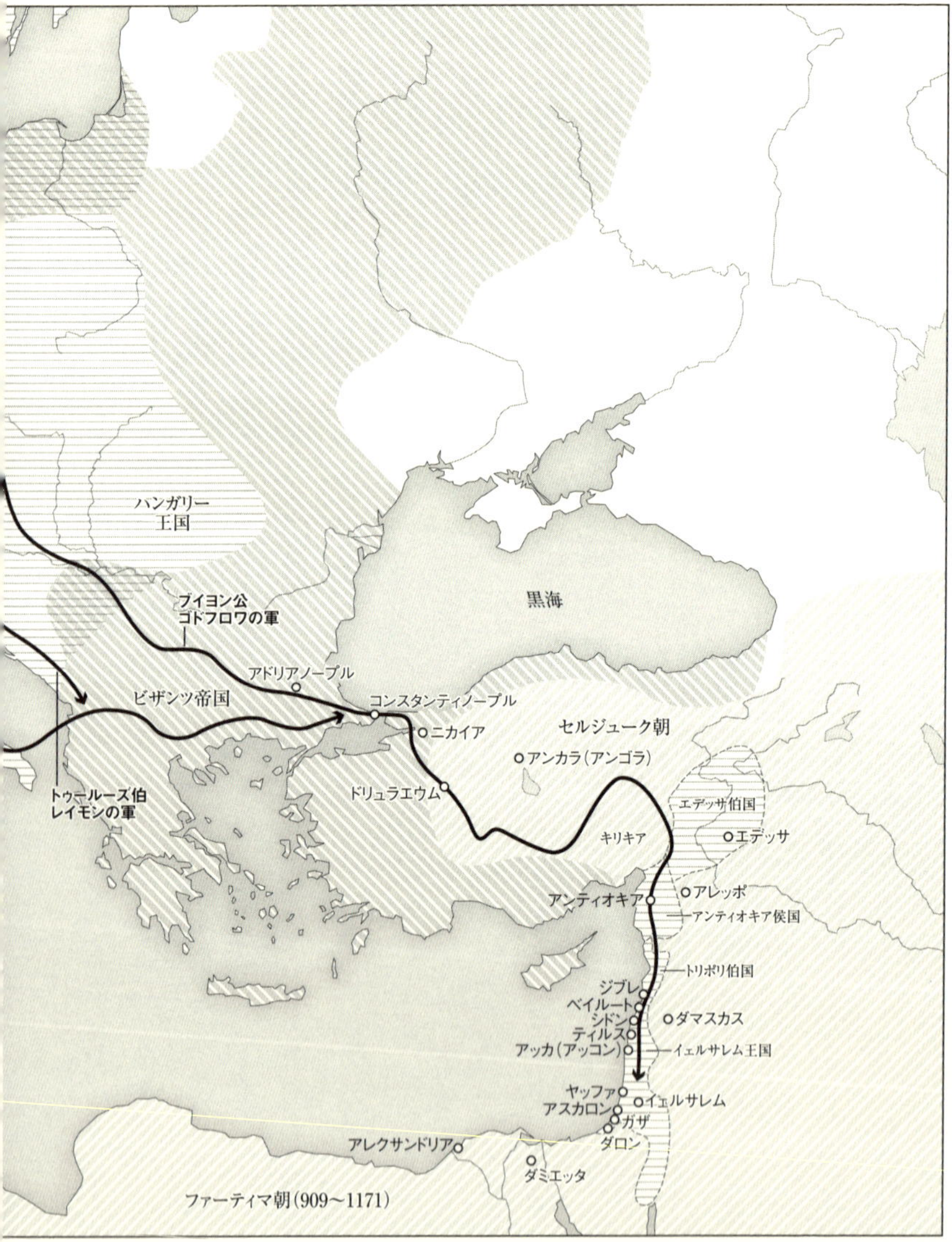

ハンガリー
王国
ブイヨン公
ゴドフロワの軍
黒海
アドリアノープル
ビザンツ帝国
コンスタンティノープル
ニカイア
セルジューク朝
アンカラ（アンゴラ）
ドリュラエウム
トゥールーズ伯
レイモンの軍
エデッサ伯国
キリキア
エデッサ
アンティオキア
アレッポ
アンティオキア侯国
トリポリ伯国
ジブレ
ベイルート
シドン
ダマスカス
ティルス
アッカ（アッコン）
イェルサレム王国
ヤッファ
イェルサレム
アスカロン
ガザ
ダロン
アレクサンドリア
ダミエッタ
ファーティマ朝（909～1171）

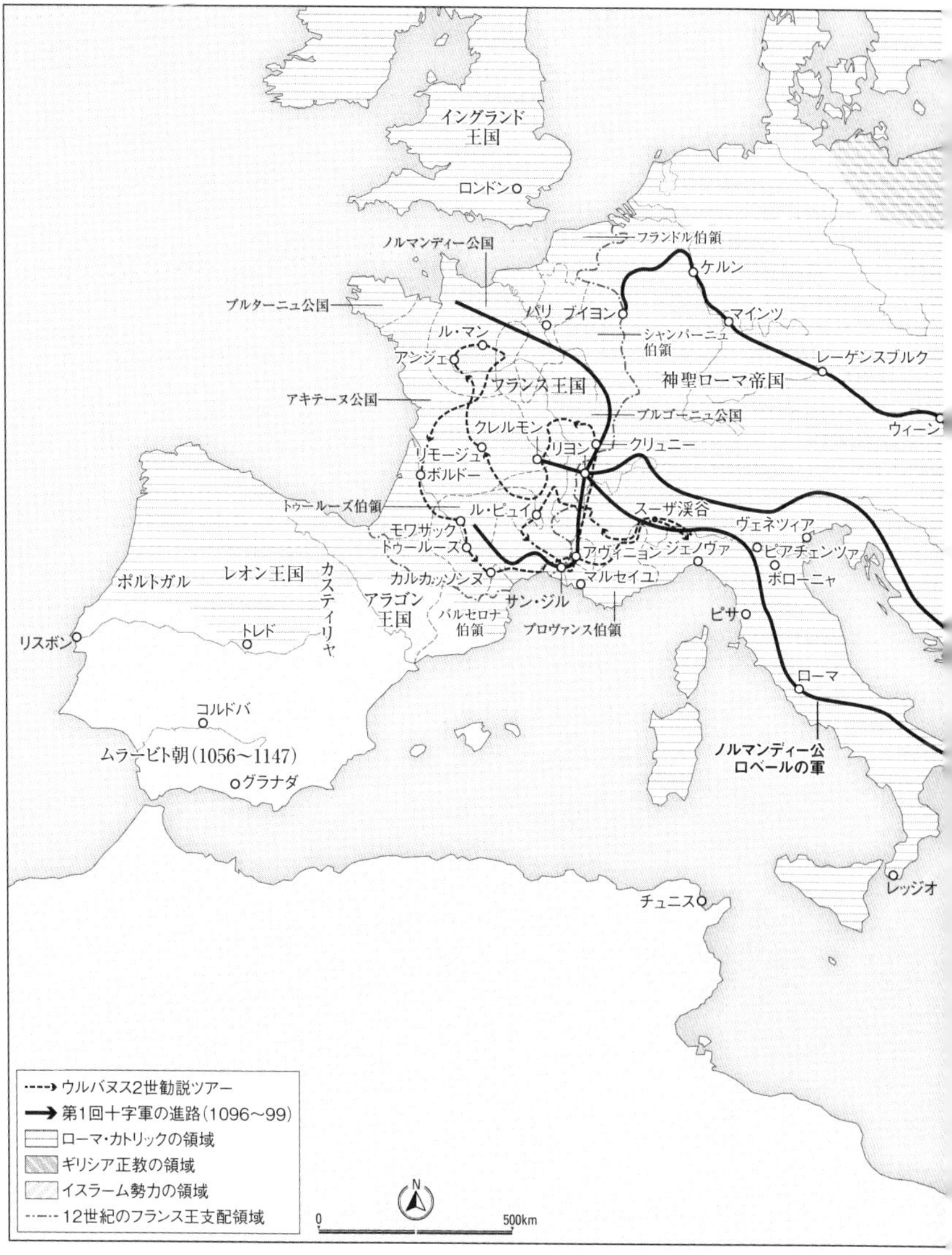

1099年頃のヨーロッパおよびシリア・パレスティナ

土争い、地中海でのロベール・ギスカール率いるノルマン人の攻勢に対する防衛、そしてバルカン半島におけるペチェネグ人の首都進攻への対処、であった。アレクシオス帝はこれらの難題を一つひとつ解決しながら、同時に帝国の統治体制の立て直しを進めていたが、その過程での同盟者獲得の方策として、すでに教皇グレゴリウス七世に対して救援要請をおこなっており、同教皇も一〇七四年に東方出征計画を策定・表明している。四囲の勢力との均衡をはかりつつ危機を回避し、利益を確保してきたビザンツ帝国の対外政策にあって、信仰の違いが戦争選択の主たる理由になることは考えにくく、異教徒はつねに潜在的な同盟相手であった。「イスラーム教」への対敵の姿勢は、現実政治を旨とするコムネノス朝の中央政府にはそもそも存在しなかったのである。

さらには、都市イェルサレムを含むシリア・パレスティナ地域は、とうの昔にビザンツの支配を離れ、北シリアに進出するセルジューク朝、エジプトからシリアをうかがうファーティマ朝、そして自立性を強める在地のムスリム勢力のあいだで不安定な帰属状況にあった。ビザンツ帝国にとっても、他の広域権力と同様、このエリアの豊かな資源や経済的繁栄の果実を吸い上げるための宗主的支配で十分であって、具体的な領土要求はアンティオキアまでであった。

このように、ビザンツ使節が用いた聖地奪還の文言は、傭兵の提供か財政的支援を引き出すための常套文句であった。したがって、それが字句どおり、キリスト教同胞の住むシリア・パレスティナへの軍勢派遣と聖都イェルサレムの奪回をめざす運動に変容した理由は、この要請に応えた教皇ウルバヌス二世の側に求めねばならない。

ウルバヌス二世の勧説ツアー

教皇ウルバヌス二世(在位一〇八八〜九九)は一〇九四年の夏にローマを出発すると、トスカーナ地方を北上し、一〇九五年の二月一日に北イタリアの都市ピアチェンツァに到着した。同地で三月、事前に招聘《しょうへい》状を送付していたイタリア、フランス、ドイツの大司教・司教約二〇〇名が出席する教会会議が開催された。教皇使節ではなく、教皇自らが親宰する、地方教会会議をはるかに超える規模での異例の会議であった。全一五条の決議文からみると、議題は教会改革、教義・信仰実践、対立教皇問題のほか、敵対する皇帝ハインリヒ四世をめぐる案件、フランス王フィリップ一世の離婚問題などにおよんだことがわかる。

同会議でのビザンツ使節の訴えを聞いてか、すでに東方出征構想はウルバヌスのなかでは具体化しつつあったようで、教会会議終了後のウルバヌスの足取りからそれがうかがわれる(二〇八頁地図参照)。ピアチェンツァを発った教皇は、スーザ渓谷からフレンチ・アルプスを抜けて、まずル・ピュイにいたる。ル・ピュイでは、同地の司教アデマール・ド・モンテイユを構想に引き入れるための説得をおこなった。同司教はのちに、教皇代理として東方への出征軍に同行し、諸侯を束ねるという重要な役目を担う。その後、プロヴァンス地方にはいり(ラ・シェーズ・デュ→シラク→ミヨー→ニーム)、サン・ジルではトゥールーズ伯レイモン・ド・サン・ジルを東方出征軍の指揮官に勧誘した。同伯は教皇改革の支持者であるだけでなく、一〇六三年にレコンキスタ参戦の実績をもち、その際「多国籍軍」を指揮した経験をもつ貴重な人材であった。

サン・ジルからはローヌ川ぞいに北上し、アヴィニヨンをへて、十月にはブルゴーニュ地方にはいり、マコンから、かつて自ら修道士および院長代行《プリオール》として所属していたクリュニー修道院にいたる。そこから十一月にクレルモンにはいり、教会会議を十一月十八日から二十八日の日程で主催した。先のピアチェンツァ会議からわずか八カ月後の開催であるが、出席した司教はほぼ同数の二〇五名におよんだ。議題はやはり教会改革が中心だが、世俗君主に対する裁きや、高位聖職者・司教座同士の紛争解決などの仲裁も実施された。議事のすべてが尽くされた後、冒頭に一部紹介した著名な「十字軍」勧説がおこなわれたのである。

演説を聞いた同時代人による記録は、三点ある。東方出征軍に従軍し、ボードワン・ド・ブーロニュ付の司祭として聖地にとどまったフーシェ・ド・シャルトル『イェルサレム年代記』（一一〇一年頃）、ランスの聖レミ修道院長を務め、十字軍に従軍した修道士ロベールの『イェルサレム史』、ブルグイユ修道院長ボードリ・ド・ドル『イェルサレム史』である。三名ともクレルモン教会会議の出席者で、ウルバヌス演説の聴衆であったと考えられる。記述に異同や齟齬《そご》がある点に加えて、いずれの叙述も、従軍者による事の経緯の貴重な記録である半面、十字軍の成功が定まった後に回顧的に書かれている点に注意を要する。

クレルモン後もウルバヌスの巡幸は続き、オリヤック、リモージュ（降誕節）、アンジェ、ル・マンと、フランス中部に向けて北上した。リモージュから送付されたフランドルの全信徒宛ての書簡には、東方出征に参加を表明する諸侯があいついでいる経過や、出征の日付（聖母マリア被昇天の祝日、八月十五日）も明記されている。ウルバヌス一行はさらに大西洋側に進んでボルドーにいたり、そこからガロンヌ川を遡上して、モワサック、トゥールーズ、カルカッソンヌをへて地中海に向かった。一〇九六年八月にはボローニャで勧説をおこない、九月初めにローマに戻っている。

ツアーのなかで明確化されたウルバヌス構想の狙いについては諸説ある。例えば、クレルモン教会会議でも中心議題であった司教叙任権をめぐる君主との対立のなかで、教皇が武力に基づく圧力を手にする方法が模索され、これまでに、ロベール・ギスカールのようなノルマン人傭兵隊長を雇用したり、「聖ペトロの忠臣」(fideles beati Petri)と呼ばれる諸侯集団(トスカーナ女公マティルダなど)を組織するといった試みがなされてきた。東方の信徒同胞の危地を救うべく十字架をとって誓約を立てた諸侯・騎士層を、いずれ教皇の意のままに動員しうる教皇軍に育てる目論見があったとみる立場もある。

一方、皇帝や国王を凌《しの》ぐ権威としての教皇首位権《プリマート》の確立は、グレゴリウス七世の改革綱要『ディクタトゥス・パパエ』二十七条にも示された改革教皇権の主張の核心部分で、改革をキリスト教圏全域に等しく浸透させるための大前提である。世界の信徒を保護し、聖地を回復するとのウルバヌスのスローガンは、一〇五四年以来の東西教会の再合同の実現という意図を超えて、古来の五本山思想《ペンタルキー》(ローマ、コンスタンティノープル、アレクサンドリア、アンティオキア、イェルサレムを十二使徒の伝統を引く特別な教会と認めるもの)を否定して、ローマ教皇のみに普遍性《ウニヴェルシタス》を認める『ディクタトゥス』第一項・二項の主張に適《かな》ったものである。そのような教皇の普遍性を体現し、その政策に権威を付与するとともに周知徹底をはかるには、従来の地方教会会議では不十分であった。ピアチェンツァやクレルモン教会会議の召集規模や教皇の親宰といった点をみれば、ウルバヌス構想の先には、長らくとだえていた普遍公会議(concilium generale)の復活が展望されていたことがわかる。普遍公会議の「再開」は、国王や皇帝に対する処置や国をまたがる案件——十字軍や異端撲滅——を教皇主導で協議する場をヨーロッパに創出することをも意味したのである。

「神の平和」運動と教会改革の系譜

クレルモン後の巡幸では、ウルバヌス一行は、地域住民が参集する場を設けながら、十字軍への出征を誓約する機会に利用した。すなわち、地方教会会議の主宰(トゥール、ニームなど)だけでなく、野外説教や、聖母被昇天祭・降誕節などの教会暦上の祝祭(ル・ピュイ大聖堂、リモージュ大聖堂)、献堂式(アンジェ、サン・ニコラ聖堂)や祭壇の祝別《しゅくべつ》(クリュニー)の機会をとらえて勧説をおこない、その場で出征誓約を受けた。また、自ら巡回できない地域については、ミラノ大司教アンセルムス、リヨン大司教ユーグなど、他の大司教・司教に勧説を委ねた。

ウルバヌスのこうした実践には、騎士や領主に教会領に対する侵犯や奪った領地の返還を誓約させる、十世紀末以来フランスを中心に広がっていた「神の平和」運動という下地があった。騎士の武力行使に法や誓約によって制限を加えるこの運動の中心にはフランス各地の司教の存在があり、彼らは地方教会会議を活用して騎士たちに聖遺物にかけての誓約を強制した。平和運動は十一世紀末までにはフランス全土、イベリア半島、ドイツやイングランドの一部にまでおよんでいたが、これを教皇として取り入れたのがウルバヌス二世であったとされている。こうした「神の平和」と東方出征との連続性については諸説あり、東方出征の目的を、平和を乱す騎士の関心を聖地に向けることにあったとする説もあれば、関連を疑問視する論者もいるが、ウルバヌスが「十字軍」兵士を募るにあたってこの運動の手順を援用した点は確かであろう。

一方で、聖地にいたる新しい陸路としてハンガリー・ルートが開拓され、さらにはキリスト受難から一〇〇〇年という節目に際した終末意識の昂揚を背景に、聖地巡礼の件数は確実に増えていた。なかでも、サン・ヴァン修道院長リシャール、リモージュ司教アルドゥイン、オセール司教ユーグ、カンブレー司教リエベール、スタヴロ修道院長ポッポ、クリュニー修道院長オディロ、サンテヴルール修道院長ティエリといったフランスの司教・修道院長が聖地巡礼を実践したことの意義は大きい。書簡を交わし、歴史や聖人伝を叙述し、公文書を発給する知識人層である彼らによって、聖地に関する情報はその量・質において格段に向上したといえるからである。

実際、司教と修道院長の存在は、この時代の社会の核をなしていた。司教は、司教区という管轄圏域をもち、教会裁判権という司法権、教会会議の召集権、十分の一税という財源をもつだけでなく、出自のうえでは貴族階層に属して家門の資産・人脈を活用できる立場にあった。一方で、修道院長は、免属特権を得て教皇座に直属することで司教や領主の支配を脱し、魂の救済のための代禱を武器に土地財産の寄進を集めた。また、修道院は土地の授受や文書の手交を契機に地域の領主層との絆を育み、一方で貴族家門は、構成員の一定数を修道院や女子修道院に所属させることで、家門全体の所領を守る手立てとしていた。

シャンパーニュ地方の貴族家門の出で、ランス司教座付属学校で学び、クリュニー修道院に入門していたウルバヌスは、司教座と修道院の役割を知悉《ちしつ》する人物であった。ローマを離れることがまれであったローマ教皇によるフランス・ツアーは、フランス各地の司教座・修道院をめぐるなかで、情報を交換し、認識を共有し、協力を取りつけるための行脚でもあったのである。

東方出征軍の編制

こうしたウルバヌスの構想が、地の利・人の利のあるフランス・南イタリア地域の戦闘力のある諸侯・騎士層に限定した具体性ある企画であったとしても、東方への出征としてそれが実現され、ひいては聖地に到達して成果をあげるまでには、いくつものハードルがあった。構想の受け止め方の相違や参加者の思惑の違い、行軍の過程で生じた予期せぬ事態との遭遇のなかで、構想からなかば自立した運動へと変化していったと考えるべきであろう。

諸侯と配下の騎士からなる主力軍は、出身地別に四つに分けられる。第一隊は、ブローニュ伯ウスタシュ三世、下ロートリンゲン公ゴドフロワ・ド・ブイヨン(ザーリア朝皇帝の家臣)、ボードワン・ド・ブローニュ(のちのボードワン一世)のブローニュ伯家の三兄弟が率いるロレーヌ軍である。同隊には彼らの血縁であるボードワン・デュ・ブール(ルテル伯家、のちのボードワン二世)も加わっていた。軍勢は南ドイツ、ハンガリー、バルカン半島を抜けてコンスタンティノープルに達した(二〇八頁地図参照)。ウルバヌス二世の勧説を聴いて十字架をとった者たちで、聖地に残り、イェルサレム王国の君主家門となる。

第二隊は、ウィリアム征服王の長男でノルマンディー公のロベール二世率いる北フランス・南イングランドのノルマン人部隊である。同部隊には、ロベールの妹アデラの夫ブロワ伯エティエンヌと、従兄弟で、ブルゴーニュ伯の娘クレメンティアの夫フランドル伯ロベール二世がその家臣とともに加わった。部隊を率いる公・伯たちは、一〇六六年のノルマン征服に従軍した軍勢の息子世代であり、英仏海峡《クロス・チャネル》にまたがって所領をかかえる者も多かった。また、クレメンティアはフランドル地方におけるクリュニー改革の推進者で、改革派のヴィエンヌ司教ギド（のちの教皇カリクストゥス二世）の妹にあたる。ウルバヌスからの直接の働きかけから出征を決意した者たちで、イタリアのブリンディジ港からアドリア海を航行してバルカン半島のドゥラッツォに上陸し、その後は陸路、テッサロニケ経由でコンスタンティノープルにいたった。年代記作者シャルトルのフーシェは同部隊に同行した。

第三隊は、トゥールーズ伯レイモン・ド・サン・ジル率いるプロヴァンス・ブルゴーニュ部隊である。上記のようにクレルモン会議以前から打診を受けていた点、全軍の統率役であるル・ピュイ司教アデマールが同行したことなどから、ウルバヌス構想では東方出征軍の総指揮を担うべき部隊であったと考えられる。トゥールーズに発し、ロンバルディアを横切り、クロアチアの沿岸を進み、ドゥラッツォ以降は第二隊と同じルートでコンスタンティノープルにいたった。トリポリ伯国を建国し、伯位を担う血統となる。

第四隊は、タラント公ボエモンドとその甥タンクレディ率いるイタロ＝ノルマン軍である。ボエモンドは十一世紀後半に地中海を席巻し、ビザンツ領への侵攻を繰り返したノルマン人首領ロベール・ギスカール（オートヴィル家）の長男であり、ビザンツ領への侵攻や南イタリア諸都市の制圧を指揮した経験を有する歴戦の指揮官である。ボエモンドは、アマルフィ攻囲中に近くを通過した十字軍兵士を目撃したことから出征を決意したとされるが、太い人脈で結ばれたウルバヌス二世からの働きかけがあった可能性も高い。配下の軍を取りまとめ、ブリンディジ港からアドリア海を渡り、バルカン半島をオフリド、テッサロニケ経由で横切ってコンスタンティノープルにいたった。聖地での戦闘では、操兵や戦略面での貢献度が高く、初代アンティオキア侯（在位一〇九八〜一一一一）となった。人名不詳の従軍者が年代記『フランク人の事績』を書き残している。

これら出征軍の最大の特徴は、おのおのが日頃の戦闘ユニットであったため、戦術理解度や忠誠心といった面で展開・操兵が容易で、通常の手順で戦闘が可能な熟練の部隊であった点である。また、第一部隊はフランス王家との繋がりが、第二部隊はノルマン朝イングランドとの、第三部隊はスペインとの、第四部隊は地中海で最強かつ経験値の高いノルマン人との紐帯《ちゅうたい》があり、要員の調達や東方出征の喧伝という点で、幅広い効果が期待できる編制となっていた。

「十字軍」構想への参加を個々の兵士が決めた動機については、多くのことが指摘されている。富と土地の獲得（とくに次男・三男）や社会的上昇（零細領主たる騎士、デュビ説）、名声・武勲の獲得（騎士の気風――年代記や頌詩《しょうし》、家門の誉れ）、あるいは贖罪（罪の赦し）や魂の救済などであるが、ユニットでの出征という点では、主君の決断への従順、という理由が大きかったものと推察される。原因は多重的・個別的で、なおかつ変動するものでもあったであろう。この点、「十字軍」というプロジェクトが既知のものとなっていた第二回以降の十字軍出征動機とは本質的に異なる。

成否の不確かな遠隔地への出征に加わる者たちにとって、当面の集結地点がビザンツの帝都コンスタンティノープルであったことは大きかったに違いない。一〇九六年冬から九七年春に到着した各部隊の諸侯、おもだった騎士は皇帝アレクシオスに対し誓約をおこない、擬制的な主従関係を取り結んだ。その後、帝国軍との合同作戦というかたちで、ニカイアをはじめとするアナトリアの諸都市をセルジューク朝のアターベク政権（第一章を参照）から奪いつつ、アンティオキアに向けて進軍した。その際、アンティオキアをめざす本隊から分かれ、タンクレディの軍はアザナへ、ボードワン・ド・ブーロニュ率いる軍はキリキア地方に向かい、その後アルメニア人の招きに応じてエデッサに転じて、エデッサ伯国を建国するにいたる。

ビザンツ帝国の存在は、以後の行軍が形式上、帝国軍としての軍事行動という公認を与えられたこと、アナトリアや聖地の状勢理解や作戦面での整理・編制、経費や武装面での支援の点で重要であった。また、物資を貨幣に換金できる十分に大きな市場の存在も欠かせなかった。ビザンツの側でも、一〇八九年／九〇年初頭にフランドル伯ロベール一世(第二隊所属の二世の父)がイェルサレム巡礼の帰途に帝都に立ち寄り、皇帝に臣下の誓いを立て、五〇〇名のフランドル騎士の派遣を約束していたという直近の経験は、今回の東方出征軍に対応するうえでおおいに役立ったと思われる。

戦闘の経過と出征軍の「十字軍」化

一〇九七年六月、連合軍はルーム・セルジュークの領土で難攻不落とされたニカイアを攻囲し、降伏を勝ち取った。奪取した金貨財宝は騎士に分配され、歩兵には食糧が配給された。一〇九七年七月一日には、アターベク・クルチ・アルスラーンの軍勢に対し、ドリュラエウムで勝利をおさめた。その後のアナトリア進軍では、キリキア地方の諸都市(アルメニア教会)は抵抗せずに東方出征軍を受け入れた(二〇八頁地図参照)。

一〇九四年以降、アルメニア人のエデッサ公トロスの支配するエデッサ公国(ビザンツの宗主権下)のアルメニア教会信徒と公自身の招きで、一〇九八年初め、アンティオキアに向かう主力軍から離れ、ユーフラテス川方面に進軍していたボードワンがエデッサに入城し、まもなくトロスを廃して統治権を引き継ぎ、エデッサ伯国を建国した。モスルのトルコ人アミールの攻勢を防ぐ橋頭堡《きょうとうほ》の役割をおよそ五〇年にわたってはたすことになる。

一〇九七年十月、連合軍はアンティオキア攻囲を開始する。半年以上にわたる壮絶な戦いをへて同市を落としたその直後、モスルのトルコ人君主カルブーカ率いる軍勢が、ダマスクスの君主ドゥカーク軍とともに、大挙して十字軍占拠直後のアンティオキアに進軍し、大軍をもって同市を攻囲、十字軍側は「聖槍《せいそう》の奇蹟」(キリストの脇腹を刺した槍の奇蹟的な発見)も手伝って、一〇九八年七月二日、ようやく勝利をおさめる。四カ月の十分な休息と準備の後、十一月一日にイェルサレム行軍が始まった。バニアス、アマッラを落としたところでボエモンドはアンティオキアに戻り、侯としての統治を始めた。トゥールーズ伯レイモンとタンクレディ率いる主力軍に、ノルマンディー公ロベールの軍が合流し、その後にゴドフロワ・ド・ブイヨンおよびフランドル伯ロベールの軍が続いた。一〇九九年、レバノン山を抜けて地中海沿岸にでると、トリポリ(五月十六日)、ベイルート、シドン、ティルス、アッカを通過して、カイサリアにいたった。アルスーフの町から内陸へ転じ、ムスリムの脱出したラマラを占拠し、ベツレヘムで現地キリスト教徒からの歓迎を受け、イェルサレムに到達する。

一〇九九年六月七日、軍勢はイェルサレム攻囲のための布陣を整えた。攻城機や移動櫓、粗朶《ファシーン》の建造のため、あらゆる手段を駆使して木材を集め、土塁を築くなど周到な準備を整えたうえで、七月十五日金曜日早朝、総攻撃を仕掛け、その日のうちにイェルサレムを占拠した。陥落後八日目にゴドフロワをイェルサレムの君主(「聖墳墓の守護者」との肩書)に選び、ノルマンディー公ロベールの従軍司祭アルヌールをイェルサレム総大司教《パトリアルクス》に選んだ。一〇九九年九月、教皇代理のピサ大司教ダンベルトとゴドフロワは「神の戦士」の連名というかたちで、輝かしい勝利とことの経緯を教皇に書簡で報告している。

この東方出征、あるいは「第一回十字軍」の終着点をどこにおくかという問題は、明確なようで実は難しい。構想者であるウルバヌス二世が死去(一〇九九年七月二十九日)し、イェルサレムを「奪還」した一〇九九年七月の時点では、シリア・パレスティナでの軍事オペレーションは未完であって、それまでに成立していた三つの十字軍国家を維持するには、地中海沿岸都市の掌握が急務であったためである。ゴドフロワとその跡を継いだボードワン一世のもとで、カイサリア、ヤッファ、ジブレ、ベイルート、シドンを攻略し、一一〇九年には第四の十字軍国家であるトリポリ伯国が成立する。この間、ダマスカスとは休戦条約を結び、周囲のアミール勢力に対する防衛、援軍・物資の調達および艦隊寄港地としての沿岸諸都市の確保をはかっていった。アスカロンを拠点とするファーティマ朝の侵攻に対しては、何度か軍を派遣した。

ゴドフロワ死後、弟のエデッサ伯ボードワン・ド・ブローニュが王位を継承(ボードワン一世)したことで、ブローニュ＝ルテル伯家の「王家」化の道筋がつけられ、ベツレヘムでのイェルサレム総大司教司式による塗油式をともなう戴冠式は、開催地をイェルサレムの聖墳墓教会に移して受け継がれていった。ボードワン一世は一一一八年、エジプトを急襲した際に病死したが、その死は秘匿《ひとく》されて遺体は処置のうえ、ヘブロン渓谷をへてイェルサレムへ運ばれ、盛大な葬送儀礼が営まれた。王の血統とともに、戴冠と葬送の次第が決まったことの意味は大きい。

四つの十字軍国家が建国され、その維持のために不可欠な沿岸都市を占拠し、イェルサレム王国の王位継承の原則が定まったこの一一一八年という年を、ウルバヌス構想の実現をめざした「新しい運動」

の一つの区切りとすることができよう。東方出征軍は、アンティオキア征服後にビザンツ軍と別れた後、イェルサレムをめざし、イェルサレムを落とし、イェルサレムを守るための戦いを重ねるなかで、しだいに「十字軍」――キリスト教の聖都イェルサレムを守護するための軍勢――へと変容していったのである。

そもそもシリア・パレスティナ地域は、東西を繋ぐ十字路として、広域権力の中枢（バグダード、カイロ、コンスタンティノープル）から遠いという地の利を活かし、東地中海沿岸の港湾都市の交易と内陸の農業（サトウキビ、イチジク、オリーブ、ブドウ、トウモロコシの生産）に立脚した繁栄を謳歌する土地柄であった。ただ、一〇九二年、セルジューク朝の宰相ニザーム・アルムルク、スルタン・マリク・シャー（一〇五五～九二）があいついで死去し、エジプトのファーティマ朝カリフ・ムスタンシルが死去するにおよび、シリア・パレスティナに政治的空白が生まれた。本書第一章にあるように、セルジューク朝は地方政権《アターベク》が割拠する停滞期を迎え、セルジューク朝とファーティマ朝という広域政権のシリア・パレスチナに対する政治的関心は著しく低下していた。

この間隙を突いたのが、聖地イェルサレムへ向かう堅固な意志と明確な方向性《ヴェクトル》を備えた十字軍であった。ただ当初、現地住民は、十字軍をルーム（ビザンツ）の一派ととらえ、都市と城砦を拠点に周域を支配する地方政権の新たな参入者と見なしていた。しかし、時がたち、相互の交渉が積み重なるなかで、現地住民のあいだにも、彼らをルーム人や東方教会信徒とは異なる「ファランジュ（フランク人）」とみなし、「キリストの戦士」として一致協力し、聖都イェルサレムと聖十字架を、生命を賭して守ろうとする振舞いを、彼ら特有の性質として認識する者たちが増えていったものと思われる。

4　ウトゥルメール(十字軍国家領)の成立とヨーロッパ

シリア・パレスティナの地政学とウトゥルメール

成立した十字軍国家は、城壁に囲まれた都市を統治拠点とする都市国家が、軍事上の要衝に築かれた城砦を駐留軍によって保持しつつ、周辺の農村・果樹園をゆるやかに支配するという、極めて「点」的な支配構造を基本とした。また、ヤッファやアッカ、ティルスといった沿岸の港湾都市に対しては、都市領主制のような直接的支配と、既存の都市君主から貨幣による貢納支払によって上級支配を承認させる、間接的な支配とを使い分けた。これらは為政者の種類を問わず、この地域の特性にそった統治構造といえる。

これら十字軍国家領(二〇八頁地図参照)――近年はウトゥルメール(Outremer「海外領土」の意)と呼ばれる――がおかれた地域、すなわち北はトルコのタウルス山脈、東はユーフラテス川、南はアラビア半島にいたる砂漠、西は地中海に囲まれた地域を、どのように呼ぶべきであろうか。イスラーム教の神聖地誌からすると、聖都メッカ、メディナのあるヒジャーズ地方からみて北西に広がる空間となり、またメソポタミア文明を中心とする地理感覚では、肥沃な三日月地帯の「西のはて」となる。一方、ローマ帝国の首府、イタリア半島のローマからみた場合は、属州シリア・パレスティナという帝国東辺の行政管区であり、ユダヤ人・キリスト教徒にとっては「カナンの地」という古称も特別の意味をもった。コンスタンティノープルやカイロからの地理的・地政学的認識は、また違ったものとなるだろう。一方で、東地中海に面した沿岸部は、ビザンツやエジプトとともに、とくに通商面で「東地中海世界(レヴァント)」をかたちづくってきたエリアでもある。こうした名づけの難しさには、島や半島のような地理的まとまりとしては認識しにくいことのほかに、この地域を首都とした安定的で影響力のある独立国家――自ら認知地理を構築できる政治体――がかつて存在したことがなく、つねに広域権力の「縁辺部」を構成してきたという歴史がある。本章では、こうした特性を十分に踏まえつつ、十字軍国家領《ウトゥルメール》が領土を展開したこの圏域を「シリア・パレスティナ」と呼ぶこととしたい。

ウトゥルメールの統治指針は独特で、国家の存在意義を供給する聖地イェルサレムを軍事的に防御し、維持する態勢をとる。行政技術は、出征軍が統治ユニットごとの移動であったことから、本国での統治集団、すなわち「家中」(household)がほぼそのまま持ち込まれるかたちとなった。最初に建国されたエデッサ伯国(一〇九八~一一四四年)の場合、平和裏に統治権が委譲されたため、東方教会のアルメニア人やシリア人を主体とする住民を、第一隊のブローニュ伯ボードワンの家中が統治する方式で始まった。収入は伯国内の都市や農村からの租税や貢租、さらには領域外の略奪行で得た戦利品を基本とした。ボードワンがイェルサレム王に即位し、甥でルテル伯家のボードワン・デュ・ブールが伯位を継承すると、イェルサレム王国とのあいだに伯国を封とする主従関係が結ばれ、その系統が伯家門を形成する。家中には、ボードワンの母方の従兄弟、クルトネ家のジョスランがいたが、このジョスラン一世、その息子二世がのちに伯国を引き継ぐことになる。

アンティオキア侯国(一〇九八~一二六八年頃)は長く凄惨な攻囲《こうい》戦の後、前述の出征軍の第四隊を率いるタラントのボエモンドが侯位に就いた。ボエモンド自身は一一〇〇年に囚われの身となり、統治か

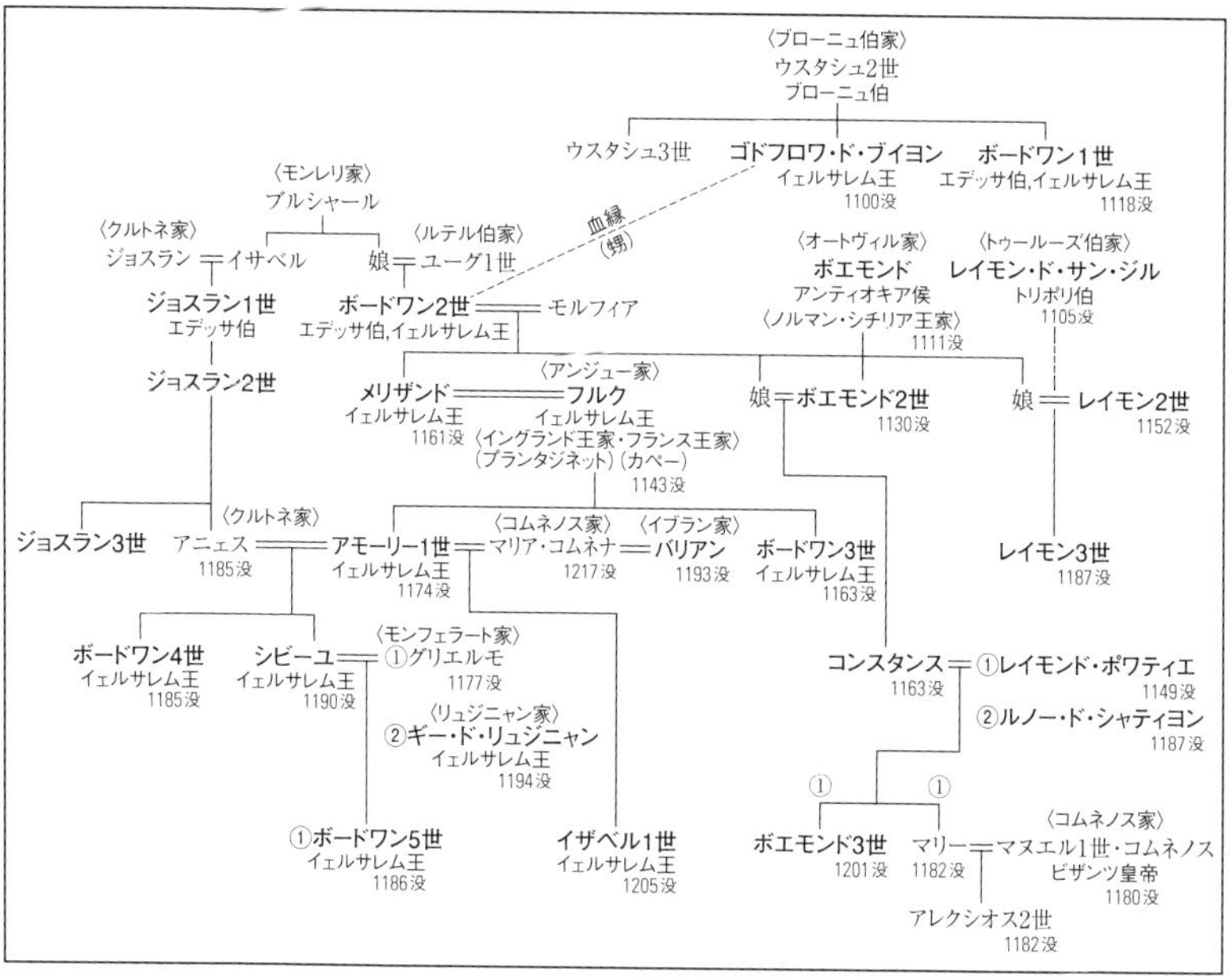

ウトゥルメール関係系図

ら遠ざかるが、その息子たちが侯位を継承し、これを甥のタンクレディが摂政として支えた。イタロ＝ノルマン系の家中が統治を担い、父の属するオートヴィル家の南イタリア諸都市に対する統治の伝統を引く。国際的な立場は厳しく、一〇八五年までの統治権者であったビザンツからの返還請求は執拗で、アナトリアのセルジューク地方政権や北シリアのムスリム勢力南下の脅威も常にあった。一方で、東方教会のキリスト教徒住民やユダヤ人、ムスリム住民（とくに商人）との関係は良好で、国内統治は安定していた。かつて五本山の一角を占めたアンティオキア大司教座がラテン教会の組織として復興され、その下にエデッサ、トリポリの各司教座がおかれた。

トリポリ伯国（一一〇九〜一二八九年）は、第三隊を率いるトゥールーズ伯レイモンが自らもウトゥルメールに領国を建てるべく、ペレグリヌス山上に建てた城砦を拠点に五年以上の攻囲のはてにトリポリの町を制圧したことで誕生した国家であった。伯位はレイモンの家系が継承し、トルトサからジブレまでの沿岸都市とオロンテス川以西の内陸部（レバノン山を一部含む）を支配下においた。レイモンのトゥールーズ伯の家中が統治にあたり、イェルサレム王国同様に評議会《オート・クール》を行政の中核に設置し、陸軍よりも強力な海軍を備えた。

イェルサレム王国（一〇九九〜一二九一年）は、各部隊を率いる諸侯の合議において、「王国」とすることが決められた。ダヴィデやソロモンが君臨した旧約聖書の同名の王国や、再臨のキリストが自らおさめる「天上のイェルサレム」を彷彿とさせる、この「王国」が、当時の国際秩序の何処《いずこ》に位置づけられるべき政治体かという点は、当事者のあいだでもおそらく明確な合意や了解はなかった。第一隊のゴドフロワを筆頭に三兄弟が加わったブローニュ＝ルテル伯家が新しい王家の王統をつくり、当面はその家中が日々の実務を担当した。王国の領土は、北はベイルートから南はエジプトへの入り口にあたるダロン（アスカロンより南）までの沿岸部に延び、また内陸については南へ行くほど東に深くその領土は広がり、南部では死海を越えてトランスヨルダンにまでおよんだ。内陸の都市国家はフランスの首府のごとく、沿岸都市はイタリアの都市国家のように、農村部は、聖地に所領を得て定住した十字軍兵士の領土を除けば、従来の現地徴税機構を引き継いで治められた。王国の統治やウトゥルメール全体にかかわる案件を議論する王国評議会《オート・クール》は、同時期のヨーロッパ君主国のモデルに倣ったものであった。

王国の国制や王国と他の十字軍国家との関係は、時間をかけて徐々に整えられていった。周囲の勢力との戦いを継続するために、膨大な軍事費をかけて戦力を維持する必要に迫られていた点は十字軍国家の大きな特徴だが、同時代のイングランドやフランスもじつは同じような状況下にあった。農村部や都市から集めた租税の再分配は、ヨーロッパの各地から持ち込んだ家中を手本とする行政組織が、印璽《いんじ》を付した証書を発給し、君主の名や姿を刻んだ貨幣を打刻したりしながら捌《さば》いていった。君主は、戦争を指揮し、紛争を仲裁し、訴訟を親裁し、儀礼を執りおこなうことでその権威を誇示した。現地のリソースを用い、同時期のヨーロッパの統治を模倣しつつ、国家の運営が模索されていったのである。

帰還する兵士たち

十字軍の活動や戦果、実情や要請を西欧社会に広く伝えたのは、年代記や出征兵士の追加派遣を求める聖地からの書簡のほか、帰還した兵士自身による口頭での語りであった。諸侯のうち、第二隊のフランドル伯ロベール二世、ノルマンディー公ロベール二世、第一隊のウスタシュ三世は、イェルサレム制圧後まもなく、配下の兵士をともなって聖地を発って帰路につき、無事帰国をはたした。また、アンティオキア攻囲戦を前に帰国してしまったブロワ伯エティエンヌについては、ノルマンディーの年代記作者オルデリク・ヴィタ―リスが、その背信行為が招いた本国での激しい非難や妻アデラの叱責を伝えている。ライリー・スミスが名前を確認できた七九一名の出征者のうち、聖地にとどまった者はわずかに一〇四名であり、多くの者が帰国を選んだことがわかる。

帰還者のなかには再度聖地に赴く者もいた。ショーモン・シュル・ロワールのユーグ(伯従者の家系)は、一一二九年、後述するアンジュー伯フルク五世の一行に加わり、パレスティナに向かった。ユーグの十字軍出征は二度目で、一〇九六年三月のマルムティエ修道院での教皇が主宰した十字軍出征式典の場で十字架をとり、一〇九九年に始まる三年間の戦いに加わり、激戦を潜《くぐ》り抜けて故郷に帰還していた。この度の出征を前にユーグは、婚姻を通じて得たフランス中部のアンボワーズの領主の地位を長男に託し、死地を求めての二度目の出征であった。はたしてユーグは、パレスティナ到着の二カ月後に死去し、オリーブ山中に埋葬された。

帰還者の証言は、十字軍に同行しなかった年代記作者の情報源となった。アーヘン参事会聖堂の参事会員アルベルトによる『イェルサレムの歴史』全一二巻は、アーヘン周辺の北ロートリンゲン地方に写本が流布している点、また下ロートリンゲン公であったゴドフロワを称揚する内容面からも、同圏域からの出身者の帰還後の目撃証言やテクストに依拠していることが指摘されている。著者不詳の『フランク人の事績』を優雅な散文作品『イェルサレムの歴史』に仕上げたボードリ・ド・ブルグイユ(一一三〇没)は、ブルグイユ修道院の院長およびドル・ド・ブルターニュ司教を務めた詩人聖職者だが、墓碑

ボードワン３世発行のデナリウス硬貨(左)とアモーリー発行の硬貨(右)
左は王宮のおかれたダヴィデの塔を，
右は聖墳墓教会内のアナスタシス円形堂をデザインしている。

銘や書簡、聖人伝で知られる文才の人で、作品の受容圏はブルターニュ地方を中心に広がっていたと思われる。また、従軍した年代記作者のうち、第一隊でボードワンの従軍司祭を務めたシャルトルのフーシェは聖地にとどまり、イェルサレムにて年代記を執筆したが、その作品は西欧に持ち込まれて広く普及し、ノベール・ド・ギジャンなど他の年代記作者に活用されている。

　帰還者の多くは、聖地より聖遺物（聖十字架断片など）や記念物（聖地の土など）を持ち帰り、帰国後も聖地との絆を保とうと、聖遺物をおさめる聖遺物匣《こう》を発注したり、身近な聖堂の壁や柱頭に戦いの様子や兵士の勇姿を描かせた。なかには、聖地最大の象徴物である聖墳墓教会を模した聖堂や小建築（擬聖墳墓）を建造する者もいた。サンリスのシモンは第一回十字軍からの帰還後、無事の帰還と聖都の奪回に対する感謝を込めて、イングランドのノーザンプトンの町に「聖墳墓教会（Church of Holy Sepulchre)」という名の円形聖堂《ロトンダ》を建てた。擬聖墳墓はその地域の小イェルサレムと見なされて代理巡礼地となったが、聖地巡礼を促す広告塔としても機能した。

帰還者がもたらす情報は、教皇主導の教会改革にもフィードバックされた。一一二三年開催の第一回ラテラノ公会議では、決議条項第十条で、イェルサレム出征者の罪の免除とその一門および家産が聖ペトルスとローマ教会の庇護下におかれるべきことを定めている。重要な点は、ウルバヌス条項が、改革教皇権が長らく準備してきた四半世紀ぶりの普遍公会議の場で、司教・修道院長三〇〇名の前で議事として討議され、最終決議条項に記載されたことであった。これらの条項は、『グラティアヌス教令集』(一一四〇～五〇年)に収録され、大規模な法集成の動きが進む教会法の一部を構成することになる。

小十字軍のとだえぬ波

聖地と本国との情報や人の往還、勧説ツアー、教皇座による十字軍出征宣誓の不履行に対する厳罰化といった働きかけは、小規模ではあるがとだえることのない聖地への出征を後押しした。

最初の十字軍に出征の誓いを立てていたアキテーヌ公ギョーム九世は、一一〇一年になってアキテーヌとガスコーニュの軍勢を率いて出立し、コンスタンティノープルにいたった。ビザンツ皇帝軍とともにアナトリアを進軍中、ヘラクレアでマリク・ガーズィー麾下《きか》のトルコ軍に壊滅的な敗北を喫し、小勢の騎士をともなう公だけが戦場を脱し、アンティオキアをへてイェルサレムにたどり着いた。翌一一〇二年に領国に帰還すると、南西フランス諸侯の紛争に巻き込まれるが、その後、今度はイベリア半島に出征し、レコンキスタを進めるアラゴン王アルフォンソ一世を援《たす》けた。

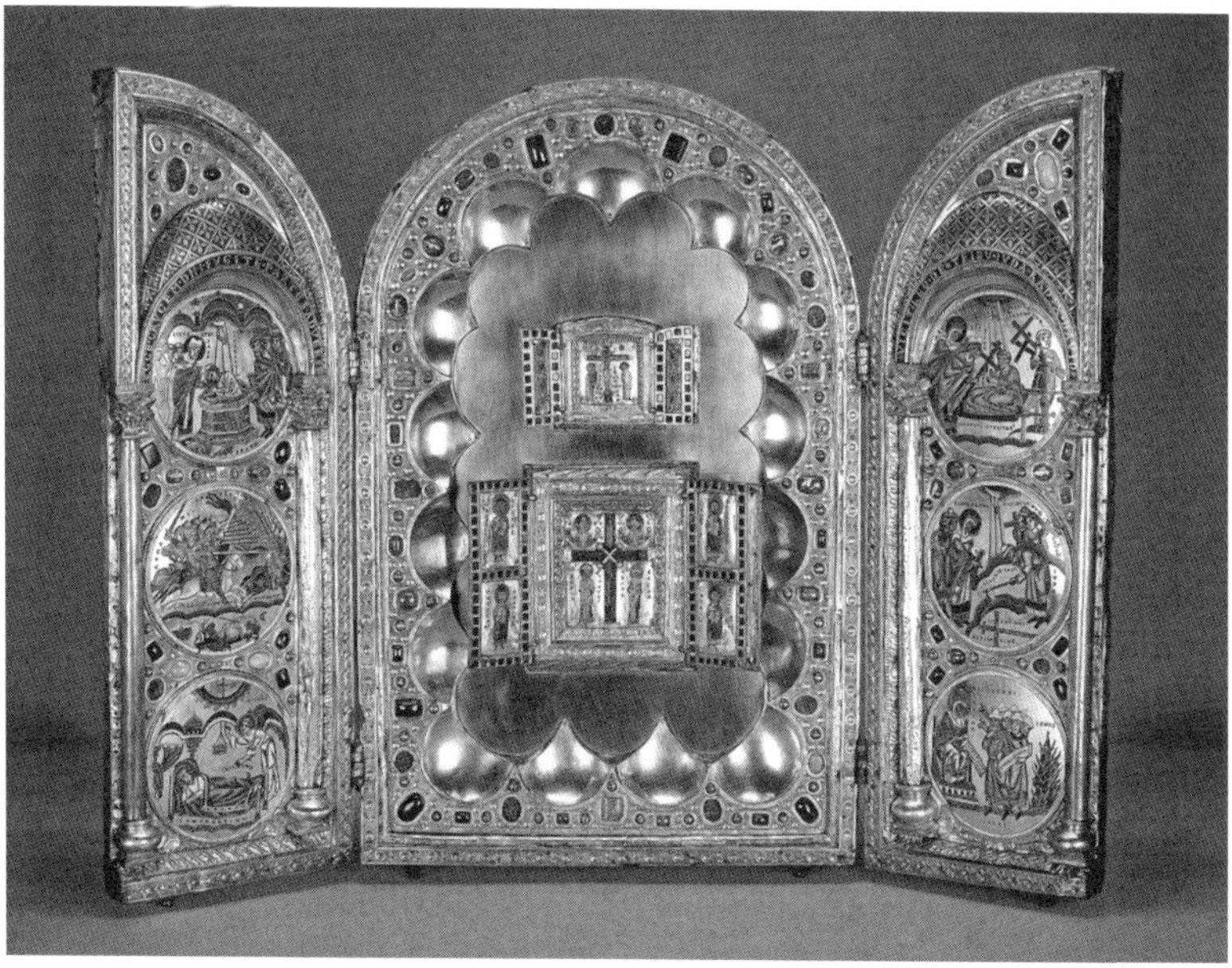

スタヴロ三連板(1156年頃)
ミューズ渓谷(現ベルギー)で制作された三連板で,
中央に聖十字架の木片をおさめ,
両翼にヘレナの聖十字架発見譚を描いている。

グレゴリウス七世とカノッサ事件を演じ、教皇座の政敵とされたザーリア朝ローマ皇帝ハインリヒ四世でさえ、イェルサレム征服後まもない一一〇一年に、自身の厩役《マルシャル》コンラートを、バイエルン大公ヴェルフ一世、ザルツブルク大司教、パッサウ司教とともに聖地に派遣している。年代記作者エッケハルト・フォン・アウラによると、この十字軍行にはバイエルンの諸侯、高位聖職者が多数参加し、多くの死者をだしたという。皇帝自身も、クリュニーのフーゴーへの書簡(一一〇二年)で、俗権と教権の和解が実現して平和が樹立されたなら、イェルサレム巡礼に出立する旨を記している。事実、一一〇三年顕《けん》現節《げんせつ》には、マインツ大聖堂において、ヴュルツブルク司教エメハルトを通じて、イェルサレムへの出征と同名の息子ハインリヒ(五世)への王国統治権の委譲を宣言させている。

ドイツ皇帝権が領土的関心を示すイタリアでは、従来の南イタリアに加え、東地中海の通商を担い、聖地への出入りも盛んなヴェネツィア人やジェノヴァ人が艦隊や軍勢を提供した。一一二四年二月、ボードワン二世は、ヴェネツィア艦隊、トリポリ伯の支援を受けてティルスを陥落させ、都市の三分の一をヴェネツィアに与える協定を締結している。また、一一〇七年のアンティオキア侯ボエモンドによる「再挑戦」十字軍には、ノルマンディーやリムーザンをはじめとするフランス各地、イングランド、アイスランド、ノルウェーから集まった兵士が参加した。一一二〇年に登極した、「十字軍家門」出身の教皇カリクストゥス二世の十字軍(一一二〇〜二四年)には、フランスのメーヌやポワトゥ、ブルゴーニュのほか、ドイツから出征者が集まった。

このほかに、武装巡礼というかたちでの巡礼者が、聖地で十字軍国家の軍事行動に加わるケースもみられた。例えば、一一一〇年のノルウェー王シグルド一世(在位一一〇三〜三〇)は、本来巡礼目的で聖

ノーザンプトン(イングランド)の擬聖墳墓教会
1100年に建造が始まった初期の教会は円形聖堂で,
のちに尖塔と３列の身廊《しんろう》が増築された。
竣工後の1116年，聖アンドリューズ修道院に寄進された。

地にいたったが、ボードワン一世の説得でシドン包囲戦に参加している。同王の事績は、北欧サガ作品『ヘイムスクリングラ』のなかで英雄的行為として賞讃されている。

小十字軍の絶えることのない波は、「十字軍」の成果が西欧に伝えられ、その意義が広く認識され始めたこと、慢性的な兵士不足や人口の不足に悩む十字軍国家からのさまざまな働きかけといった諸要因の相乗効果により、規模は小さくとも停滞することなく押し寄せた。そのなかで、地域的な偏りはしだいに薄れ、ヨーロッパ全土から兵士や民衆が聖地をめざすようになった。「十字軍」はかくして、全ヨーロッパ的現象となっていったのである。

5 多極化する十字軍とベルナール構想

アンジュー家フルク五世の出征

一連の小十字軍のなかで、注目すべきは、一一二八年のアンジュー伯フルク五世の組織した軍勢である。すでに一一二〇年に一度、イェルサレムに巡礼した経験をもつフルクは、アンジュー伯位を息子ジョフロワに譲ったうえで、家中の一部を引き連れてパレスティナに向かい、二八年の聖霊降臨節の直前に、イェルサレム王ボードワン二世の娘メリザンドと結婚し、アッカとティルスを婚資として受領した。この結婚はボードワン二世側からの申し出であったが、それは王家男系での王位継承が困難な状況のなか、女系血統を通じた王位継承(血統での継承権をもつ家門女性とその夫が、婚姻関係にあるあいだに限ってともに王位を担う)が許容されたことを示している。これ以後、王女に適した配偶者候補を、聖地の貴族のみならず、広く西欧に探し求めることが王国の最重要の政治課題となる。

ボードワン二世死後の一一三一年九月十四日、イェルサレムの聖墳墓教会でメリザンド、フルク夫妻の共同国王としての戴冠式が挙行された。イェルサレム共同王フルク(在位一一二八〜四三)は、アンティオキア侯を兼ねつつ、モスル・アレッポを拠点とするトルコ系総督ザンギーの攻勢に対し、ビザンツをも引き込んだ防衛同盟の結成(一一三八年)を画策するなど、本国で培った軍略上の手腕をみせた。そのほかにも、テンプル、ヨハネ両騎士修道会の創設を認可し、ヴェネツィアやジェノヴァの海軍力や海上物資輸送網を活用し、要港ティルスを攻略するなどの成果をあげた。

一方、イェルサレム王の血統に有力家門アンジュー家の血が加わったことは、フランス(およびイングランド)の国王、諸侯、領主間の錯綜する人間関係や合従連衡が聖地の動向に影響をおよぼす環境が強まったことを意味した。アンティオキア侯がルイ七世の王妃エレアノール・ダキテーヌの叔父レイモン・ド・ポワティエであり、トリポリ伯がトゥールーズ伯レイモン・ド・サン・ジルの曾孫レイモン二世であることをみても、フランス=聖地間の人脈の濃密さは一目瞭然だが、両騎士修道会の総長や大司教、司教などの聖界人事まで含めると、その傾向はいっそう明らかとなる。地中海をまたぎ、二〇〇〇マイルの距離を超えて、両地域は連動していたのである。

第二回十字軍とベルナール勧説ツアー

モスルおよびアレッポの総督である、トルコ系アターベクのイマドゥッディーン・ザンギーは、周囲に支配を拡張し、南方のダマスカス攻略をめざしていたが、エデッサ伯ジョスラン二世が同盟国を支援すべくエデッサを離れた隙に街を攻囲し、一一四四年十二月二十四日、エデッサを陥落せしめ、その際多くの住民が殺戮された。これは、イェルサレム王国では、少年王ボードワン三世の治世で、実質的にはメリザンドの摂政統治期(在位一一四三〜五二)にあたる。

エデッサ陥落の報は、一一四五年秋、教皇エウゲニウス三世(在位一一四五〜五三)のもとに使節によって届けられた。教皇は、十二月一日付で十字軍の教勅『クワントゥム・プレデケッソールス』を公布する。

余は、余の前任者たるローマ教皇たちが、東方教会の解放のためにいかなる努力を払ったかを、過去の報告書を読んで知り、彼らの事績録のなかに見出した。わが前任者たる善き記憶の教皇ウルバヌス殿は、あたかも天から吹かれる喇叭《ラッパ》のごとく、〔勧説のなかで〕声高に訴えられ、この件について熟議すべく、聖なるローマ教会の信徒たちが世界の諸地域から集まるよう取りはからわれた。

(オットー・フォン・フライジング『フリードリヒ一世の事績』第一巻三十六章)

本教勅は、皇帝フリードリヒ一世の叔父でフライジング司教のオットーがその著書に転載しているもので、オットー自身、第二回十字軍への従軍者であった。東方出征を呼びかけるこの教勅は、ウルバヌス二世が定めた十字軍出征者に対する贖罪認定および財産保護の条項(ウルバヌス条項)をあらためて記載しているが、ここに引用した箇所からもわかるように、現教皇は第一回十字軍における教皇ウルバヌスの事績を総括し、その継承を言明している点を確認しておこう。

カペー朝フランス王ルイ七世は同教勅を受領し、ブールジュ宮廷集会の場で十字軍出征を宣言するが、参集した諸侯の反応は鈍かった。これに対し、シトー会出身の同教皇は、最初の十字軍の際に教皇ウルバヌスが自らおこなった勧説ツアーを、かつてクレルヴォー修道院での師であった聖ベルナールに委ねた。

ベルナールはまず、一一四六年の復活祭主日に、ブルゴーニュのヴェズレー修道院前の野外集会で十字軍勧説をおこなった。キリストの受難を見届け、復活のキリストに出会ったマグダラのマリアを守護聖人とする本教会には、一一四五年頃に現存するナルテックス(玄関間)が設えられたばかりで、中央扉口半円部《タンパン》には「最後の審判」のキリストが、そしてその奥にある玄関間内の同じ場所には、世界に福音を宣《の》べ伝える「世界伝道」を命じる聖霊降臨の場面が、命令を下す巨大なキリスト像をともなって造形されている。ディンツェルバッハはこの日時・場所の選択を「高度なプロパガンダ」ととらえているが、年代記作者は多くの聴衆――おもにルイ七世の廷臣――が感極まって競うように十字を手にしたと書いている。

ヴェズレーを発ったベルナールはフランドル方面に向かい、アラス、イープル、ブルッヘをへてリエージュを訪ねた。その後ドイツのライン地方に歩みを転じ、ヴォルムスを経由して、十一月にはフランクフルトにいたった。フランクフルトではドイツ国王コンラート三世(在位一一三八～五二)に対し直接説得を試みるが、了承を得られない。南下してフライブルク、バーゼルを通り、十二月十二日、十字軍勧説を熱望する司教ヘルマンが待つコンスタンツでは熱狂的な歓迎を受けた。そして、すぐさまライン川を下って、ドイツ国王宮廷が降誕節を祝う王都シュパイアーに到着した。キリスト降誕を祝う信徒の興奮が町にあふれるなか、聖ヨハネの祝日(十二月二十七日)、シュパイアー大聖堂にて、コンラート三

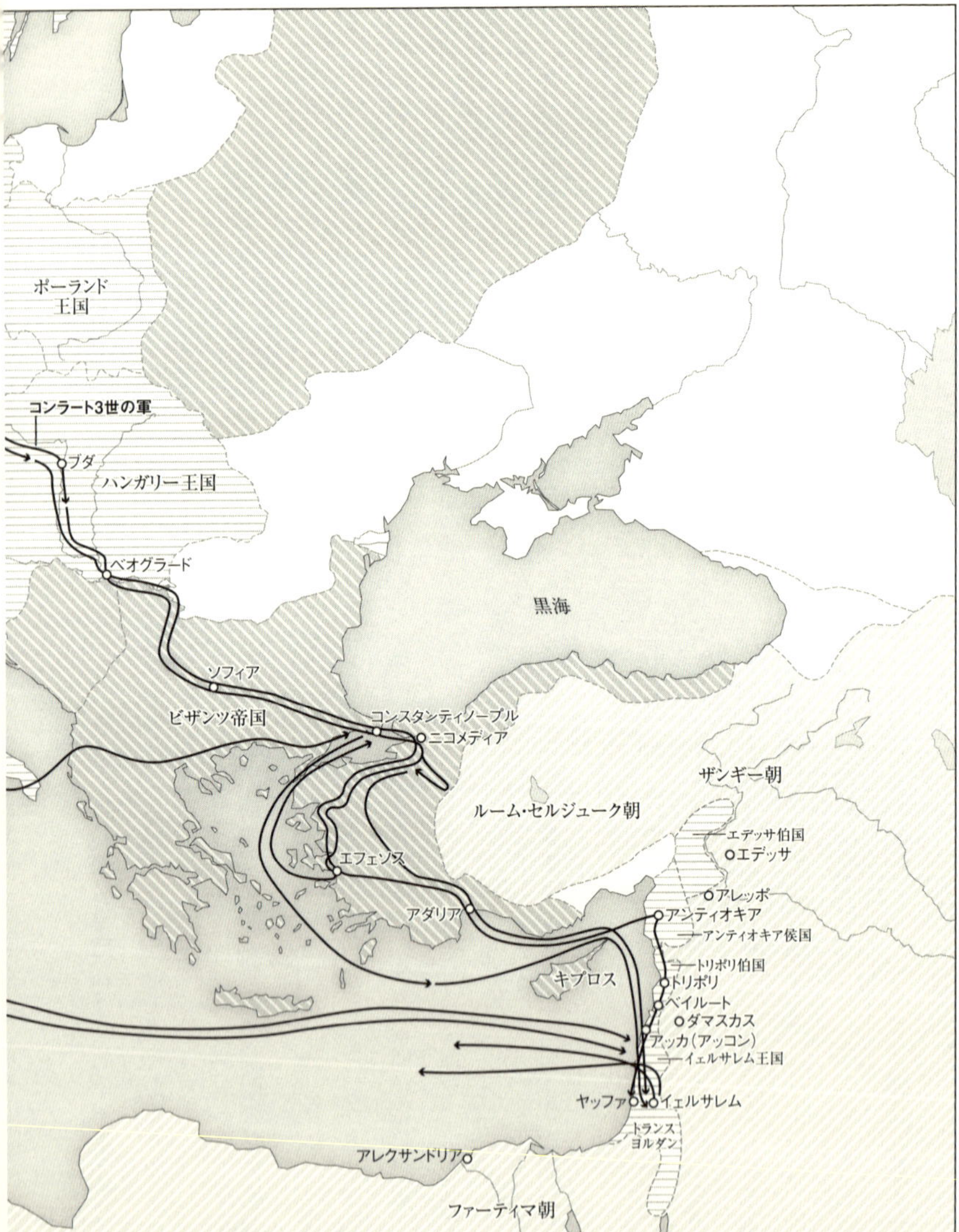
ポーランド
王国
コンラート3世の軍
ブダ
ハンガリー王国
ベオグラード
黒海
ソフィア
ビザンツ帝国
コンスタンティノープル
ニコメディア
ザンギー朝
ルーム・セルジューク朝
エデッサ伯国
エデッサ
エフェソス
アレッポ
アダリア
アンティオキア
アンティオキア侯国
トリポリ伯国
キプロス
トリポリ
ベイルート
ダマスカス
アッカ（アッコン）
イェルサレム王国
ヤッファ
イェルサレム
トランス
ヨルダン
アレクサンドリア
ファーティマ朝

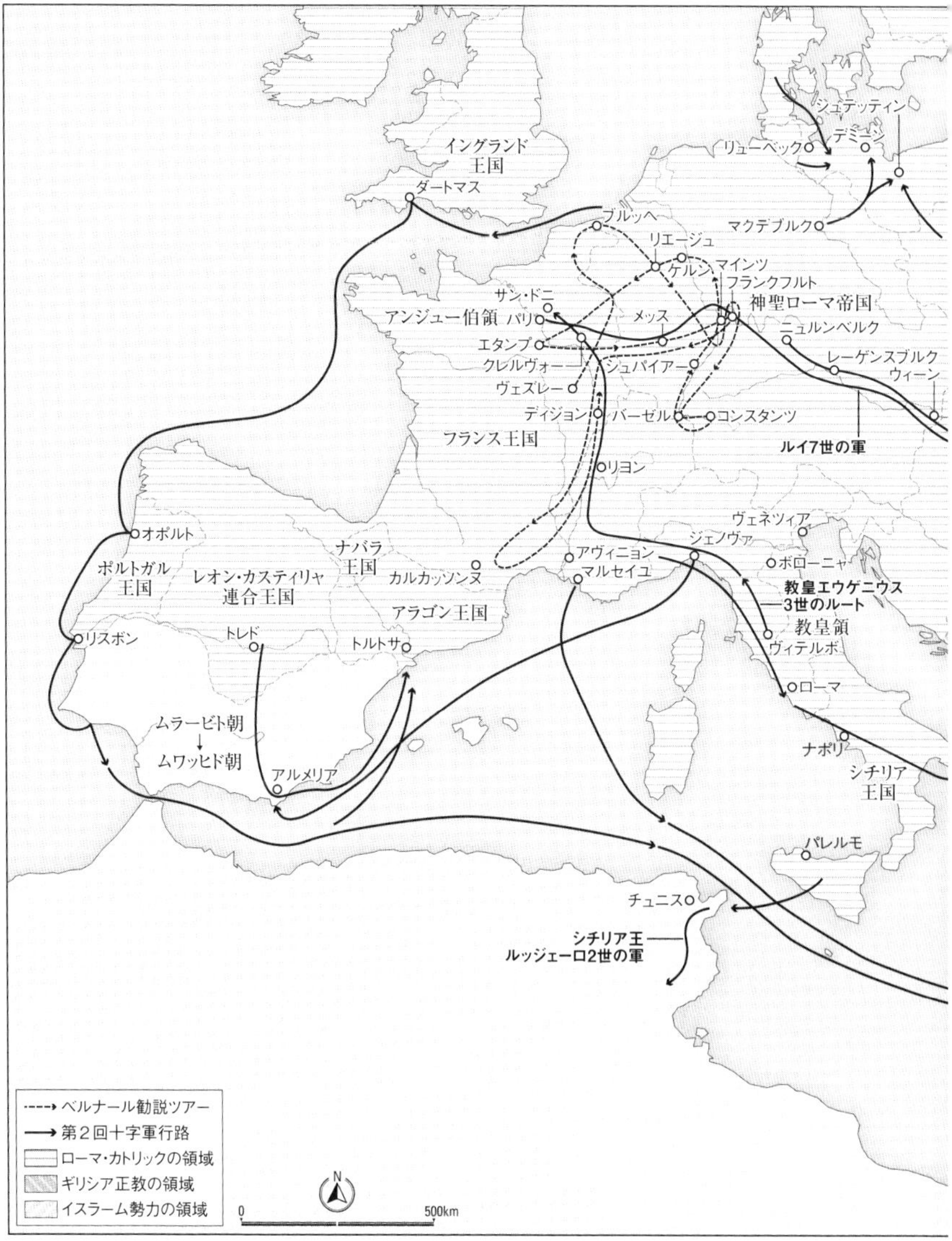
イングランド王国
ダートマス
ブルッヘ
リエージュ
ケルン
マインツ
フランクフルト
神聖ローマ帝国
サン・ドニ
アンジュー伯領
パリ
メッス
エタンプ
クレルヴォー
シュパイアー
ヴェズレー
ディジョン
バーゼル
コンスタンツ
フランス王国
リヨン
シュテッティン
デミーン
リューベック
マクデブルク
ニュルンベルク
レーゲンスブルク
ウィーン
ルイ7世の軍
ヴェネツィア
ジェノヴァ
ボローニャ
アヴィニョン
マルセイユ
教皇エウゲニウス3世のルート
教皇領
ヴィテルボ
ローマ
ナポリ
シチリア王国
パレルモ
チュニス
シチリア王ルッジェーロ2世の軍
オポルト
ポルトガル王国
レオン・カスティリャ連合王国
ナバラ王国
カルカッソンヌ
アラゴン王国
リスボン
トレド
トルトサ
ムラービト朝
↓
ムワッヒド朝
アルメリア
ベルナール勧説ツアー
第2回十字軍行路
ローマ・カトリックの領域
ギリシア正教の領域
イスラーム勢力の領域
N
0
500km

ベルナール十字軍関連

世は参集した信徒の割れんばかりの喝采のなか、自ら十字架を手にとり、祭壇にてベルナールの手から軍旗を受け取った。『ベルナール伝』の著者は、この時のベルナールを、「最後の審判」に際してのキリストのごとくであったと記している。

ベルナールの遊説は、ケルン、アーヘン、ジャンブルー、カンブレー、ラン、ランス、トロワにおよんだ。二月十六日のエタンプでは、ベルナールは、パレスティナ出征の行軍ルートを取り決め、ルイ七世不在時の国王代理を決めるフランス王国の集会に加わっていた。フランス軍の出発は六月八日、出発地はメッスと定められた。三月十三日にはフランクフルトでのドイツ王国集会に出席し、国王不在時の治安確保を期した一般帝国平和令の公布を見届けている。ドイツ軍の出発は、その二カ月後である。

ルイ七世はパリ郊外のサン・ドニ修道院に立ち寄り、フランス王室の軍旗(オルフラム)を手にし、母后アデラ、王妃エレアノール、教皇エウゲニウス三世と大勢の群衆に見送られて旅立った。カペー家フランス王としての高度に演出された出立であった。一方、コンラートはニュルンベルクに参集した軍を率いてレーゲンスブルクにいたり、そこから船に乗船してドナウ川を航行した。両軍はほぼ同じ時期に同じ経路でコンスタンティノープルをめざした。十月、まずはドイツ軍がコンスタンティノープルに到着した。コンラート三世の義妹ベルタ(皇妃としてはエイレーネ)を妃としていたビザンツ皇帝マヌエル一世(在位一一四三～八〇)は、コンラートを歓待し、武器や艦船、物資の提供を申し出た。サラセン軍との対戦を熱望するコンラートの意向で、エデッサ伯国の奪回とは無関係なアナトリアのルーム・セルジューク領への出征がおこなわれた。しかし、水と食糧の枯渇により手痛い敗北を喫し、病を得た王はエフェソスからコンスタンティノープルに戻り、順風を待ってようやく船でイェルサレム王国に足を踏

ヴェズレー修道院教会の玄関間身廊入り口のタンパン，聖霊降臨の場面
中央のキリストの手から12名の使徒たちに聖霊が降り，
その周りを世界の四隅に住む異形の民族の姿が囲んでいる。

み入れた。一一四八年六月二十四日、アッカでは、イェルサレム王ボードワン三世幼王と母で摂政のメリザンド、コンラート、アンティオキアからきたルイ七世と彼らの幕僚が一堂に会し、ダマスカス攻略を決議した(二三八頁地図参照)。

その背景には、前述のザンギーによる支配圏拡張の脅威があった。一一四六年のザンギー死去後、息子ヌール・アッディーンが権力を継承し、アレッポを拠点にダマスカスをうかがう情勢にあった。そこで、本来の出征目的であるエデッサ奪回を棚上げし、ダマスカスへの進軍を決定したのである。しかし、戦術面での不手際や裏切りもあって、多くの犠牲を払った攻略作戦は何の成果もあげることなく失敗に終わった(七月二十八日)。コンラート三世は一一四八年九月八日に帰国、ルイ七世は降誕祭と復活祭のミサに与《あずか》るため、一一四九年初夏までイェルサレムにとどまった。

この失敗は、最初の十字軍の成功体験を打ち消すほどの衝撃を与えた。しかも、ルイやコンラートの出立の様子からわかるとおり、国王が自ら大軍を組織しておこなった西欧社会の威信をかけた出征であった。ティルス大司教ギョームのように、その失意を赤裸々に綴る年代記作者もいたが、この十字軍を記録にとどめること自体がためらわれたために、そもそも記述自体が少ないとの研究者の指摘もある。ただ、この度の十字軍は、確かに「ベルナール構想」における主要な課題ではあったが、そのすべてではない。聖ベルナールの思惑は、どのような広がりをもっていたのであろうか。

多極化する十字軍と「新たなる騎士」

東方に出征した軍勢のうち、北西ヨーロッパの諸港から出発した部隊(イングランド軍、ノルマンディ軍、フランドル軍、ロートリンゲン軍、ケルン軍）は、ジブラルタル海峡を通って地中海にはいる航路の途上、ポルトガル王アルフォンソ・エンリケシュによるリスボン攻略（一一四七年十月）に加勢した。イベリア半島にとどまりレコンキスタに加わった兵士もいたが、多くは引き続き聖地をめざした。この一件の背後にも、ベルナールの誘導があった。異教徒ムスリムとの戦いは、たとえ聖地でなくとも、「主のための戦い」と見なされうることの明確な表明であった（二三八頁地図参照）。

　またベルナールは、バルト海南岸のヴェンド人君主ニクロートに対する征伐やチェコ人のポメラニア出征を、聖地出征より重大な案件と考える北ヨーロッパの諸侯に対し、聖地出征に準じる「十字軍」としての認可を与えた。ただし、このエリアにキリスト教の聖地はなく、相手はムスリムでもない。ベルナールの書簡は、ムスリム以外の異教徒もまた十字軍による征討の対象となりうることを認めるものであった。このヴェンド＝バルト十字軍の実態は、バルト海を取り囲む勢力間での利権、すなわち漁場や土地などの資源をめぐる争いであって、信仰の問題は二義的であった。十二世紀半ばのバルト海南岸一帯は、土地の開墾による耕地拡大（東方植民運動）、都市建設による収入増加といった領土《ランデスアウスバウ》開発を競合的に推進していた諸侯のせめぎ合いの最中にあって、「十字軍」認定はキリスト教諸侯に武力行使の口実を与える結果となった。リューベックを建設したヴェルフェン家のハインリヒ獅子公の台頭は、その顕著な事例といえる。

　こうしたベルナール構想の実現において欠かせない存在が騎士層であったが、なかでもベルナール自身がその成立・発展に深く関与した騎士修道会の存在が重要であった。騎士修道会の成立という点では、たびたび襲撃の対象となっていた巡礼の護衛を申し出たシャンパーニュ出身のユーグ・ド・パイヤンら騎士たちに庇護を与えたボードワン二世の功績が大きい。同じ時期、ドイツにおいて国王が活用したミニステリアーレン(新興の下層騎士層)のように、既存の主従関係にとらわれない騎士層を遊軍的な手勢として組織し、その総長や高位役職者を援軍派兵や資金提供などのような外交任務に用いる道筋がつけられた。ユーグらによる巡礼護衛は、ウトゥルメールで開催された最初の地方教会会議、ナブルス教会会議(一一二〇年)の場で承認され、一一二九年には、フランスのトロワ教会会議において、テンプル騎士修道会(総長ユーグ)として教皇から正式に承認を受けた。

トロワは、聖ベルナールが一一一五年以来、院長を務めるクレルヴォー院のすぐ近くにある。ベルナールの同会議への出席の有無については両論あるが、出席者の面々や議事進行をみてもベルナールの強い関与がうかがわれる。そのベルナールは、テンプル騎士修道会のトロワ会議で認可された会則を起草するとともに、騎士修道士という存在のヨーロッパでの認知を広げる重要な文書『新たなる騎士たちを讃える書』(一一二〇～三六年頃)を著している。

これらのテクストのなかでベルナールが規定し、称揚する「新しい騎士」とは、キリストの敵と戦い、世俗的享楽を避けて質素な生活を旨とし、教会や貧者を保護する「キリストの騎士」(milites Christi)であった。清貧と武力行使を両立する彼らの存在は、アウグスティヌスの正戦論の系譜を引くもので、教権の俗権からの自立を目論むグレゴリウス改革の一つの着地点であったといえる。この騎士構想は同時に、ランのアダルベロの三身分論(祈る人、戦う人、耕す人)や、カンタベリのアンセルムスが論じる贖罪論など、十二世紀ルネサンスの議論と連動していたという点にも注意しておきたい。

第二回十字軍と同じ時期にレーゲンスブルク(ドイツ軍の出征地)で書かれた『トゥヌクダルスの幻視』

は、アイルランドの騎士で、享楽的な生活を送っていたトゥヌクダルスの魂が、天使の導きによって地獄、煉獄《れんごく》、天国をみてまわることで改心し、土地財産を投げ打って十字軍に出征するという異界めぐり譚《たん》である。作中には、シトー会や、聖ベルナールがその伝記を書いたアイルランド人のアーマー大司教マラキアスが登場するが、想定される読者層はおそらく、「新しい騎士」の候補者たちであったと思われる。なお、ベルナールの構想との関係は明らかではないが、かつてルイ七世の妻で、イングランド王ヘンリー一世の妻となったエレアノールが領するアキテーヌ地方では、彼女の庇護のもと、騎士道と騎士の武勇を謳い上げる俗語文学が隆盛しつつあった。

ベルナールの構想は、十字軍によるエデッサの奪回を最終目標とするものではなかった。この構想は、かつてのウルバヌス構想を引き継ぎ、改革教皇権のめざした理想を実現することを期するものであり、キリストの敵――サラセン人、異教徒、異端――を明確に規定し、これらに対する武力行使を「聖戦(十字軍)」と位置づけ、その実現のために新しい騎士層をつくり上げようとするものであった。そして、この構想は、ベルナール個人の人脈やシトー会の組織力を活用してキリスト教世界の全域に広められ、皇帝・国王、諸侯、騎士から市民・農民にいたる幅広い階層に浸透させられるべきものであった。ベルナールのイェルサレム王摂政メリザンドとの文通は、この構想が女性とも共有されるべきものであることを示している。

聖地からの情報や経験、その象徴としての価値は、十二世紀ルネサンスの中心人物聖ベルナールの強靱な知力をとおして輪郭の定まった理念――十字軍――に彫琢《ちょうたく》されたのである。

6 世代の継承と聖戦観念の前景化

十字軍家門とウトゥルメールの担い手

十字軍国家の成立後、聖地に定着したフランク人(主体はフランス人)はこの間、世代交替を繰り返してきた。西欧から兵士ないし巡礼としてやってきては帰っていく大多数の者たちとは対照的に、聖地に生まれ聖地で成長した者たちが、十二世紀半ば以降になると各セクションにおいて頭角をあらわし始める。なかでも、最初の東方出征に加わった諸侯やその下士官クラスのうち、その後の十字軍運動やウトゥルメールの運営に持続的にかかわってきたいくつかの家門は、「十字軍家門」と呼ぶべき存在として際立ってくる。彼らは英仏間のクロスチャネル・バロンのように、聖地に血統を根づかせる一方、本国の血統から適宜人材を補完し、家門全体のなかで聖地国家の維持に対する高い義務感を継承していった。

イル＝ド＝フランスの城主モンレリのギーを共通の祖先とする血縁集団モンレリ家(二一五頁系図参照)は、十字軍国家の首長のうち、イェルサレム王位、エデッサ伯位に加え、シリア・パレスティナのもっとも重要な領地であるガリラヤ、ヤッファ領主、またイェルサレムのヨシャファト渓谷の聖マリア修道院長(ル・ピュイーズ家のギルドゥアン)、イェルサレム総大司教(アルヌール)の位を占めた。また、シャルトルの副伯に起源をもつイブラン家(家名の由来は一一三六年に受領した封土イブラン／ヤブナ)は、家門の祖バリアン一世(一一五五以前に没)が十字軍の伯領ヤッファの高官として、王家との婚姻政策を進めるなかで台頭した。一方、クルトネ家は、エデッサ伯国を失った後も、ジョスラン三世(在位一一五九〜九〇頃)が姉アニェス(アグネス)の差配でトロン城砦を下封され、王国封臣の地位を維持した。このアニェスはヤッファ＝アスカロン伯アモーリー(一世、のちのイェルサレム王)と結婚し、レプラの王ボードワン四世と女王シビーユ(一一九〇没)の母となる。

ポワトゥを起源とするリュジニャン家は一〇九六年より十字軍に参戦している古参家門だが、聖地への定住は一一六八年頃、ユーグ八世の三男エメリに始まる。エメリの弟ギー・ド・リュジニャンは、ヒッティーンの戦いの際のイェルサレム共同王(女王シビーユの夫)である。第二回十字軍出征者のうち聖地に定着した者のなかでは、ウルバヌス二世と同じ家系で、一一四七年に武装巡礼のかたちでイェルサレム王国にいたったルノー・ド・シャティヨン(一一八七没)がいる。当初ボードワン三世に仕え、その後アンティオキア女侯コンスタンスと結婚してアンティオキア侯となるが、一一六〇年から七六年までアレッポに囚われていた。解放後、イェルサレム王の家臣として、トランスヨルダンを統治した。

第二回十字軍から一一八七年直前のイェルサレム王国を取り巻く情勢に関する第一級の史料を著したティルス大司教ギョーム(一一三〇〜八六)は、聖地生まれのラテン人を代表する存在といえる。イェルサレム市民の子として生まれたギョームは、一一四六年にフランスに留学し、パリとオルレアンで自由七科と神学を、その後ボローニャで両法学(教会法学、ローマ法学)をおさめた。一一六五年にパレスティナに戻ると、まずアッカの聖堂参事会員となり、一一六七年にはティルスで助祭長となるなど、聖地カトリック社会での栄達を順調にはたしていった。壮年期を迎えると、ビザンツ滞在中のイェルサレム王アモーリー一世への使節や、のちのイェルサレム王ボードワン四世の家庭教師を務めるなど、重要な政治・外交上の役割を担うようになる。ボードワン四世からの信望は厚く、同王即位後は王国尚書局《しょうしょ》長を務め、一一七五年にはティルス大司教となった。主著『イェルサレム王国年代記』（一一六九〜七三年）のほかに、ムスリムの君侯の事績を記した著作（遺失）が知られている。

ギョームの存在は、生まれ故郷である聖地への故郷愛をもち、周囲のムスリム政権やビザンツ帝国の歴史や情勢に通じ、十字軍国家の歴史を自国史として、自らの見分と見識に基づいて批判的に綴ることのできる人材が生まれたことを意味する。一方、本章冒頭の書簡を執筆したイェルサレム総大司教エラクリウス（一一九〇／九一没）は、ギョームと総大司教位を争った政敵であるが、フランスのオヴェルニュ出身で、一一六八年になってイェルサレムの地を踏んだ後発組である。同じく冒頭で登場するアンティオキア総大司教エメリ（リモージュのエメリ、一一九六没）は、一一四〇年から総大司教位にある、出生地はフランスであるが古参の教会知識人で、翻訳運動の盛んなトレドで学んだ経験をもち、ギリシア語が堪能で、聖書の俗語訳を手掛けた文才の人でもある。

十二世紀後半のウトゥルメールでは、聖地生まれの人材が重みを増してくる半面、この地域の特徴として、西欧から移入してくる人々の役割も重要であり続けた。大司教位や司教位を担う知識人は、ボローニャやパリで受けた高度な教育、法学や神学の専門知をユニヴァーサルな知識基盤として、国境を越えて結ばれていた。彼らの国王宮廷や教皇座への進出はヨーロッパ全土での共通現象であって、そこに聖地出身者も参与するようになったのである。この傾向を可視化したのが、普遍公会議の機会であった。ギョーム・ド・ティールは第三回ラテラノ公会議（一一七九年）に数名の同僚とともにウトゥルメールの聖職者を代表して出席するだけでなく、公会議出席者たちからの依頼で、その報告書（遺失）を作成している。同会議には約三〇〇名の司教、一二〇名の修道院長、多くの世俗君侯の使節が出席し、シャルトル司教ソールズベリのジョンもその一人であった。

一一八七年への道とジハード・イデオロギー

第二回十字軍以後の聖地の動向を、イェルサレム王国を軸にみていこう。

母后メリザンドの摂政下にあったボードワン三世は、一一五四年に親政を開始した(～六二年)。聖地生まれ(一一三〇～六三)の最初の男系イェルサレム王である。アンティオキア侯国の摂政を務めたことから、ヌール・アッディーンの台頭著しい北シリア状勢を見据えつつ、イェルサレム王国の防衛を確保することを求められた。そのため、ビザンツ皇帝のマヌエル一世との同盟関係重視へと舵を切り、コムネノス家のテオドラを妃に迎えた。治世のハイライトは、ファーティマ朝最後の橋頭堡であるアスカロン攻略(一一五三年)で、以後のエジプト遠征の足がかりをつくった。

ボードワンの跡を継いだ弟のアモーリー(一世、在位一一六二～七四)は、先述のクルトネ家のアニェスと結婚し、息子ボードワン(四世、イェルサレム王)と娘シビーユ(イェルサレム女王)をもうけた。アニェスとの婚姻が無効とされると、今度はビザンツ皇女マリア・コムネナと再婚し、娘イザベル(イェルサレム女王)をもうけた。イェルサレム王家とアンジュー家の血を引く子だけでなく、ビザンツ皇家であるコムネノス家の血をも引く王女を世に送った。エジプト出征を五回にわたって繰り返して国費を使いはたしたが、数多くの基本的立法をおこない、法廷を整備するとともに、文芸に対する支援をおこなった。

アモーリー没後、アモーリーとクルトネ家アニェスの息子ボードワン四世（在位一一七四〜八五）が跡を継いだ。レプラを患いながら、領内の城砦をつぎつぎと攻撃するサラディンの軍勢と渡り合ったボードワンの君主としての資質を、研究者ハミルトンは高く評価している。ただ、治世中に国内が二つの派閥（妹シビーユとその夫ギー・ド・リュジニャン対トリポリ伯レイモン三世率いる古参貴族のバロン）に分断されたことで、王国の防衛に不安を残しつつ他界した。シビーユの息子ボードワン五世幼王（在位一一八三〜八六）の短い統治ののち、シビーユとその夫ギー・ド・リュジニャンが共同国王（一一八六〜九〇）となったところで、一一八七年を迎える。

一方、シリア・パレスティナのムスリム勢力（民族的にはアラブ系、トルコ系、クルド系など）は、アレッポやダマスカスといった防備都市とその周囲に点在する城砦を支配する地方政権を個々に構え、信仰の違いには無頓着に四囲の勢力とせめぎ合っていた。エデッサ伯国を奪取したポスト・セルジューク地方政権のモスル総督ザンギーの目的は、モスル、アレッポ、ダマスカスを結びつけた広域統治を実現することであって、エデッサ攻略は偶然事であった。セルジュークの政治伝統を引き継ぐザンギーは、学院と修道場を支配地に創設し、そこにシリアやイラクのアラブ系知識人を招き、信仰教育の基盤を構築した。これら施設をとおして、スンナ派の正統信仰を教える教師やイスラーム法の学者、裁判官《カーディ》を育成するとともに、支配地の人々の信仰面での教化を進めたが、このことが多様なムスリムの連帯に不可欠なジハード・イデオロギー受容の下地をつくった。

一一四六年のザンギー暗殺後、息子のヌール・アッディーンが父の地位と事業を継承した。最初の事業はシリア統治最大の拠点都市ダマスカスの制圧であったが、これは十字軍側のダマスカス出征の失敗と、このエリアの不安要因であったアサシン派鎮圧への期待から、一一五四年、市民による無血開城で手に入れた。興味深い一致であるが、イェルサレム王アモーリー一世が王国内の法と司法を整備していたその時に、ダマスカスではヌール・アッディーンが「正義の館」と呼ばれる君主法廷を導入していた。彼はダマスカスでも、父の政策を継承して学院と修道場の設営を推し進めた。

一一五三年に十字軍勢力によってエジプトへの出港地アスカロンが征服されると、エジプトを誰が押さえるかが、シリア・パレスティナ支配において戦略上の重要案件となっていく。アモーリー一世によるエジプト遠征は、一一六一年の宰相死後に不安定となったファーティマ朝の政権に対して、シリアを統合したヌール・アッディーンによる併合を防ぐとともに、豊かなエジプトから貢納として現金を得て資金不足を解消するという目的のもとになされたものであった。これに応じるように、ヌール・アッディーンは、配下のクルド系将軍シールクーフをエジプトに送り、宰相シャーワルを打ち破った。

シールクーフ没後、エジプト占領軍を用いて宰相位を奪取し(一一六九年)、スルタンを自称してエジプトのシーア派カリフ職を廃止(一一七一年、アイユーブ朝の成立)したのが、甥のサラディン(サラーフ・アッディーン)であった。サラディンはエジプトの支配を安定させたのち、ヌール・アッディーンの死(一一七四)後、シリアを征服し、両地域を統合した。その際、ムスリム諸勢力の連合軍を実現し、アラブ・ムスリム(シリア地方政権)とトルコ・ムスリム(セルジューク朝)、クルド・ムスリム(アイユーブ朝)の各勢力を政治的に結びつけるために、ザンギー、ヌール・アッディーンのもとで培われてきたジハード・イデオロギーを引き継いだ。その活用には、カトリック信仰をもつフランク人を明確に敵と位置づけ、敵の屈服の象徴として聖地イェルサレムを制圧するという目標が不可欠であったのである。

ヒッティーンの戦いに勝利し、イェルサレムを陥落させたムスリムの軍勢は、サラディンによるジハードの呼びかけに応じたシリアやエジプト、メソポタミアの諸将・兵士の連合軍であった。冒頭のサラディンによる書簡は、このような意図のもとに書かれた、いわば動員と士気高揚のための「宣伝文書」であったのである。

イェルサレム陥落の報を受けた教皇グレゴリウス八世は、十字軍教勅『アウディタ・トレメンディ』を公布し、十字軍出征を呼びかけた。皇帝フリードリヒ一世は十字架をとり、各地の君侯がこれに追随した。イングランド王ヘンリー二世は、書簡のなかで、つぎのように述べる。

　われわれの罪ゆえに、聖なる裁きによって、主なる神は自らの血を流して贖われた地が不信心者の手で汚されることを黙認された。それゆえ、われらキリスト教徒は皆、もてる力を尽くして支援と助言をするのは当然のことである。堅固な意志をもたれよ。さすれば、あなた方のためにすでに用意されている主の救いの手がすぐにわかろう。何となれば、……前代未聞の想像を絶するほどに大勢の信徒が陸海から支援に向かうからである。それは主なる神があなた方の国を援助するために用意した人びとなのだ。（エリザベス・ハラム『十字軍大全』二六四頁より。一部表現を改めた。）

十字軍はこの時までに、理念としても事業としても西欧社会に定着していたが、一一八七年の悲報は、各国君主の出征を固く決意させるほどに、人々の感情を揺さぶるものであった。一〇九九年以降、キリスト教ヨーロッパははじめて、聖都イェルサレムを失うという経験をしたためである。

二つの巨大信仰圏の交錯

ヒッティーンの戦いからイェルサレム制圧にいたる一連の戦闘は、十字軍理念とジハード・イデオロギーの充填された最初の戦いであった。一世紀前までは互いに大きくずれていた両宗教の情勢認識や戦闘のイデオロギーが、シリア・パレスティナ、とくに聖都イェルサレムを世界観の中心においた十字軍の行動と国家としての存続のなかでしだいに調節され、噛み合った瞬間であった。この時、聖都イェルサレムの象徴的価値は著しく高まり、イェルサレムは二つの世界観の中心に躍り出たのである。

一一八七年の事件が引き起こした三度目の十字軍(一一八九〜九二年)は、皇帝フリードリヒ一世バルバロッサ、イングランド王リチャード一世獅子心、フランス王フィリップ二世オーギュストがそれぞれ軍勢を率いる最大規模の十字軍となった。その経過をここで詳述することはしないが、皇帝軍はアナトリア行軍中に皇帝を失い、フランス王は国内事情を優先してアッカ攻囲戦後に帰還した。ただリチャード一世のみが最後まで聖都イェルサレム奪回を模索し続け、奪回は断念したものの、サラディンとのヤッファ協定によってイェルサレム王国を立て直し、イェルサレムへの巡礼に対する保証を取りつけた。このリチャードこそ、アンジュー家の血を引き、母エレアノールによって騎士文化の花開くアキテーヌで育てられた「新しい騎士」であった。フルク五世に遡る十字軍家門の伝統は引き継がれていた。イェルサレムを失ったウトゥルメールの要、イェルサレム王国は、アッカを中心とする沿岸領土国家として生き延びることとなる。

一一八七年に始まる数年間、一気に高まった普遍宗教同士の対立の熱は、その後も続いていったのであろうか。

最初の十字軍以降、西欧の十字軍を引き起こし、その理念に明確なかたちを与え、人々の聖地出征をずっと鼓舞してきた教会改革の長い道のりは、ボローニャとパリで学んだ教皇インノケンティウス三世のもと、総勢一五〇〇名が出席した第四回ラテラノ公会議(一二一五〜一六年)をもって完成の域に達する。以後、教皇座の歴史は、教皇が世俗国家の君主と競合し、広大な教皇領とヨーロッパ最大の官庁組織である教皇庁を整えながら、君主国家への道を歩む、新たな時代にはいる。十字軍は必ずしも聖地をめざさず、教皇権と皇帝権の理念闘争の道具となり、軍資金は課税によって賄われ、戦闘は傭兵が担うようになる。聖地の十字軍国家はイェルサレムを失った後も存続するが、本国との絆は細く、魂の救済や贖罪との切実な結びつきも薄れていった。

また、ビザンツ帝国は、一一八〇年のマヌエル一世帝の死去後、混乱の時代にはいり、ついには一二〇四年、第四回十字軍のコンスタンティノープル侵攻によっていくつかの亡命政権のみに縮減してしまった。本章の行論から明らかなように、古くからムスリム勢のあいだで知名度が高く、一目おかれていたビザンツ帝国の存在は、最初の十字軍の成功を支え、シリア・パレスティナでの領土争いに抑制的な効果をもたらし、十字軍国家の存続の条件であり続けた。その役割をはたすべき帝国は、失われてしまった。

そして、サラディン没(一一九三)後のアイユーブ朝は、後継者のあいだで分割領有され、イスラーム世界本来の聖都であるアラビア半島のメッカ方面、新たな国際通商路である紅海方面に領土的関心を移していった。イェルサレムやシリア・パレスティナは再び、広域権力の縁辺という本来の地位に戻っていく。この地域が再び熱い攻防の舞台となるのは、長いオスマン朝支配の末期、シオニズムの高まる十九世紀末のことである。

補論

ユーラシア東部における「唐宋変革」期

飯山知保

馬車で二十五里を進んで白溝《はくこう》河《が》をわたり、また五里ののち固《こ》城鎮《じょうちん》(河北省定興県)で宿をとった。人々の衣服は〔これまで通過してきた〕黄河以北の地域とはまた異なり、多くの男性は被り物を着用せず、多くの女性は耆《ぎ》婆《ば》〔と呼ばれる髪型、あるいは髪留め〕をしている。御者によれば、「白溝を過ぎればみな北人で、〔これまでの地域とは〕まったく違う人たちなんですよ」ということだ。

(『北行日録《ほっこうにちろく》』乾道五〈一一六九〉年十二月二十四日条)

1 十二世紀後半の「中国」

一一八七年、ユーラシア大陸の東部では、ジュシェン(女真《じょしん》)を中心として建国された金(一一一五～一二三四年)が現在のロシア沿海州・中国華北とモンゴル高原の一部にまたがり、国際秩序の枢軸として存在していた。周囲には、そのちょうど六〇年前に金に版図の北半(華北)を奪われた宋(南宋)、タングートを中心として建国され、いわゆる「シルクロード」の要衝を扼《やく》する西夏、朝鮮半島の高麗、そしてモンゴル高原の諸勢力などが、金との関係を取り結びつつ、互いに外交・交易を展開していた。その後の元・明・清による複数の文化圏を統合する広域支配と比べれば、非常に錯綜した状況であった。本補論が注目したいのは、このような状況下において、当時「中国」と呼ばれた地域に、複数の国家が並存していた現実から、アジア史研究において大きな影響力をもつ「唐宋変革」論という言説をいかに理解すべきか、という点である。そこには世界宗教の勃興や衝突など、本巻の他章と共有しうる問題はほとんどない。しかし「中国」をめぐる歴史的文脈でとらえるならば、一一八七年を含む十二世紀後半は、「中国史」の多様性を考えるうえでの転換期の一つであったといえる。何をもってそのように考えるのか。この疑問への答えを考える際の切り口としてまず、冒頭にあげた、当時の南宋から金に旅した、ある使節の旅行記を取り上げたい。

一一二六年、金は当時「中国」の大半を支配していた北宋に侵攻し、その首都開封《かいほう》を陥落させ、翌年に皇帝欽《きん》宗とその父徽《き》宗を、当時開封にいた大部分の皇族もろとも北方に連行した。その後、欽宗の弟であった趙構《ちょうこう》が新たな宋王朝の皇帝として即位し、たびかさなる金の侵攻をしのぎつつ、臨安《りんあん》（浙江省杭州市）を臨時の都（「行在《あんざい》」）として南方「中国」の支配を何とか維持することに成功した。金と南宋との戦争状態は、一一四一年の「紹興《しょうこう》の和議」により、南宋が毎年銀二五万両と絹二五万疋《ひき》を金に貢納することを条件として、いったんは終結する。しかし二〇年後の一一六一（紹興三十一、金の正隆六）年九月、金の第四代皇帝完顔迪古乃《ワンヤンディグナイ》（海陵王）が、南宋の征服を企図し、六〇万と号する大軍を率いて南征を開始したことにより和議は崩壊してしまう。開戦後一カ月で戦線は膠着し、留守を預かる完顔烏禄《ワンヤンウルク》（世《せい》宗）が東京《とうけい》（遼寧省遼陽市）でクーデタを起こし金国の皇帝即位を宣言すると、海陵王は動揺する軍隊の叛乱により殺害された。その後、両国間での交渉のすえ、一一六五年に「乾道《けんどう》の和約」が新たに締結された。ここでの金と南宋との関係は、「紹興の和議」における君・臣から、金を叔父、南宋を甥とする関係に改められ、この後、両国のあいだには、南宋による華北侵攻（一二〇六～七年。南宋側の視点からは

「開禧用兵」、金の視点では「泰和南伐」と呼ばれる）まで、四〇年にわたり平和的な並存状態が保たれることとなる。

海陵王の南征とその後の一時期を除き、「紹興の和議」以降ほぼ一貫して、金・南宋両国は元旦、皇帝の誕生日、新皇帝の即位といった慶事にさいして、お互いに使節を派遣し合う関係にあった。もちろん、こうした使節はたんなる親睦の象徴ではなく、その応接は自国の文化的・経済的威信と直結し、その一方で使節たちは仮想敵国の内情偵察に余念がなかった。

そうしたなか、南宋温州(福建省温州《おんしゅう》市)の公立学校の教授であった樓鑰《ろうやく》(一一三七〜一二一三)は、乾道五(一一六九)年十月、母方の伯父汪大猷《おうたいゆう》(一一二〇〜一二〇〇)を代表とする正旦使《せいたんし》(元旦を祝う使節)の書状官を拝命し、温州を発ち、直線距離でおよそ一三〇〇キロ北方のはるか彼方、金の五京の一つ燕京《えんけい》大興府《だいこうふ》(すなわち中都。現在の北京)をめざして、十二世紀の南北「中国」を縦断する旅にでる。当時の使節の義務として、樓鑰はその使節行の往復で得た見聞を毎日記録し、帰朝後に『北行日録』として提出した。幸いなことに、のちにそれは彼の文集『攻媿集《こうきしゅう》』に収録され、今日に伝わっている。

華北は宋朝の創業の地であったとはいえ、北宋滅亡の十年後に、明州鄞県《ぎんけん》(浙江省寧波《ニンポー》市)で生まれた樓鑰にとって、そこは文字どおり異国の地であった。『北行日録』には、彼が生まれ育った南宋と比較するかたちで、その目睹《もくと》した、あるいは伝え聞いた金の社会習俗がいきいきと描かれている。それらのなかで、樓鑰がとくに違和感を覚えたとみえるのが、つぎの二日間の記録である。まず、十二月一日、樓鑰は臨淮県《りんわいけん》(江蘇省宿遷《しゅくせん》市)で、「金国の法では士夫《しふ》でも鞭打ちをまぬがれず、太守(州・府の統治者。通常はジュシェン人が任命された)が同知《どうち》(太守の副官。科挙合格者が任命された)を鞭打つことさえある。また聞くところによれば、宰相でも鞭打ちをまぬがれず、ただ紫の敷物を地面に敷く点だけが諸々の官僚と異なる」と驚きをもって記している。その後、磁州《じしゅう》（河北省磁県）を通過して三日後の十二月十八日、樓鑰は趙州《ちょうしゅう》（河北省趙県）から五里の石橋で挙人（後述する官僚の国家試験である科挙において、第一試験の郷試を受験、あるいはそれに合格した人物の称号）を名乗る人物に出会い、なりわいを尋ねてみると、「三史に通じ、詩賦・論策を受験している」という。だが、その粗末な衣服は召使いと異ならなかった」と、眉を顰《ひそ》めつつ記録している。

この樓鑰の困惑・侮蔑の背景には、当時の南宋社会において、官僚および科挙受験者層（「士人」層）が享受していたさまざまな特権がある。高橋芳郎が明らかにしたように、南宋においては、郷試を突破

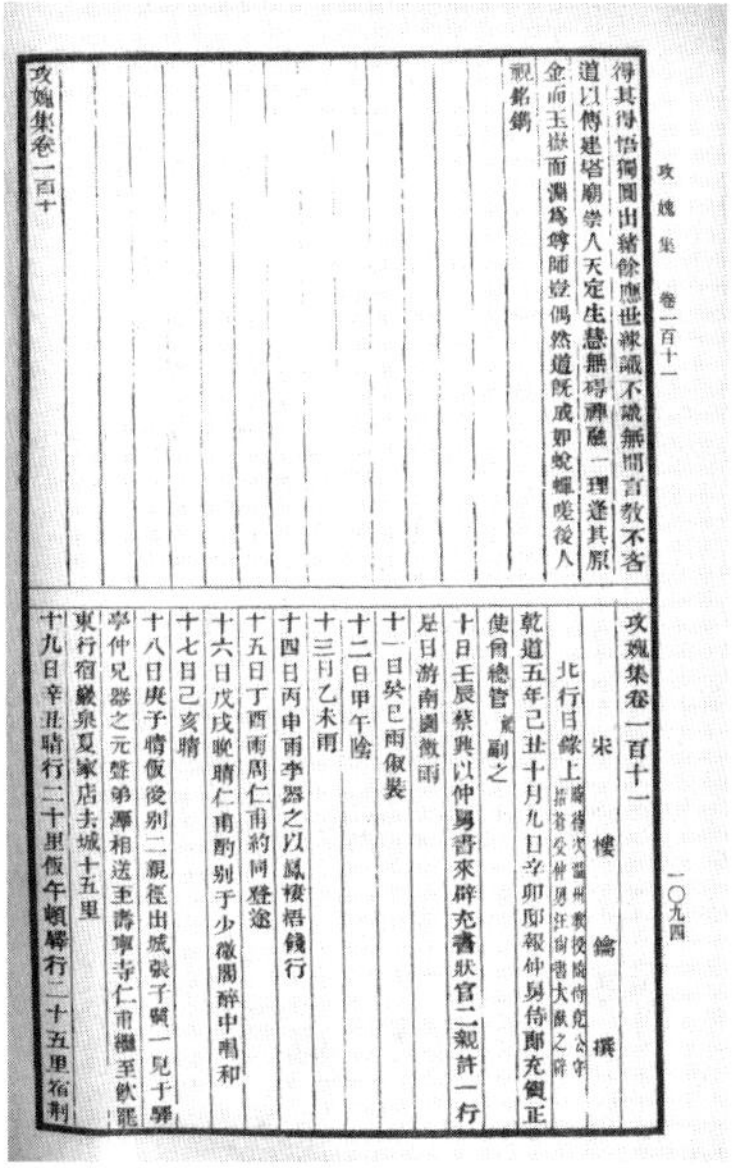
攻媿集　卷一百十一
得其得悟獨圓出緒餘應世森識不識無聞言教不吝
道以傳建塔廟學人天定生慧無礙融一理逢其原
金而玉嶽而淵爲尊師豈偶然道既成卯蛇蝿嗟後人
覩銘鐫
攻媿集卷一百十

攻媿集卷一百十一
宋　樓鑰　撰
北行日録上 [illegible]
乾道五年己丑十月九日辛卯聞報仲舅侍郎充賀正
使俾總管　副之
十日壬辰蔡興以仲舅書來辟充書狀官二親許一行
是日游南園微雨
十一日癸巳雨俶裝
十二日甲午陰
十三日乙未雨
十四日丙申雨李器之以鳳棲梧餞行
十五日丁酉雨周仁甫約同登途
十六日戊戌晚晴仁甫酌別于少微閣醉中唱和
十七日己亥晴
十八日庚子晴飯後別二親從出城張子賢一兒于驛
亭仲兄器之元聲弟澤相送至壽寧寺仁甫繼至飲罷
東行宿嚴泉夏家店去城十五里
十九日辛丑晴行二十里飯午頓驛行二十五里宿荆
一〇九四

『北行日録』冒頭部分
四部叢刊本『攻媿集』巻111所収『北行日録』上

した(あるいは突破する能力があると証明できた)者に対しては、刑法上の優免特権が存在した。具体的には、遠隔地への追放が、詩文作成能力を示すことにより、軽微な体罰に置換されるといったしだいである。この背景には、ともに社会を教化しうる、儒学的教養をもった人物を無下《むげ》には扱わないという、地方官のあいだに広まった認識があったとされる。しかしながら、上官による鞭打ちや、執行に際しての紫の敷物の使用など、樓鑰の伝聞がどこまで正確なのか、実際には不明である(彼の金に対する敵意や偏見も勘案すべきだろう)。とはいえ、金の同時代史料で、士人が一般庶民と同じく体刑に処される事例がみられるのは事実である。また、金の礼制を集成した『大金集礼』巻三十・臣庶車服《しんしょしゃふく》では、府試に合格していない士人や官学の学生は一般庶民と同じ服装制限を受けている。

こうした樓鑰の記録は、たんに彼個人の価値観のみならず、「中国史」をより広い視野で検討するうえで、非常に大きな意義をもっている。本補論の題目にもなっている「唐宋変革」論とは、内藤湖南(一八六六〜一九三四)によって提唱された、唐と宋とのあいだに、「中国」社会の劇的な変化があったとする学説であり、提唱されてからほぼ一世紀がたったいまでもなお、国際的に大きな影響力を保持している。その骨子は、つぎの諸点にまとめられるだろう。まず、政治システムの面では、唐代まで政界に絶大な影響力を行使していた門閥貴族が没落し、科挙により能力本意で選抜される官僚がそれに取ってかわったこと。先にみたように、科挙の受験者層である士人たちは、一般庶民とは区別され、理念的には社会を領導するエリート層として認識された。また、経済システムの面では唐代までの土地国家所有制度(均田制)が崩壊し、土地の私有および売買が社会的規範として根づいたこと。これは、土地の集積と商品的作物の栽培を可能とし、やがて小作制度の発達とともに、自律的な広域経済圏のさらなる拡大をもたらしたとされる。同時に、華北人口の南遷により、江南を中心とする南方「中国」が、経済的・人口的に、それまでの中心であった華北を凌駕する。

「唐宋変革」論が列挙する右のような諸点は、いずれも史料により実証されており、その議論の枠組みが全面的に否定されたことはない。しかし問題は、「中国」をどのように定義するかという、根源的な点にある。内藤湖南以来、「唐宋変革」の検討対象となる地域は、ほぼ例外なく江南およびその他の南方「中国」であった。その要因は、依拠する文献史料が、数量のうえで圧倒的に南方「中国」に遍在していることがある。こうしたなか、語弊を恐れずにいえば、華北については「中国」の一部であるから、南方「中国」で起きていた変化が同じく起きていたと、史料的裏付けがないまま、純朴に想像されてきた。楼鑰の記録は、そうした想定を真っ向から否定し、華北には華北の、独自の社会秩序が存在していた可能性をわれわれに提示する。

内藤湖南

実際、二十一世紀にはいってからの「中国史」研究においては、歴史的「中国」の社会的・文化的均一性を疑問視する立場が支配的となっている。すなわち、一九八〇年代以降に進展した「非中国人」による政権（キタイの遼、ジュシェンの金、モンゴルの元）の研究は、碑文史料やキタイ（契丹）語・タングート（西夏）語・ジュシェン語・モンゴル語・ペルシア語史料などを駆使しつつ、かかる諸政権の統治構造を実証的に明らかにし、均質化された「中国」をアプリオリに想定することの問題を提起した。さらに、キタイ・ジュシェンと対峙した宋王朝の官僚たちも、自らの「中国」を複数の国家が併存する国際関係のなかで相対化し、他の諸国家の支配領域を事実上認めていたと思われる。その証左として、「中国」とはすなわち「漢人」が歴史的に支配すべき領域という認識(プロト・ナショナリズムとも表現される)がすでに萌芽していたとの研究も、近年出版されている。また、例えば「唐宋変革」の射程を十世紀から十六世紀まで広げることを試みた、ポール・スミスとリチャード・フォン・グラーン主編の『中国史における宗元明の変遷』(二〇〇三年)は、おもに英語圏での「中国史」に多大な影響を与えた論文集であり、議論の対象はかなりの程度江南に限られるものの、その地域的限定性を明確に意識し、キタイ・ジュシェン・モンゴルの二世紀にわたる支配下にあった「北流の中国史」にも注意を喚起した。冒頭からお気づきと思うが、本稿が「中国」を括弧つきで表記するのは、こうした多元的な「中国」観の勃興に基づいている。では実際に、当時の華北には、南方「中国」とどのように異なる社会が存在していたのだろうか。

2 キタイ・ジュシェン支配下の華北社会

有史以来、「中国」の北部、すなわち華北には、その西北・北・東北からの移民あるいは征服者が、寄せては返す波のように到来した。だが、かかる中央ユーラシアと「中国」との交互関係は、「唐宋変革」論の関心の明らかな埒外にある。とはいえ、その後のキタイ・ジュシェン・モンゴル・マンジュの征服が体現するように、北方からの波は、「唐宋変革」をへても、止むことなく打ち寄せ続けた。キタイの遼と北宋とのあいだで、状況に応じて「国境」を自由に越える人々に光をあてたナオミ・スタンデンが活写したように、そもそも「中国」の境界線は、キタイ・宋間の澶淵《せんえん》の盟(一〇〇五年)とそれに続く数次の国境線策定交渉以前は非常に曖昧、あるいは可変的であった。しかし、古松崇志や毛利英介、そしてナオミ・スタンデンが明らかにしたように、キタイと北宋とのあいだでの国境は十一世紀には概して安定し、一世紀以上にわたる両国の平和的な共存を可能としたのと同時に、それを越えることは、所属する国家に対する「不忠」として厳罰の対象となってゆく。続くジュシェンの華北征服は、一時的な国境の崩壊と人口の大規模な流動をもたらしたが、前述した「紹興の和議」ののちに再現されたのは、宋遼間でのそれを雛形とした比較的安定した宋金並存であり、人々の移動を制限する国境線の再策定であった。

　長きにわたる交流の途絶は、元来存在した地域的な社会文化の差異を保存し、さらに際立たせた。例えば、十~十二世紀、現在は「燕雲《えんうん》十六州」と総称される、キタイ支配下にあった河北・山西北部では、北方からの影響下での文化変容の繰り返しが古くから常態であり、北宋領内とはまったく異なった風俗習慣が看取された。劉浦江は、北宋時代に遼に使節として赴いた官僚の記録(先にみた『北行日録』と同じジャンルの帰朝報告)にあらわれる、十一世紀の燕京周辺の状況から、つぎのような当時の現状を明らかにした。すなわち、男性の髪型は往々にして髡髪《べんぱつ》(キタイ式の弁髪)で、服装は左衽《さじん》(左の襟を前にする着物の合わせ方。「中国」式では右衽《うじん》が普通)であり、女性の化粧もキタイの影響を受け、栝楼仁《カロニン》(ウリ科の種子を乾燥させた漢方)を厚く顔に塗る方式が流行していた。また年中行事にも「放盗《ほうとう》」(正月十三日に限り、十貫以下の価値をもつ物品の窃盗を認める習俗。もともとキタイ語で「鶻里尀《コツリボツ》」すなわち「盗みの時」

と呼ばれたという)といった北方由来のそれが観察された。玉田《ぎょくでん》(河北省玉田県)の韓氏など、キタイの燕雲十六州征服の当初から帰服し、代々キタイのカガン(皇帝)の恩寵を得てきた一族は、キタイの有力貴族と姻族となり、キタイ語を漢語とともに話し、それぞれの言語で異なる名前をもっていた。こうした状況は、キタイの後に華北を制覇したジュシェン支配下においても健在であり、華北の「中国人」のうち、旧キタイ領の住人は「漢人」(あるいは、冒頭の『北行日録』にあるように「北人」)、旧北宋領の人々は「南人」と呼ばれ、明確に区別されていた。

統治制度の面でも、南北の差異は当然多かった。例えば、キタイ・ジュシェンともに科挙制度を実施し、儒学的教養によって官僚を選抜した。とくにジュシェンは、遼・北宋に侵攻するその最中にも、占領した地域でつぎつぎと科挙をおこない、当地の士人たちの掌握につとめた。この背景には、開封の占領に繋がる北宋との戦役が始まった一一二六年に、北宋領内で郷試《きょうし》(州・府でおこなわれる科挙の第一試験)がおこなわれており、その合格者(挙人)たちが、北宋の敗亡により行き場を失っていたことがあげられる。つまり、ジュシェンは挙人たちに、受験を継続する機会を積極的に提供したことになるが、しかし、南宋のように彼らに慣習的な特権を付与することはなかった。華北における科挙受験者数は、北宋時代のそれに比べて、ジュシェン支配下で数倍に増加したと考えられるが、それとて最大で四万人以下であり、同時期の南宋の一〇万から二〇万とは比較すべくもない。その一因として、前述したような、南宋社会における科挙受験者に対する優免特権が、金では存在しなかったことが考えられるかもしれない。つまり、最終的に合格しない限り(一回の科挙で、進士合格者は二〇〇人前後)、受験そのものに「旨味」はなかったのである。

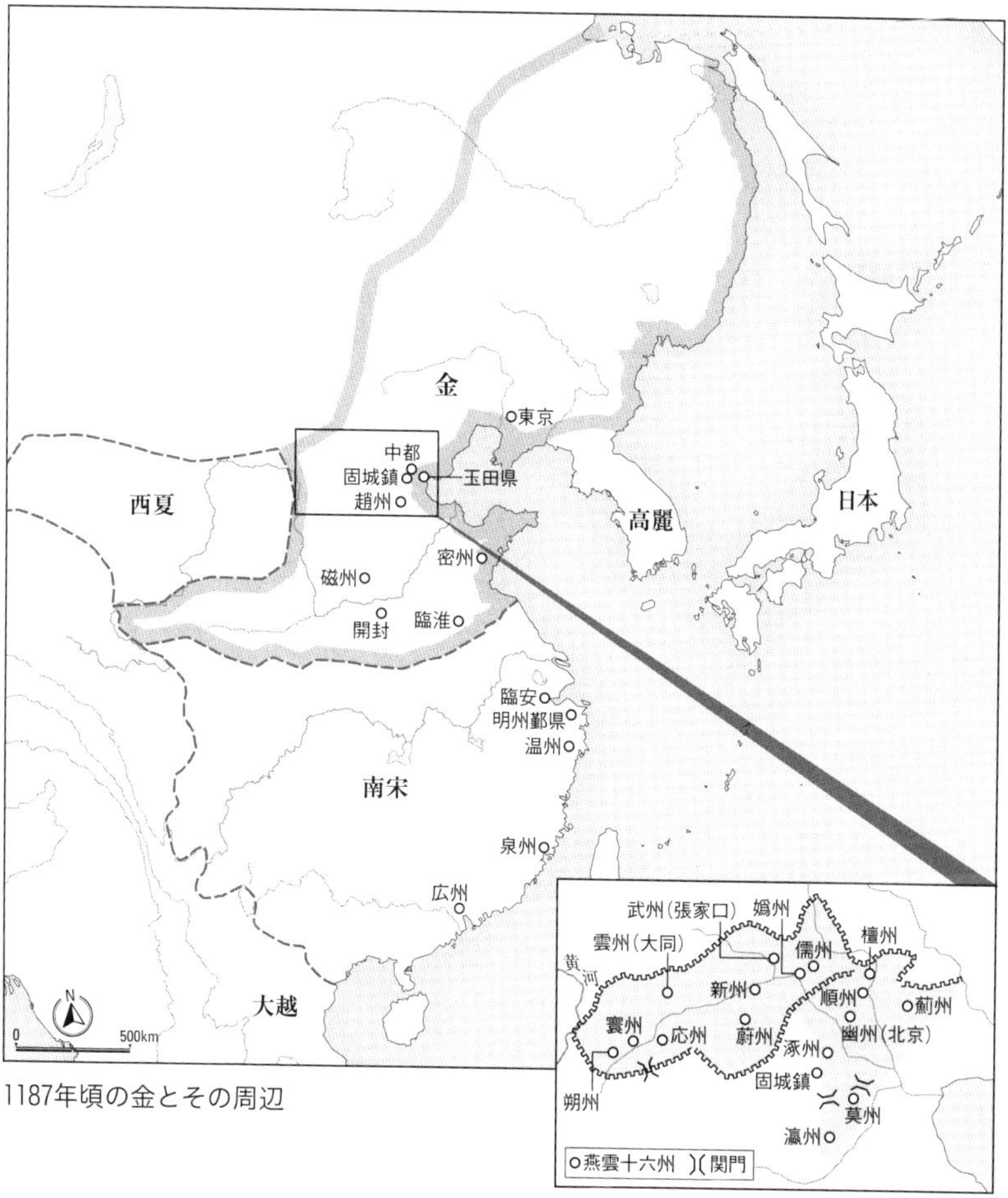

1187年頃の金とその周辺

燕雲十六州

さらに、南宋社会を基準としてみるならば、同時代の華北社会には、南方「中国」で生起したさまざまな社会変容(士人の特権、経済発展、商品作物栽培の普及、広域経済圏の拡大、古典的な男系親族集団に範をとった大規模な「宗族」形成の萌芽など)の多くは、華北では確認できない。従来、「中国史」研究において、これは華北社会の文化的経済的「後進性」の象徴とみなされてきた。つまりは、江南社会こそが「中国」社会の先進形態であり、その他の地域には、水が高所から低所に流れるように、先進性が徐々に伝播してゆくという図式である。しかし、この「中国」社会の窮極的な均質性を前提とする議論は、前述してきたように、近年その説得力を減じている。歴史的に「中国」と呼ばれた地域において、共通の書写言語としての古典漢語の普遍性、儒学的教養の文化的優位性、そしてナオミ・スタンデンやニコラス・タケットが考察した、「中国」という文化的アイデンティティに対する自己同一化などが広汎に共有されたことは、まぎれもない事実である。それでもなお、かかる共通性を踏まえたうえで、「中国」を自己完結的で排他的な文明圏としてとらえるのではなく、周辺やさらに遠隔地域とのさまざまな文化接触の文脈のなかで再考する意義が、いま求められているといえよう。それはすなわち、従来の「中国」概念の再構築にほかならない。

こうした視野に立ってキタイ・ジュシェン支配下の華北社会をみるならば、南宋社会とは明らかに異なる歴史的経験が数多く看取される。まずもって、そこには膨大な数の北方からの移住者の姿がある。キタイ支配下において、燕雲十六州にはキタイなどの遊牧集団が来住したが、これは唐代の羈縻《きび》制度(軍役などのかたちで中央政府に仕える集団に、自治権を与えて支配下におく制度)などのもとで、当地に来住した遊牧集団以来、一貫して継続していた北方からのヒトの流れのなかに位置づけられる。その結果は、前述した在来の「漢人」に対する文化的影響であった。さらに南方を征服したジュシェンは、猛《もう》安《あん》・謀克《ぼうこく》という、十進法による兵員供出の原則に基づいた社会制度を有していた。華北を征服したのち、金国は段階的に、ジュシェン人の組織的な華北移住政策をおこなう。黄河の渡渉地点など戦略的な要地に、防御施設を備えた居住地を築き、その周辺では軍馬の飼育をおこなったジュシェンの駐屯地は、華北社会に点在する、非「中国」由来の文化圏であった。こうしたなか、伝統的な「中国」の言語文化は、極めて重要ではあったものの、絶対的に優先的な価値を華北の住人にいだかせるものではなかった。金国の科挙には、ジュシェン語により儒教経典を解釈する「女真進士科(のちに「策論科」)」があり、それには「中国人」も参加が許され、実際にジュシェン語に堪能な「中国人」官僚を輩出していた。対照的に、キタイ支配下では、キタイ人の科挙受験は禁止されていた。しかし、「中国人」にとって、先述の玉田の韓氏の事例が示すように、キタイ語は政権枢要に接近する際には必須の能力であり、政治的に特権的な言語であった。キタイ語・ジュシェン語はともに独自の文字をもち、おもに墓誌や記念碑の形態で、それが公式の言語として、権威をもって用いられていた。モンゴル帝国の征服後には、中古モンゴル語が多くの華北の住人に学ばれ、ウイグル式モンゴル文字やパクパ文字により、多くの碑文が刻まれ、公文書が発給された。

経済的な面でも、キタイ・ジュシェン支配下の華北が、江南と比べてどれだけ「停滞していた」か、あるいは「後進的」であったのかは、じつはよくわかっていない。北宋時代すでに、華北からの税収は江南からのそれよりも少なかったのは確かである。しかし、「江南と比較して」という基準のみに準拠して、華北の経済状況を論じることは、あまりに一面的にすぎるだろう。新史料の開拓や、視野の転換による相対的な見直しが必要である。森安孝夫が明らかにした、モンゴル高原・華北・河西・コータン地方・東部天山地方を結んだ、十〜十四世紀のウイグル商人のネットワークのような、華北と中央ユーラシアとの交易の実態とその華北への影響を、多言語史料からさらに検討していくことは、現今の「停滞した華北経済」の認識を一変させる可能性が高いだろう。

また、親族集団の構築という点に関していえば、南方では、朱熹《しゅき》の著作と伝えられる、冠婚葬祭や日常的な親族間での礼儀作法のマニュアルである『家礼』にあらわれる親族集団形成・維持のありさまが、実際には現実的なさまざまな目的により各地域で変質しつつも、清代にいたるまで理想的な親族集団のあり方を規定してきた。その一方、ホイト・クリーブラント・ティルマンが論じたように、華北でも一一九〇年代には、朱熹などの著作が流入していたものの、それがすぐに社会的な規範として受容されることはなかった。例えば、華北の士人楊奐《ようかん》(一一八六〜一二五五)は、一二三九年、モンゴルに河南路徴収課税所長官として仕えていた時、北宋の旧都である開封で、官府に納めるべき穀物を違法に隠匿していた倉庫を立入検査した。その際、その倉庫がじつは北宋の太廟《たいびょう》(皇帝一族の祠廟《しびょう》)であることを発見し、その構造をつぶさに観察した経験から、朱熹『家礼』の説く祠廟(祖先の位牌を安置する、親族結合の中心的施設)のあり方を正面から否定している(『元文類《げんぶんるい》』「与姚公茂書」)。これは、当時の華北・南方における、いわゆる「新儒学」(道学・理学)受容の差異を如実に示す事例であろう。ちなみに、許齊雄によれば、華北の理学における親族観念とその実践は、明代になっても南方由来の規範化をへていない。その原因については、今後の研究の進展を待つしかないが、少なくとも華北の人々の多くが、長らく「宗族」の構築を志向しなかったのは確かである。

3 「中国の唐宋変革」なのか、「江南の唐宋変革」なのか？

「唐宋変革」に関する議論の深化がもたらした「中国史」概念の脱構築は、近代的なナショナリズム（「中国」は、均質的な「中国人」により有史以来居住されていた、といった観念）の桎梏《しっこく》を逃れて、いかにして華北と江南、そしてさらに周辺地域の交流を、それぞれ一つの歴史世界としてとらえるかという機会を提供している。そしてそれはまた、かつて宮崎市定（一九〇一〜九五）が先駆的に唱導した、唐宋変革をユーラシア規模の歴史的な流れのなかに位置づける視野を、具体的な史料に基づいて実践する端緒ともなるだろう。華北と内陸アジアの接壌地帯こそが、「中国史」の諸画期をもたらした新興勢力の揺籃《ようらん》であったと論じたオーウェン・ラティモア（一九〇〇〜八九）など、こうした視野は二十世紀半ばにつぎつぎと提唱された。しかしその後数十年にわたり、実証的な「中国史」研究の俎上で、彼らの観点が論じられることはなかった。

興味深いことに、中砂昭徳が強調したように、華北と南方「中国」との相違は、マルコ・ポーロをして、両者を異なる二つの国（regnum）として記述させている。すなわち、モンゴル帝国が南北「中国」を統合したのちに来訪した彼の目には、旧金国領（それに加えて、旧西夏領と高麗を含む地域）は「キタイ人の国（regnum Cataiorum）」、旧南宋領は「南の野蛮人の国」「南蛮子《ナンマンズ》たちの国（regnum Nanmanzorum）」（「南蛮子」とは、当時の華北人からみた旧南宋領の人々への蔑称）と、明らかに異なる風俗習慣をもつ別個の地域と映ったのである。無論、マルコ・ポーロがどの程度、華北・江南の経済的・文化的差異に留意していたのかは、『東方見聞録』が両者の比較に無関心にみえる以上、考究するすべがない。しかし、両地域を区分する蓋然性《がいぜんせい》は、モンゴル帝国の統治システムからも明らかであった。まずもって、旧金国領の住人は「漢人」、旧南宋領のそれは「南人」と呼ばれ、科挙合格者定員（二五名ずつ）などが別々に設定された。これは、帰服した時期の早晩により、当該地域の人々の処遇が決定された、モンゴル帝国の統治方針に由来する措置である。すなわち、「漢人」のモンゴル帝国への最終的な服属（一二三四年）は、「南人」のそれ（一二七六年）より約四〇年早く、両者は異なる集団として把握された。同時に、北宋の滅亡以降、一五〇年にわたって異なる政権に統治されてきた「漢人」「南人」は、現実問題として、前述のようにかなり異なる社会観や風俗習慣をもつにいたっており、一つの「中国」という言説のもとで把握することが、難しかったことも看過できないだろう。一例をあげるならば、一族の系譜を記録・保存する媒体として、「南人」にとっては書籍のかたちが一般的であったのに対し、「漢人」はそれを石碑に刻んで墓地に立てる（「先塋碑《せんえいひ》」と通称される）ことが広汎に観察される。そこで想像・記録される親族のあり方が、南北でかなり異なっていたことは先述した。また、より早くモンゴルに服属し、ときとしてモンゴル語に通暁《つうぎょう》した「漢人」は、そうした技能の取得者が相対的に少ない「南人」に比べてより優位なかたちで官位を獲得する機会がおおむね多かったことも、両者の特徴的な差異の一つだろう。それらを詳述する紙幅はないが、華北には華北の歴史的経験があり、それは「唐宋変革」論の主要な考察対象であった江南と、明確に趣を異にしていたのである。

4　海域世界のなかでの南方「中国」

その一方で、江南を含む南方「中国」に目を転じると、やはり従来の「中国」観の見直しが起きている。すなわち、東南アジア史研究の進展は、「中国」を中心として南方の海域世界をとらえる視野を、いまや過去のものとした。本書第五章で詳述されるように、十世紀以降、「海の東南アジア」「陸の東南アジア」双方において新興の政治体制が勃興し、中国商人やイスラーム商人が積極的にこの地域にやってきて交易をおこなうようになるなか、十一～十三世紀には大越《だいえつ》（交阯《こうし》・安南《あんなん》）・チャンパー（占城《せんじょう》）・アンコール朝、そして宋朝側が三仏斉《さんぶつせい》と総称するマラッカ海峡地帯が、宋朝と交易関係を取り結ぶようになる。近年、こうした交易関係から宋朝の自己認識、そしてそれを取り巻く国際秩序を研究している遠藤総史によれば、こうした諸勢力の多くは、基本的に「覇権的中心」が周辺諸政体をゆるやかに統合する連合体であり、宋朝の論理では「朝貢」と映る交易関係は、それらにとっては自らの権力基盤を維持するうえで重要な意味をもっていた。

早くも北宋の大中祥符《だいちゅうしょうふ》元（一〇〇八）年および四（一〇一一）年、当時の皇帝真宗が泰山《たいざん》（山東省泰安市）と汾陰《ふんいん》の后土祠《こうどし》（山西省万栄県《まんえい》）に行幸した際、北宋の西北方面の主要な隣接勢力であった甘州ウイグル、夏州タングート、西涼のチベット系諸集団に加え、チャンパー・三仏斉といった東南アジア（あるいはさらに遠方）からの使節も扈従《こしょう》している。向正樹は、こうした「万国」からの使節に応対することで、宋朝は自らの「天下」観念を誇示したこと（そしてキタイは使節を派遣しないことにより、この天下への参与を拒んだこと）を指摘するが、一方でこれらの使節にも、前述のようなそれぞれの思惑があっただろう。

一一二七年に華北を失った直後、南宋政権はその生存が最大の課題となり、こうした東南アジアの諸国家との交渉は、しばらく史料にみられなくなる。しかし、紹興二十四(一一五四)年から外国からの使節の受け入れを本格化させ始め、大越・チャンパー・三仏斉からの使節の入朝を許可し、同時にそれぞれの勢力に対する儀礼内容、その君主への冊封の基準などを詳細に策定してゆく。遠藤聡史は、嘉泰二(一二〇二)年成立の儀礼書『中興礼書』の分析を通じ、従来看過されてきたこうした一連の政策によって南宋が、華北の喪失とそれにともなう北方諸国との外交関係途絶を受け、従来は「海外蕃客《ばんかく》」とひとまとめにされていたチャンパー・三仏斉からの使節を正式に国家使節として組み込んだ、新たな国際関係の構築を志向したと指摘する。唐の最大領土を念頭において、宋朝は自らが支配はしないものの、以前は唐の支配下にあった(あるいはあったと想定する)勢力に対し、「節度使」「郡王《ぐんおう》」「平王《へいおう》」などの官職・爵位を冊封して与えることで、そうした「未回復」の領土を含んだ、自らの「天下」観を示したとされる。そうした前提に立って、チャンパーなどに対する南宋の冊封ならびに儀礼的位階の設定をみると、「中国」の支配下から独立した大越(交阯)に対しては、当初「交阯郡王」→「南平王」→「南越王」といった、宋朝の内属勢力としての秩序観念が色濃く反映された冊封の手順が想定されていた。その一方、チャンパー・三仏斉などは「国王」号が与えられ、独自に刺史《しし》などの任命が許されるなど、藩属国としての体裁がとられた。こうした傾向は北宋末の徽宗の治世からみられるが、華北の喪失はそれを顕在化させたと遠藤は指摘する。

こうした、東南アジアおよび西南方面の諸勢力と向き合い、その現実のなかに自らを位置づけようとした宋朝の姿勢は、もちろん国際関係だけに由来するのではなかろう。前述したように、海域を通じた東南アジアと「中国」との交易の隆盛は、人とモノの交流を通じて、東南アジアと宋朝を強固に結びつけた。九世紀の後半、黄巣《こうそう》の乱のなかで、広州を陥落させた黄巣軍によって多数の外国商人が虐殺されたが、この背景には広州が交易の拠点として古くから繁栄し、七一四(開元二)年に史上初めて市舶司《しはくし》(海上交易を司る官署)が設置されたことがある。北宋時代になると市舶司が泉州や明州(浙江省寧波市)にも増置されたことは、交易の拡大を如実に物語る。北宋時代の広州については、『宋会要輯稿《そうかいようしゅうこう》』蕃夷四―九二大食・熙寧五(一〇七二)年六月二十一日条に、辛押陀羅《しんおうだら》という「大食勿巡国進奉使」が帰国するにあたり、「蕃長司公事《はんちょうしこうじ》」の後任の任命を朝廷に請願したとの記載がある。深見純生によれば、「大食勿巡国」とは、今日のオマール南部のズファール地方のペルシア語名に由来するとされ、「蕃長司公事」とは「蕃坊《はんぼう》」、すなわち外国商人の居留地の統括者を指すと考えられる。その規模は不明だが、外来の商人がコミュニティーを形成し、宋朝の地方官もその力を頼みにする状況が、十一世紀後半にはあった。これが広州特有の状況でなかったことは、蒲寿庚《ほじゅこう》の事例などからも明らかであろう。蒲寿庚は南宋末の泉州で交易により財をなし、市舶司の長官から、海賊退治の功績により安撫使《あんぶし》や沿海都制置使など当該地域の軍事力を統制する地位まで掌握した人物である。当然、こうした交易は一方的ではなく、南宋(のちにはモンゴル帝国＝元)のさまざまな商人が、「南海」に進出する状況と表裏一体であった。本書第五章でたびたび言及される周去非《しゅうきょひ》『嶺外代答《れいがいだいとう》』(一一七八年自序)、趙汝适《ちょうじょかつ》『諸蕃志』(一二二五年頃)、周観達『真臘《しんろう》風土記』(一三一四年以前)、汪大淵《おうたいえん》『島夷《とうい》誌略』(一三五〇年頃)など、古典漢語で記された一連の東南アジアの地誌は、その証言である。

他方で、北宋から南宋にかけて、泉州・明州・杭州・密州《みっしゅう》の市舶司は、東南アジアだけではなく、高麗・日本との交易も管轄していた。紙幅の都合上詳述することはできないが、榎本渉が精力的に研究してきたように、明州や泉州の商人は高麗・日本と宋朝との交易に従事し、国家の境界を超えてネットワークを構築する仏僧とともに、東シナ海を股にかけて活躍した。博多における中国商人(「博多綱首《ごうしゅ》」)の活動は周知のとおりであり、また『宋史』高麗伝によれば「高麗王城には華人数百が居住し、その多くが福建人(閩《びん》人)」であった。こうした宋朝の商人は、ときとして外交使節や間諜《かんちょう》として、高麗・日本を往来する一方、異なる国に住む僧侶たちは師弟関係を紐帯《ちゅうたい》として、こうした商人を媒介とした書信の交換とそれに付随する物品・物資のやりとりをさかんにおこなっていた。ときとして宋朝・高麗・日本など「国家」間の交渉に商人が参与したことは、南方「中国」とその隣人とのあいだに政治的に想定された境界線が、非常に可変的・名義的であったことを雄弁に物語る。

こうしたなかで、「唐宋変革」論の射程は南方「中国」の内部にとどまるのだろうか、あるいはさらに拡大されうるのか。後者の視野を代表する研究の一つとして、桃木至朗の議論があげられる。すなわち、「唐宋変革」のなかで急速な経済発展を遂げた江南で生産された輸出商品は、日本・朝鮮半島、そして東南アジア諸国でも大量に流通した。桃木は、前述した十世紀以降の東南アジアにおける新国家の成立の一因として、江南など南方「中国」を震源とする「唐宋変革」期の経済的影響を想定する。このように、研究の進展とそれにともなう「中国」概念の変化・相対化は、従来の研究領域を超えたかたちで、南方「中国」における「唐宋変革」をめぐるさらなる議論に結実している。

5　一一八七年の華北と江南、そして「信仰圏」

本巻の主題である「信仰圏」は、アジア史ではなかなか断定的に使用しがたい概念であろう。いわゆる啓示宗教・一神教の「信仰圏」のなかでも実際にはさまざまな宗教実践や、多神教的な世界観が存在しうるとはいえ、歴史的な「中国」において、とくに「三武一宗《さんぶいっそう》の法難」以降、十八世紀以降のキリスト教やイスラームに対する間欠泉《かんけつせん》的な弾圧を除いて、信仰の対象やあり方が政治的・公的に規範化されることはほとんどなかった。また、仏教や道教、そしてさまざまな民間信仰は、排他的な信仰を信者に求めず、個人のなかでの複数の教義や世界観の並存・融合は、極めて一般的であった。複数の「信仰圏」は、おおむね分かちがたく重複し、皇帝が複数の宗教の文脈で自己の正統性をそれぞれアピールすることも、常態であった。そうしたなか、一一八七年の南北「中国」では、南北の宗派間の交流が制限され、交雑する「信仰圏」に、現在にいたる新たな旋律が生まれたことにも、最後にふれておきたい。

燕京に到着した樓鑰が、金の皇帝に賜った射弓宴（弓術を競いながらおこなう宴）に参加していた日（乾道六〈一一七〇〉年一月四日）、彼が燕京への往路に立ち寄った北宋の旧都開封で、ある人物が客死した。この、のちに全真教の開祖とされる王重陽《おうじゅうよう》（王喆《おうてつ》、一一一二〜七〇）は、一一五九（正隆四）年に郷里の甘《かん》河鎮《がちん》（陝西省咸陽市）において神仙と遭遇したとされる神秘体験（「甘河の偶仙《ぐうせん》」）ののち、人生を修行と弟子の育成に捧げていた。乾道五年十二月九日に開封にはいった樓鑰ら南宋の使節たちと、それを導く金側の接伴使（出迎えの使節）の一行を、山東から陝西へ高弟をつれて旅する途中、開封に滞在していた王重陽も眺めていたかもしれない。儒仏道の一致（「三教一致」）を主唱し、他者の救済を自己の修行と同等に重要とするその教えは、現在でこそ有名であるが、しかし生前の王重陽は、道教的な宗教実践をおこなう数多《あまた》の宗教者の一人にすぎなかった。だが、彼の高弟たちにより王重陽の教えが華北各地で布教されると、その教線は徐々に拡大する。一一八七（大定二十七）年には、高弟の一人王玉陽《おうぎょくよう》が金の皇帝世宗により燕京に召され、翌八八（二十八）年には同じく高弟の丘処機《きゅうしょき》（長春真人《ちょうしゅんしんじん》、一一四八〜一二二七）が世宗に命じられて万春節（世宗の誕生日）の醮《しょう》（道教祭祀）を主催した。モンゴル帝国が勃興すると、丘処機は中央アジア遠征中のチンギス・カンの求めに応じ、ヒンドゥークシュ山脈の北麓まで旅をして、彼と謁見したことはよく知られているだろう。チンギス・カンとその後継者たちは丘処機とその門派を保護し、モンゴル帝国の支配下にはいった華北において、全真教は絶大な勢力をもつにいたる。このモンゴル時代の全真教については、宋朝の庇護を受け、「張天師《ちょうてんし》」を頂点として龍虎山（江西省鷹潭《ようたん》市）を拠点とした道教の宗派である正一《しょういつ》教と対比されることが多い。それぞれ浮き沈みはあったものの、いずれも歴代カアンの庇護を受け、度牒《どちょう》（道士の認可状）や廟額《びょうがく》（道観《どうかん》などの設立認可状）の発給権をも掌握したこの二宗派は、全真教が華北、正一教が江南を、おもな勢力圏とした。

もちろん、実際には截然《せつぜん》とした地理的勢力区分などはなく、華北で活動する正一教道士、江南で活動する全真教道士も、史料では珍しくない。そもそも、全真教に関していえば、各地の道観でおこなわれる宗教実践は、在地の民間信仰と分かちがたく結びついていることが多く、「全真教」のあり方には、かなりの多様性があった。「掌教《しょうきょう》」と呼ばれた、カアンに宗派の統括権を付与された人物も、各地の道士たちの宗教活動に口をはさむことはなかった。これは、仏教諸宗派についても同様であり、僧侶たちは「華北」「江南」をまたいで活動した。とはいえ、金国と南宋との境界を越えた交流が制限された十

王重陽（右から二人目）に入門する丘処機（左から四人目）
山西省芮城《ぜいじょう》県永楽宮重陽殿《ちょうようでん》北壁西段祖師画伝（部分：「長春入謁」）

二世紀に勃興した全真教・正一教の南北分立は、モンゴル時代以降のそれぞれの衰退と再興などをへつつ現在にいたる。

一一八七年は、二つの「中国」社会が併存していたという点において、「唐宋変革」論の射程を超えて「中国史」の多様性を考えるうえで、重要な転換期であった。本補論でたびたびふれたように、近年、「中国史」の枠組みを超えて、「中国」を「ユーラシア東部」の一部として再定義し、その歴史を、中央ユーラシアおよび海域世界との繋がりのなかで、あるいはその一部として理解しようとする研究動向が顕著になっている。今後それがどのように進展するにせよ、従来の「中国史」の枠組みをいかに乗り越えるかという思索は、唐宋変革論の再定位を不可避的に促進してゆくだろう。

■図版出典・提供一覧

Barbara Drake Boehm/Melanie Holcomb (eds.), *Jerusalem, 1000–1400. Every People Under Heaven*, New York, 2016. 231

Christoph Stiegemann/Matthias Wemhoff(eds.), *Canossa 1077. Erschütterung der Welt, Bd. 1: Essays,* München, 2006. 203

Jonathan Riley-Smith (ed.), *The Oxford Illustrated History of the Crusades,* Oxford, 2001. 229

蕭軍『永楽宮壁画』文物出版社出版，北京，2008 277

鹿角市教育委員会提供 261

テヘラン大学付属図書館提供 48

飯山知保提供 259

大塚修提供 39

千葉敏之提供 233上・下，241

松浦史明提供 131上・中・下，132，147，149，158，174，179

ユニフォトプレス提供 29，59，82，84，93，99，119上・下

向正樹「北宋真宗の泰山・汾陰行幸」原田正俊編『宗教と儀礼の東アジア――交錯する儒教・仏教・道教(アジア遊学 206)』勉誠出版 2017 年
森安孝夫「《シルクロード》のウイグル商人――ソグド商人とオルトク商人のあいだ」『岩波講座世界歴史 11　中央ユーラシアの統合　9～16 世紀』岩波書店 1997 年
桃木至朗『歴史世界としての東南アジア』(世界史リブレット 12)山川出版社 1996 年
桃木至朗『中世大越国家の成立と変容』大阪大学出版会 2011 年
毛利英介「一〇七四から七六年におけるキタイ(遼)・宋間の地界交渉発生の原因について――特にキタイ側の視点から」『東洋史研究』62 巻 4 号 2004 年
中砂明徳『江南――中国文雅の源流』講談社 2002 年
劉浦江「説“漢人”――遼金時代民族融合的一個側面」『遼金史論』遼寧大学出版社 1999 年
Chaffee, J. W., *The Muslim Merchants of Premodern China: The History of a Maritime Asian Trade Diaspora, 750-1400*, Cambridge University Press, 2018.
Endo, S., Iiyama, T., Ito, K., Mori, E., Recent Japanese Scholarship on the Multi-State Order in East Eurasia from the Tenth to Thirteenth Centuries, *The Journal of Song-Yuan Studies*, vol.47, 2019.
Iiyama, T., Genealogical Steles in North China during the Jin and YuanDynasties, *The International Journal of Asian Studies*, vol.13-2, July, 2016.
Koh, K. H., *A Northern Alternative: Xue Xuan（1389-1464）and the Hed-ong School*, Harvard University Asia Center, 20-11.
Lattimore, O., *Inner Asian Frontiers of China*, New York, 1940.
Smith, P. J., Richard von G., (eds.), *The Song-Yuan-Ming Transition in Chinese History*, Harvard University Asia Center, 2003.
Standen, N., *Unbounded Loyalty: Frontier Crossings in Liao China*, University of Hawai'i Press, 2006.
Tackett, N., *The Origins of the Chinese Nation: Song China and the Forgi-ng of an East Asian World Order*, Cambridge University Press, 2017.
Tillman, H. C., Confucianism under the Chin and the Impact of Sung Confucian Tao-hsüeh, in Hoyt C. T., Stephen H. W., (eds.), *China under Jurchen Rule*, State University of New York Press, 1995.

八塚春児『十字軍という聖戦——キリスト教世界の解放のための戦い』日本放送出版協会 2008 年
松田俊道『サラディン——イェルサレム奪回』(世界史リブレット人 24) 山川出版社 2015 年
柳谷あゆみ「ザンギー朝ヌール・アッディーン政権における有力アミールの配置と移動」『東洋史研究』75-2 2016 年
アンドリュー・ジェティシュキー(森田安一訳)『十字軍の歴史』刀水書房 2013 年
レジーヌ・ペルヌー(福本秀子訳)『十字軍の女たち』パピルス 1992 年
Constable, G., *Crusaders and Crusading in the Twelfth Century*, Farnham, 2008.
Hamilton, B., *The Leper King and His Heirs. Baldwin IV and the Crusader Kingdom of Jerusalem*, Cambridge, 2000.
Hurlock, K., Oldfield, P. (eds.), *Crusading and Pilgrimage in the Norman World*, Woodbridge, 2015.
Morris, C., *The Sepulchre of Christ and the Medieval West. From the Beginning to 1600*, Oxford, 2005.
Paul, N. L., *To Follow in their Footsteps. The Crusades and Family Memory in the High Middle Ages*, Ithaca, 2012.
Riley-Smith, J., *The Atlas of the Crusades*, London, 1991.
Riley-Smith, J., *The First Crusaders, 1095-1131*, Cambridge, 1997.
Riley-Smith, J., *Crusaders and Settlers in the Latin East*, Farnham, 2008.
Roche, J. T., Janus M. J.(eds.), *The Second Crusade. Holy War on the Periphery of Latin Christendom*, Turnhout, 2015.
Somerville, R., *Pope Urban II's Council of Piacenza*, Oxford, 2011.

補論　ユーラシア東部における「唐宋変革」期

飯山知保『金元時代の華北社会と科挙制度——もうひとつの「士人層」』早稲田大学出版部 2011 年
遠藤総史「未完の「統一王朝」——宋朝による天下理念の再構築とその「周辺」」『史学雑誌』126 編第 6 号 2017 年
遠藤総史「南宋期における外交儀礼の復興と再編——南宋の国際秩序と東南アジア・中国西南諸勢力」『南方文化』44 号 2018 年
榎本渉『僧侶と海商たちの東シナ海』講談社 2010 年
高橋芳郎「宋代の士人身分について」『史林』第 69 巻第 3 号 1986 年
古松崇志「契丹・宋間の澶淵体制における国境」『史林』90 巻 1 号 2007 年
宮崎市定『宮崎市定全集』第 2 巻 岩波書店 1991 年

12th International Conference of the European Association of Southeast Asian Archaeologists, Volume 2. Singapore: NUS Press, 2013.
Sharrock, P. D., *Banteay Chhmar: Garrison-Temple of the Khmer Empire*, Bangkok, 2015.
Vickery, M., The Reign of Sūryavaruman I and Royal Factionalism at Angkor, *Journal of Southeast Asian Studies*, 16-2, 1985.
Woodward, H. W., Jr., *The Art and Architecture of Thailand: From Prehistoric Times through the Thirteenth Century*, Leiden & Boston, 2005.

４章　巨大信仰圏の交点としての十字軍

▶史料

アミン・マアルーフ(牟田口義郎・新川雅子訳)『アラブが見た十字軍』リブロポート 1986年
イブン・ジュバイル(藤本勝次・池田修監訳)『イブン・ジュバイルの旅行記』講談社学術文庫 2009年
エリザベス・ハラム(川成洋・太田直也・太田美智子訳)『十字軍大全——年代記で読むキリスト教とイスラームの対立』東洋書林 2006年
ジャン・リシャール(宮松浩憲訳)『十字軍の精神』法政大学出版局 2004年
Crusade Texts in Translation.（十字軍関係資料の英訳シリーズ）

▶参考文献

池谷文夫『ウルバヌス２世と十字軍——教会と平和と聖戦と』(世界史リブレット人 31)山川出版社 2014年
太田敬子『十字軍と地中海世界』(世界史リブレット 107)山川出版社 2011年
川床睦夫責任編集『シンポジウム「十字軍」』中近東文化センター 1988年
黒木英充編著『シリア・レバノンを知るための 64 章』明石書店 2013年
櫻井康人「エルサレム王国における教会形成と王権」『史林』85-2 2002年
櫻井康人「フランク人に仕えた現地人たち——十字軍国家の構造に関する一考察」『東北学院大学論集 歴史と文化』53 2015年
佐藤次高『イスラームの「英雄」サラディン——十字軍と戦った男』講談社 1996年
都甲裕文「アレクシオス一世コムネノスの対十字軍政策」『白山史学』29 1993年
都甲裕文「改革教皇座とビザンツ——十字軍思想の一断面」『バルカン・小アジア研究』19 1995年
中村妙子「一二世紀前半におけるシリア諸都市と初期十字軍の交渉——協定とジハードからみた政治」『史学雑誌』109-12 2000年
根津由喜夫「十字軍時代のビザンツ帝国」歴史学研究会編『多元的世界の展開』青木書店 2003年

趙汝适(藤善真澄訳注)『諸蕃志』関西大学出版部 1991 年
Clark, J. (ed.), *Bayon: New Perspective*, Bangkok, 2007.
Cœdès, G., *Inscriptions du cambodge*, 8 vols, Hanoi-Paris: Ecole Française d'Extrême-Orient, 1937-1966.
Estève, J., Soutif, D., Les Yaśodharāśrama, marqueurs d'empire et bornes sacrée: Conformité et spécificité des stèles digraphiques khmères de la region de Vat Phu, *Bulletin de l'Ecole Française d'Extrême-Orient*, No. 97-98, 2013.
Griffiths, A., Vincent, B., Un vase khmer inscrit de la fin du XIe siècle (K.1296), *Arts Asiatiques*, No. 69, 2014.
Hendrickson, M., Historic routes to Angkor: development of the Khmer road system (ninth to thirteenth centuries AD) in mainland Southeast Asia, *Antiquity*, 84, 2010.
Jacques, C., Les Kamraten Jagat dans l'ansien cambodge, Bizot, F., (ed.), *Recherches nouvelles sur le Cambodge*, Paris: Ecole Française d'Extrême-Orient, 1994.
Jacques, C., Lafond, P., *The Khmer Empire: Cities and Sanctuaries Fifth to the Thirteenth Centuries*, Bangkok, 2007.
Jenner, P. N., *A Dictionary of Pre-Angkorian Khmer*, Research School of Pacific and Asian Studies, Australian National University, Pacific Linguistics, 2009.
Jenner, P. N., *A Dictionary of Angkorian Khmer*, Research School of Pacific and Asian Studies, Australian National University, Pacific Linguistics, 2009.
Kulke, H., *Kings and Cults: State Formation and Legitimation in India and Southeast Asia*, New Delhi, 2001.
Lepoutre, A., Études du Corpus des inscriptions du Campā IV. Les inscriptions du temple de Svayamutpanna: contribution à l'histoire des relations entre les pouvoirs cam et khmer (de la fin du XIIe siècle au début du XIIIe siècle), *Journal Asiatique*, 301-1, 2013.
Lieberman, V., *Strange Parallels: Southeast Asia in Global Context, c. 800-1830*, 2vols, 2003, 2009.
Matsuura, F., Kingship and Social Integration in Angkor, Karashima, N., Hirosue, M. (eds.), *State Formation and Social Integration in Pre-modern South and Southeast Asia: A Comparative Study of Asian Society*. Tokyo: Toyo Bunko, 2017.
Maxwell, T. S., The Stele Inscription of Preah Khan, Angkor: Text with Translation and Commentary, *Udaya*, vol.8, 2007.
Revire, N., Stephen A. M. (eds.), *Before Siam: Essays in Art and Archaeology*, Bangkok, 2014.
Sharrock, P. D., The Tantric Roots of the Buddhist Pantheon of Jayavarman VII. Klokke, M. J., Degroot, V. (eds.), *Materializing Southeast Asia's Past: Selected Papers from the*

3章　仏教王ジャヤヴァルマン七世治下のアンコール朝

池端雪浦編『変わる東南アジア史像』山川出版社 1994 年
池端雪浦編『新版世界各国史　東南アジアⅡ　島嶼部』山川出版社 1999 年
石井米雄・桜井由躬雄編『新版世界各国史　東南アジアⅠ　大陸部』山川出版社 1999 年
石澤良昭『アンコール・王たちの物語　碑文・発掘成果から読み解く』日本放送出版協会 2005 年
石澤良昭『〈新〉古代カンボジア史研究』風響社 2013 年
石澤良昭ほか編『岩波講座　東南アジア史 2　東南アジア古代国家の成立と展開』岩波書店 2001 年
北川香子『カンボジア史再考』連合出版 2006 年
笹川秀夫『アンコールの近代――植民地カンボジアにおける文化と政治』中央公論新社 2006 年
重松良昭「十～十三世紀のチャンパーにおける交易――中国への朝貢活動を通して見た」『南方文化』第 31 輯 2004 年
角田文衞・上田正昭監修，初期王権研究委員会編『古代王権の誕生Ⅱ　東南アジア・南アジア・アメリカ大陸編』角川書店 2003 年
深見純生「流通と生産の中心としてのジャワ――『諸蕃志』の輸出入品にみる」『東洋学報』第 79 巻第 3 号　1997 年
深見純生「ターンブラリンガの発展と 13 世紀東南アジアのコマーシャルブーム」『国際文化論集』第 34 号 2006 年
深見純生「タイ湾における暹の登場と発展」『南方文化』第 40 輯 2013 年
松浦史明「真臘とアンコールのあいだ――古代カンボジアと中国の相互認識に関する一考察」『上智アジア学』第 28 号 2010 年
松浦史明「アンコール時代の彫像にみる人と神――刻文史料の検討から」『佛教藝術』337 号 2014 年
松浦史明「刻文史料から見たアンコール朝の仏教とその展開」肥塚隆編『アジア仏教美術論集　東南アジア』中央公論美術出版 2019 年
宮崎晶子「アンコール期の地方遺跡における観世音菩薩像の役割――『カーランダ・ヴューハ・スートラ』を出典とする彫像を中心に」『東南アジア考古学』28 号 2008 年
桃木至朗『歴史世界としての東南アジア』(世界史リブレット 12) 山川出版社 1996 年
桃木至朗『中世大越国家の成立と変容』大阪大学出版会 2011 年
山本達郎ほか編『岩波講座　東南アジア史 1　原史東南アジア世界』岩波書店 2001 年
周達観(和田久徳訳注)『真臘風土記――アンコール期のカンボジア』平凡社 1989 年

Eaton, R., *The Power of Islam and the Bengal Frontier, 1204-1760*, University of California Press, 1991.

Flood, F. B., *Objects of Translation: Material Culture and Medieval "Hindu-Muslim" Encounter*, Princeton University Press, 2009.

Gilmartin, D., B. Laurence (eds.), *Beyond Turk and Hindu: Rethinking Religious Identities in Islamic South Asia*, University Press of Florida, 2000.

Habib, M., K. A. Nizami, *A Comprehensive History of India vol.5 : The Delhi Sultanat (A. D. 1206-1526)*, New Delhi, 1992-93.

Husain, A. M., *Tughluq Dynasty*, Calcutta, 1963.

Jackson, P., *The Delhi Sultanate: A Political and Military History*, Cambridge University Press, 1999.

Kumar, S., The Ignored Elites: Turks, Mongols and a Persian Secretarial Class in the Early Delhi Sultanate, *Modern Asian Studies* , 43 (1), 2009.

Lal, K. S., *History of the Khaljis A.D. 1290-1320*, Bombay, 1968.

Maclean, D. N., *Religion and Society in Arab Sind*, Leiden, 1989.

Majumdar, R.C. et al. (eds.), *The History and Culture of the Indian People*, vol.3: *The Classical Age [320-750 A.D.]*; vol.4: *The Age of Imperial Kanauj [750-1000 A.D.]*; vol.5: *The Struggle for Empire [1000-1300 A.D.]*; vol.6: *The Delhi Sultanate [1300-1526]*, Bombay (Mumbay), 1951, 1954, 1960, 1966.

Paul, J., *Herrscher, Gemeinwesen, Vermittler: Ostiran und Transoxanien in vormongolishcer Zeit*, Beirut, Stuttgart, 1996.

Raverty, H. G., *Tabaḳāt-i-Nāṣirī: A General History of the Muḥammadan Dynasties of Asia*, 2 vols., London, 1881.

Schimmel, A., *Islam in the Indian Subcontinent*, Leiden, 1980.

Sharma, R. S., *Indian Feudalism: c. 300-1200*, University of Calcatta, 1965.

Sharma, R. S., *Urban Decay in India: c. 300 - c. 1000*. New Delhi, 1987.

Siddiqi, I. H., *Perso-Arabic Sources of Information on the Life and Conditions in the Sultanate of Delhi*, New Delhi, 1992.

Tor, D. G., *Violent Order: Religious Warfare, Chivalry, and the 'Ayyar Phenomenon in the Medieval Islamic World*, Würzburg, 2007.

Verardi, G., *Hardships and Downfall of Buddhism in India*, New Delhi, 2011.

Wink, A., *al-Hind: Making of Indo-Islamic World*, vol.1 : *Early Medieval India and the Expansion of Islam, 7th-11th Centuries*, 1990; vol. 2: *The Slave Kings and the Islamic Conquest, 11th-13th Centuries*, 1997; vol.3: *Indo-Islamic Society, 14th-15th Centuries*, 2004, Leiden.

二宮文子「北インド農村地域におけるスーフィー教団施設——ハーンカー・カリーミーヤの事例」『東洋史研究』70-3 2011年
橋爪烈『ブワイフ朝の政権構造——イスラーム王朝の支配の正当性と権力基盤』慶應義塾大学出版会 2016年
真下裕之「南アジア史におけるペルシア語文化の諸相」森本一夫編『ペルシア語が結んだ世界——もうひとつのユーラシア史』北海道大学出版会 2009年
真下裕之「近世南アジアにおける人的移動の記録と記憶——デカンのムスリム王朝の出自説をめぐって」守川知子編『移動と交流の近世アジア史』北海道大学出版会 2016年
松井健「十九世紀アフガニスタン・バルーチスタンの遊牧民」永田雄三・松原正毅編『イスラム世界の人びと３　牧畜民』東洋経済新聞社 1984年
三田昌彦「初期ラージプート集団とその政治システム」『岩波講座世界歴史６』(新版)岩波書店 1999年
山崎元一「南アジア世界・東南アジア世界の形成と展開」『岩波講座世界歴史６』(新版)岩波書店 1999年
山崎利男「クシャーン朝とグプタ帝国」『岩波講座世界歴史〈第３〉』(旧版)岩波書店 1970年
山崎利男「インドにおける中世世界の成立」『中世史講座Ⅰ　中世世界の成立』学生社 1982年
イブン・バットゥータ著 イブン・ジュザイイ編(家島彦一訳注)『大旅行記』全八巻 平凡社 1996〜2002年
サティーシュ・チャンドラ(小名康之・長島弘訳)『中世インドの歴史』山川出版社 1999年
ピーター・バーク(大津真作訳)『フランス歴史学革命——アナール学派 1929〜1989年』岩波書店 1992年
Asif, M. A., *A Book of Conquest: The Chachnama and Muslim Origins in South Asia*, Harvard University Press, 2016.
Aubin, J., L'ethnogénèses des Qaraunas, *Turcica 1*, 1969.
Bosworth, C. E., *The Ghaznavids: Their Empire in Afghanistan and Eastern Iran 994-1040*, 2nd ed., Beirut, 1973.
Bosworth, C. E., *The Later Ghaznavids: Splendour and Decay*, Edinburgh University Press, 1977.
Bosworth, C. E., The Early Islamic History of Ghūr, *Central Asiatic Journal 6*, 1961.
Bosworth, C. E., The Ghurids in Khurasan, A.C.S Peacock & D.G. Tor (eds.), *Medieval Central Asia and the Persianate World*, London, 2015.

て」『オリエント』42/2 1999 年
永田雄三編『西アジア史II　イラン・トルコ』山川出版社 2002 年
間野英二編『アジアの歴史と文化⑨　西アジア史』同朋舎 2000 年
Boyle, J. A. (ed.), *The Cambridge History of Iran, Vol.5: The Saljuq and Mongol Periods*, Cambridge University Press, 1968.
Durand-Guédy, D., Diplomatic Practice in Salǧūq Iran: A Preliminary Study Based on Nine Letters about Saladin's Campaign in Mesopotamia, *Oriente Moderno*, 89/2, 2008.
Durand-Guédy, D., *Iranian Elites and Turkish Rulers: A History of Iṣfahān in the Saljūq Period*, London & New York, 2010.
Hodgson, M. G. S., *The Venture of Islam: Conscience and History in a World Civilization, Vol.2: The Expansion of Islam in the Middle Periods*, The University of Chicago Press, 1974.
Lange, Ch., S. Mecit (eds.), *The Seljuqs: Politics, Society and Culture*, Edinburgh University Press, 2011.
Luther, K. A., Rāvandī's Report on the Administrative Changes of Muḥammad Jahān Pahlavān, C. E. Bosworth (ed.), *Iran and Islam: in memory of the late Vladimir Minorsky*, Edinburgh University Press, 1971.
Meisami, J. S., The Collapse of the Great Saljuqs, Ch. F. Robinson (ed.), *Texts, Documents and Artefacts: Islamic Studies in Honour of D. S. Richards*, Leiden & Boston, 2003.
Peacock, A. C. S., *The Great Seljuk Empire*, Edinburgh University Press, 2015.

2章　イスラームとインドのフロンティア

稲葉穣「ゴール朝と 11〜12 世紀のアフガニスタン」『西南アジア研究』51 1999 年
稲葉穣「アフガニスタンにおけるハラジュの王国」『東方学報』76 2004 年
井上春緒「ヒンドゥスターニー音楽の成立——ペルシャ語音楽書からみる北インド音楽文化の変容」(2016 年度京都大学アジア・アフリカ地域研究研究科博士学位請求論文)
川本正知『モンゴル帝国の軍隊と戦争』山川出版社 2013 年
北川誠一「14 世紀初期のニクーダリーヤーン」『北大史学』23 1983 年
小谷汪之編著『世界歴史大系　南インド史２　中世・近世』山川出版社 2007 年
清水和裕『軍事奴隷・官僚・民衆——アッバース朝解体期のイラク社会』山川出版社 2005 年
外川昌彦『聖者たちの国へ——ベンガルの宗教文化誌』NHK ブックス 2008 年
二宮文子「モンゴルとデリーの間で——13 世紀南アジア北辺地域におけるカルルグ家の興亡」『東方学報』87 2012 年

Ḥusaynī Yazdī, *al-'Urāḍa fī al-Ḥikāyat al-Saljūqīya*, M. Mīr Shamsī (ed.), Tehran, 1388kh.
『テュルク語辞典』: Kâşgarlı Mahmud, *Dîvânü Lûgati't-Türk*, Ankara, 1990.
『統治の書』: ニザーム・アルムルク（井谷鋼造・稲葉穣訳）『統治の書』岩波書店 2015年
『ナースィル史話』: Minhāj Sirāj, *Ṭabaqāt-i Nāṣirī*, 'A. Ḥabībī (ed.), Tehran, 1363kh.
『四講話』: カイ・カーウース，ニザーミー（黒柳恒男訳）『ペルシア逸話集――カーブースの書，四つの講話』平凡社東洋文庫 1969年
『セルジューク朝の諸情報』: Ṣadr al-Dīn 'Alī b. Nāṣir al-Ḥusaynī, *Zubdat al-Tawārīkh*, M. Nūr al-Dīn (ed.), Beirut, 1986.

▶基本文献・参照文献

井谷鋼造「遊牧民の流入」森本公誠編『講座イスラム第2巻　イスラム・転変の歴史』筑摩書房 1985年
井谷鋼造「「大セルジュク朝」と「ルーム・セルジュク朝」」『西南アジア研究』41 1994年
大塚修『普遍史の変貌――ペルシア語文化圏における形成と展開』名古屋大学出版会 2017年
大稔哲也「ザンギー朝の統治と行政官――モスル・アターベク朝の場合」『東洋学報』69/3-4 1988年
北川誠一「ヤズド・カークイェ家とモンゴル人」『文経論叢』21-3 1986年
北川誠一「大ロル・アタベク領の成立」『文経論叢』22-3 1987年
黒柳恒男『ペルシア文芸思潮』近藤出版社 1977年
後藤敦子「セルジューク朝時代のシフナ職――バグダードを中心に」『イスラム世界』39-40 1993年
後藤敦子「セルジューク朝における王権の一考察――フトバの政治的役割」『人間文化創成科学論叢』19 2016年
佐藤明美「スルタン・サンジャルの公文書・個人的書簡集『アタバトゥル・カタバ』について」『中央大学アジア史研究』26 2002年
佐藤明美「スルタン・サンジャルとグッズ――サンジャル拉致に関する一考察」『イスラム世界』60 2003年
佐藤次高編『西アジア史Ⅰ　アラブ』山川出版社 2002年
佐藤次高・鈴木董編『新書イスラームの世界史①　都市の文明イスラーム』講談社現代新書 1993年
清水宏祐「セルジューク朝のスルタンたち――その支配の性格をめぐって」『オリエント史講座第5巻 スルタンの時代』学生社 1986年
下山伴子「『反駁の書』の論理構造――537/1142-3年のアシュアリー派弾圧をめぐっ

■主要参考文献

総論

石澤良昭「東南アジア世界」『岩波講座　世界歴史6 南アジア世界・東南アジア世界の形成と展開』岩波書店 1999 年
稲葉穣「イスラーム教徒のインド侵入」『岩波講座　世界歴史6 南アジア世界・東南アジア世界の形成と展開』岩波書店 1999 年
千葉敏之「不寛容なる王，寛容なる皇帝――オットー朝伝道空間における宗教的寛容」「あとがき」深沢克己・高山博編『信仰と他者――寛容と不寛容のヨーロッパ宗教社会史』東京大学出版会 2006 年
橋口倫介「補論2　十字軍」木村尚三郎ほか編『中世史講座 11　中世における地域・民族の交流』学生社 1996 年
松本宣郎・山田勝芳編『地域の世界史5　移動の地域史』山川出版社 1998 年
宮澤知之・杉山正明「東アジア世界の変容」尾形勇・岸本美緒編『新版世界各国史3 中国史』山川出版社 1998 年
家島彦一『海域から見た歴史――インド洋と地中海を結ぶ交流史』名古屋大学出版会 2006 年
家島彦一『イブン・ジュバイルとイブン・バットゥータ――イスラーム世界の交通と旅』山川出版社 2013 年
イブン・ジュバイル（藤本勝次・池田修監訳）『イブン・ジュバイルの旅行記』講談社学術文庫 2009 年
ヘンリ・カメン〔ケイメン〕（成瀬治訳）『寛容思想の系譜』平凡社 1970 年
Angenendt, A., *Grundformen der Frömmigkeit im Mittelalter*, München, 2003.

1章　セルジューク朝の覇権とイスラーム信仰圏の分岐

▶参照史料

『完史』：Ibn Athīr, *al-Kāmil fī al-Ta'rīkh*, C. J. Tornberg (ed.), 13 vols., Beirut, 1965.
『胸臆の安息』：Muḥammad b. ʻAlī b. Sulaymān al-Rāwandī, *Rāḥat al-Ṣudūr wa Āyat al-Surūr*, M. Iqbāl (ed.), Tehran, 1364kh.
『史話要説』：Anon., *Mujmal al-Tawārīkh wa al-Qiṣaṣ*, S. Najmabadi, S. Weber (eds.), Edingen-Neckarhausen, 2000.
『セルジューク朝史』：Ẓahīr al-Dīn Nīshāpūrī, *Saljūq-nāma*, A. H. Morton (ed.), Cambridge, 2004.
『セルジューク朝史の旅土産』：Muḥammad b. Muḥammad b. Muḥammad b. Niẓām al-

松浦史明(まつうら　ふみあき)
1981年生まれ。上智大学大学院外国語学研究科地域研究専攻博士後期課程単位取得満期退学
専攻　カンボジア史・東南アジア史。上智大学アジア文化研究所客員所員。
〈主要著書・論文〉
『アンコール・ワットを読む』(共著，連合出版，2005)
「刻文史料から見たアンコール朝の仏教とその展開」肥塚隆編『アジア仏教美術論集　東南アジア』(中央公論美術出版，2019)
「アンコール時代の彫像にみる人と神——刻文史料の検討から」『佛教藝術』(337号，2014)

飯山知保(いいやま　ともやす)
1976年生まれ。早稲田大学大学院博士課程修了，博士(文学)
専攻　華北社会史。早稲田大学文学学術院教授
〈主要著書〉
『金元時代の華北社会と科挙制度——もう一つの「士人層」』(早稲田大学出版部，2011)
"Steles and Status: Evidence for the Emergence of a New Elite in Yuan North China," *Journal of Chinese History* (vol.1, November, 2016)
"A Mongol Rising to the Defense of the Realm: "Epitaph for Grand Guardian Sayin Čidaqu" by Zhang Zhu (1287-1368)," Patricia Buckley Ebrey, Ping Yao, and Cong Ellen Zhang (eds.), *Chinese Funerary Biographies: An Anthology of Remembered Lives* (University of Washington Press, 2019)

著者紹介(執筆順)

千葉敏之(ちば　としゆき)
1967年生まれ。東京大学大学院人文科学研究科博士課程修了
専攻　ヨーロッパ中世史。東京外国語大学大学院総合国際学研究院教授
〈主要著書・訳書〉
『移動者の中世——史料の機能，日本とヨーロッパ』(共編著，東京大学出版会，2017)
『西洋中世奇譚集成　聖パトリックの煉獄』(翻訳，講談社，2010)
『信仰と他者——寛容と不寛容のヨーロッパ宗教社会史』(共著，東京大学出版会，2006)

大塚　修(おおつか　おさむ)
1980年生まれ。東京大学大学院人文社会系研究科博士課程単位取得退学，博士(文学)
専攻　イスラーム時代西アジア史。東京大学大学院総合文化研究科准教授
〈主要著書・論文〉
『普遍史の変貌——ペルシア語文化圏における形成と展開』(名古屋大学出版会，2017)
“Qāshānī, the First World Historian: Research on His Uninvestigated Persian General History, *Zubdat al-Tawārīkh*,” *Studia Iranica* (47/1，2018)
「『集史』の伝承と受容の歴史——モンゴル史から世界史へ」『東洋史研究』(75/2，2016)

稲葉　穣(いなば　みのる)
1961年生まれ。京都大学大学院文学研究科博士後期課程指導認定
専攻　中央アジア史・東西交渉史。京都大学人文科学研究所教授
〈主要著書・訳書〉
『中央ユーラシア史研究入門』(共著，山川出版社，2018)
ニザーム・アルムルク『統治の書』(共訳，岩波書店，2015)
伝ウマル・ハイヤーム『ノウルーズの書』(共訳，京都大学人文科学研究所附属東アジア人文情報学研究センター，2011)

歴史の転換期4

1187年 巨大信仰圏《きょだいしんこうけん》の出現《しゅつげん》

2019年12月20日　1版1刷　印刷
2019年12月25日　1版1刷　発行

編者———千葉敏之

発行者——野澤伸平

発行所——株式会社　山川出版社
〒101-0047　東京都千代田区内神田1-13-13
電話　03(3293)8131(営業)　8134(編集)
https://www.yamakawa.co.jp/
振替　00120-9-43993

印刷所——図書印刷株式会社

製本所——株式会社ブロケード

装幀———菊地信義

　ISBN978-4-634-44504-8

12世紀の世界

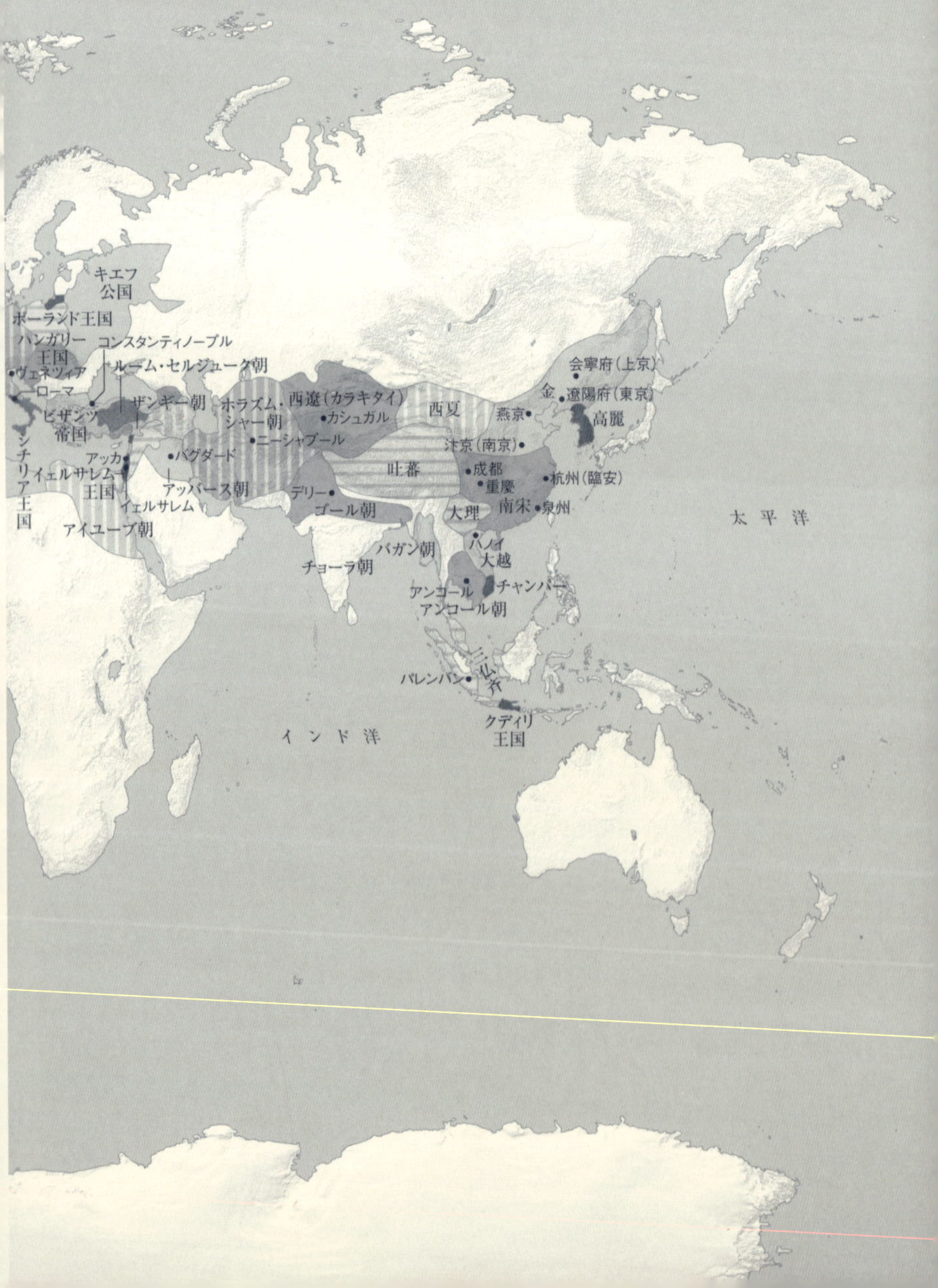
キエフ
公国
ポーランド王国
ハンガリー
王国
コンスタンティノープル
ルーム・セルジューク朝
ヴェネツィア
ローマ
ザンギー朝
ビザンツ
帝国
シチリア
王国
アッカ
イェルサレム
王国
イェルサレム
アイユーブ朝
バグダード
アッバース朝
ホラズム・
シャー朝
ニーシャプール
西遼（カラキタイ）
カシュガル
西夏
吐蕃
デリー
ゴール朝
チョーラ朝
パガン朝
大理
ハノイ
大越
チャンパー
アンコール
アンコール朝
三仏斉
パレンバン
クディリ
王国
会寧府（上京）
金
遼陽府（東京）
燕京
高麗
汴京（南京）
成都
重慶
杭州（臨安）
南宋
泉州
太平洋
インド洋